障がいのある人への
本人主体支援
実践テキスト

第2版

サービス管理責任者・児童発達支援管理責任者
基礎研修・実践研修・更新研修カリキュラム対応

監修
特定非営利活動法人 北海道地域ケアマネジメントネットワーク

編著
日置真世

中央法規

発刊にあたって

　「サービス管理責任者」という新しい職業が生まれたのは、相談支援専門員が創設されたのと同じ 2006（平成 18）年のことでした。その後、2012（平成 24）年の児童福祉法改正により、サービス管理責任者と同様の役割を担う者として児童発達支援管理責任者が創設されます。この職業に就くためには、国が示し都道府県が実施する研修を修了しなければなりません。これら 3 種の職業に共通するのは、障がいのある人たちが障がいのない人と同様に、この社会で人として差別なく自由に、その人らしい暮らしが送れるように、本人と協働した生活支援を行うために生まれた職業であるということです。

　本書は、この職業の理念、本人主体、社会モデル、ストレングス視点とエンパワメント支援、関係性重視と自己決定支援を基本として、本人の生活を支え、その人らしい人生行路を、本人と支援者および行政が三位一体となり、試行錯誤しながら本人なりの道を歩むことを支援できる職業人をつくるための養成研修テキストです。

　北海道 CM ネットが行う養成研修は、障がいや疾病を抱えた人々を支援してきたこのテキストの執筆にかかわる実践者たちが、行政と協働して研修の企画をし、講師・ファシリテーターを担ってきました。ですから現場で研修修了者とも協働して障がい者支援を行えた立場から、気づいたことを研修内容に反映させ、繰り返し研修をブラッシュアップし続けてもきました。その一定の成果として、今回、本書にまとめることができました。

　私たちは、障がいのある人もない人も社会モデルを基本とした考え方で暮らしていける社会を目指しています。しかし、今の社会にはまだこの考え方が浸透していません。それは長く障がいのある人たちが個人モデルにより生活することを当たり前とする社会だったからです。ですから、この職業人には本人主体支援に加えて、まずはともに働く現場のスタッフ、行政の人々、家族、一般社会人等々に社会モデルを基本として多様性を認め、共生社会として誰もが生きやすい社会にすることが使命であることもこのテキストは示唆しています。

　本書が現場で活用いただけることを願っています。

2024 年 8 月

特定非営利活動法人 北海道地域ケアマネジメントネットワーク
（北海道 CM ネット）

門屋　充郎

目 次

はじめに
本書の活用のしかた

Part0　制度理解編
序章　障がいのある人を支える制度 ……001

Part1　基礎編
第1章　サビ管・児発管として知っておきたいこと ……017

🧭 ナビ　**第1章を学ぶ目的とポイント** ……018

1-1 障害福祉サービスの理念を学ぶ──サービス（支援）提供の基本的な考え方 ……019
　1　本人主体／019
　2　個人モデルから社会モデルへ／021
　3　エンパワメントとストレングスモデル／022
　4　パワーレスと真のニーズ／023

1-2 サービス（支援）提供のプロセス ……025
　1　プロセスの全体像／025
　2　サービス（支援）提供のサイクル／026

1-3 二つの計画──何のためのどんなもの? ……038
　1　相談支援専門員とは何者?／038
　2　二つの計画は何もの?／042
　3　サービス等利用計画と個別支援計画の関係／044
　4　計画と「人の暮らし」／047
　5　計画は誰のものか／049

1-4 サビ管・児発管が大切にしていること ……051
　1　本人主体のアセスメントとは／051
　2　意思決定支援のための三つの視点／054

3　現場の具体例から考える本人主体のアセスメント／059
　　　4　子どものアセスメントと発達支援／064

1-5　個別支援計画作成のポイントと手順　　075
　　　1　個別支援計画の法的根拠／075
　　　2　個別支援計画作成プロセスの4ステップ／077
　　　3　個別支援計画の書式／078
　　　4　計画作成のステップ／078
　　　5　作成のコツと留意点／080

第2章　サービス（支援）提供プロセスの管理を実践してみる　　085

ナビ　第2章を学ぶ目的とポイント　　086

2-1　実際に個別支援計画を作成してみよう　　087
　　　1　介護系　生活介護　の例／087
　　　2　地域生活系　共同生活援助　の例／095
　　　3　就労系　就労移行支援　の例／108
　　　4　児童系　児童発達支援　の例／116
　　　5　児童系　放課後等デイサービス　の例／124

2-2　サービス提供のモニタリングをしてみよう　　131
　　　はじめに／131
　　　1　介護系　生活介護　のモニタリング／134
　　　2　地域生活系　共同生活援助　のモニタリング／138
　　　3　就労系　就労移行支援　のモニタリング／145
　　　4　児童系　児童発達支援　のモニタリング／151
　　　5　児童系　放課後等デイサービス　のモニタリング／157

Part2　実践編

第3章　事業所内でチームをつくる　　165

ナビ　第3章を学ぶ目的とポイント　　166

3-1　サービス提供、支援についてチームで見直す　　167
　　　1　いろいろな視点でモニタリングをしてみよう／167

		2　介護系　生活介護　の多角的モニタリング／170
		3　地域生活系　共同生活援助　の多角的モニタリング／174
		4　就労系　就労移行支援　の多角的モニタリング／181
		5　児童系　児童発達支援　の多角的モニタリング／187
		6　児童系　放課後等デイサービス　の多角的モニタリング／193
	3-2　有意義な会議をするために……………………………………………………199
		1　個別支援会議とは？／199
		2　本人参加の個別支援会議／201
		3　会議を実施する／202
		4　会議のロールプレイをしてみよう／204

第4章　人を育てる、育ち合う……………………………………………209

ナビ　第4章を学ぶ目的とポイント……………………………………………210

	4-1　学び合い育ち合うチームづくり……………………………………………211
		1　可能性と課題を見立てる／211
		2　学び方と動機／212
	4-2　事例検討の進め方……………………………………………………………219
		1　事例検討を進めるための基礎知識／219
		2　実践1　帯広地域の場合／223
		3　実践2　自閉スペクトラム症をもつ人への支援の場合／226
		4　実践3　保護者も含めた子どもへの支援の場合／231

第5章　地域で連携する……………………………………………………235

ナビ　第5章を学ぶ目的とポイント……………………………………………236

	5-1　相談支援専門員との連携……………………………………………………237
		1　連携　事例1／237
		2　連携　事例2／239
		3　連携　事例3／242
	5-2　(自立支援）協議会の活用……………………………………………………246
		1　取組み　事例1／246
		2　取組み　事例2／248

3　取組み　事例3／250
4　取組み　事例4／253

5-3　自分の地域で連携してみよう　257
1　はじめに／257
2　行動計画／258

Part3　ブラッシュアップ編

第6章　サービス提供を自己検証する　265

ナビ　第6章を学ぶ目的とポイント&自己検証に関するミニ講義　266

6-1　事業所について振り返ってみよう　269
1　事業所としての自己検証——その1／270
2　事業所としての自己検証——その2／271

6-2　自らの仕事を振り返ってみよう　275
1　サビ管としての自己検証——その1／277
2　サビ管としての自己検証——その2／281
3　児発管としての自己検証／285

6-3　関係機関との連携を振り返ってみよう　290
1　連携の振り返り——その1／291
2　連携の振り返り——その2／293

第7章　人が育ち、サービスの質が向上できる職場をつくる　297

ナビ　第7章を学ぶ目的とポイント&スーパービジョンに関するミニ講義　298

7-1　一人ひとりの個性が活かされるチームのつくり方　302
1　検証　事例1——支援者視点／302
2　検証　事例2——支援者視点／308
3　検証　事例3——支援者視点／312

7-2　利用者一人ひとりからチームで学ぶ　318
1　検証　事例1——本人視点／318
2　検証　事例2——本人視点／323
3　検証　事例3——本人視点／328

7-3 スーパービジョン　まとめ················335
　　　スーパーバイズのポイント／335

巻末資料··································337
おわりに··································343
執筆者一覧································344

| column |

column1	エンパワメント支援について考える／024
column2	サービス提供プロセス一周コラム ①出会い（インテーク）／031
column3	サービス提供プロセス一周コラム ②見立てる・見極める（アセスメント）／032
column4	サービス提供プロセス一周コラム ③思いや意図をもってかかわる（プランニング）／033
column5	サービス提供プロセス一周コラム ④揺らぐ、悩む（モニタリング）／034
column6	サービス提供プロセス一周コラム ⑤そして、かかわる／035
column7	サービス提供プロセス一周コラム ⑥その後／037
column8	宝探し／050
column9	アセスメントを通して思うこと／073
column10	家族との関係／074
column11	生活に必要なチカラ／084
column12	過去の反省から笑顔へ／094
column13	これからの就労支援を考える／115
column14	幼児期の記憶／163
column15	利用者と支援者のニーズとは／198
column16	帯広での精神障がいがある人への地域生活支援／206
column17	自閉スペクトラム症のある方への支援／207
column18	視野を広げる／217
column19	地域における研修の実施・人材育成／218
column20	チームを助け、チームに助けられる楽しさ／245
column21	地域のなかの事業所／256
column22	「内」と「外」／262
column23	（医療との）連携について／263
column24	学校との付き合い方／264
column25	支援者や職場のメンテナンス／274
column26	サビ管の日課／289
column27	地域づくりコーディネーターの仕事（役割）／295
column28	経験が積み重なることを教えてくれたIさん／336

はじめに ── 本書の背景とねらい

　本書は、サービス管理責任者（以下、サビ管）と児童発達支援管理責任者（以下、児発管）として現場で奮闘する人たちや、これからサビ管・児発管になろうとする人たちに「役に立つ」ことを目指して編集しました。

　執筆したのは、北海道の各地で支援に向き合う様々な立場の仲間たちです。同時に北海道サービス管理責任者研修・児童発達支援管理責任者研修の講師やファシリテーターとして研修の企画・実施に携わったメンバーでもあります。私たちが実施するサビ管・児発管研修は「本人主体」を追求してきました。そのために当事者に協力を得て、事例の当事者とともに学ぶプログラムを導入しています[※1]。本人のリアルな反応や様子を常に意識しながら学ぶ緊張感は、しばしば私たちが陥りがちな支援者の枠を、いつもいい意味で壊してくれます。

　また、「連携・協働」の視点も大切にしてきました。2019（令和元）年度の研修カリキュラムの改定前から、複数分野合同で共通事例を用いながら、分野の違いを活かし、協働で学ぶスタイルで研修を実施しています。分野が違うことで自分の専門外の受講生へのサポートで悩むこともありますが、ファシリテーター自らが学ぶ姿勢をもち、わからないことは仲間のファシリテーターの力を借りるなど、自分自身の限界を知ることが協働を生み出すことを実感してきました。

　こうした、自分たちの現場で日々学んでいることと研修で仲間たちと共有してきた大切なことを持ち寄り、さらに多くの仲間たちに「役に立つ」ことへ広げたいと思っています。

　「役に立つ」の内容は、大きく三つあります。

　一つ目は現場の実務に役立つという視点です。内容はすべて悩みながら現場に向き合う実践者が経験から学んだことを書きました。サビ管・児発管の仕事の具体的な内容、大切なこと、リアルな悩みや迷いについてたくさん書かれています。「そうそう、自分もそう思っていたけれど、こういうことだったんだ」「だから、悩んでいたんだ」「こういう方法もあるね」「これでよかった」などと現場のみなさんがそれぞれの日々の実践と照らし合わせて役立てることができます。

　二つ目はサビ管・児発管のための法定研修のテキストとして役立つという視点です。2019（令和元）年度から法定研修のカリキュラムが見直され、それまで分野別に行っていたものが共通となり「基礎研修」「実践研修」「更新研修」の3種

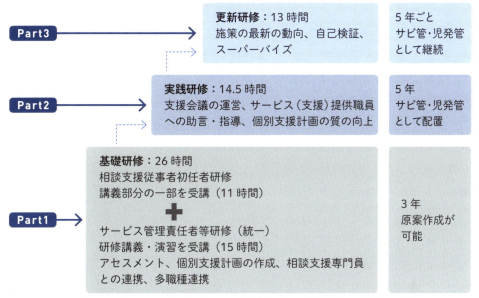

出典：厚生労働省「令和元年度　サービス管理責任者・児童発達支援管理責任者指導者養成研修資料」を改変

類になりました（図）。本書は法定研修のカリキュラムに沿って編集しました[※2]。パート1が「基礎研修」、パート2が「実践研修」、パート3が「更新研修」の内容で、それぞれ国の標準カリキュラムの講義や演習の順に事例やワークシートなども使いながら学ぶべき内容で構成されています。必要に応じて研修のテキストとして役立てることができます。

　そして、三つ目は大切な理念や姿勢について再確認するために役立つという視点です。本書を実務や研修で活用したり、読み物として読んだりすることで、あらためて「本人主体」の重要性と難しさを感じとることができます。また、自分たちは一人ではないことを知り、周囲とつながることの大切さやヒントが得られます。たくさんのリアルな事例や実践を通じて「連携・協働」の大切さや可能性について考えるきっかけや素材を得ることができると思います。

　研修やテキストでは基本理念を繰り返し学びます。また、サービス提供のプロセスなどはカリキュラムで決められた原則に沿って学んでいきます。しかし、研修の場で聞かれるのは「研修で学んだことを実際の支援の場で活かすことは簡単ではない」「戻ったら、現実はそうはいかない」という声です。確かに現実は厳しいかもしれません。現実は厳しくても、基本理念や原則がなぜあるかという趣

旨に立ち戻る必要があります。その機会が研修の場であると思っています。
　私たちは何のために、支援をしているのでしょうか？
　私たちは何を根拠にサービス（支援）提供を続けられるのでしょうか？
　それは、障がい児者の存在、生活、そして希望があるからこそにほかなりません。また、ともに助け合ってサポートする関係機関とのつながりがあって成り立っています。私たちの役割は、障がいのある人たちも地域で暮らす仲間として、当たり前の権利が守られ、その人らしく生活するための地域社会を実現することにあります。支援には絶対的な正解はありませんが、日々迷い、戸惑いながら、何が正解なのかを本人や周囲の人と探し続けることはできます。見つからない正解を探し続けるとき、読みたくなる、読んだらちょっとだけヒントがもらえる、本書がそんな存在になれることを願っています。

※1　本文中の事例はそれぞれの執筆担当者が実際にかかわった支援例を参考にしながら、学びが深まるように工夫や配慮を行ったうえで用いています。
※2　基礎研修の受講に必要な「相談支援従事者初任者研修講義の一部（11時間）」の内容については、本書に含まれておりません。

本書の活用のしかた
—— サビ管・児発管研修の説明も含めて簡単に

　サビ管・児発管にとって必要な価値・知識・技術を整理すると、以下の図のようになります。

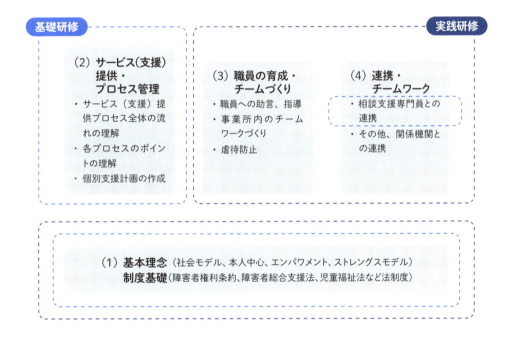

　現在の法定研修のカリキュラムにおいては、(1)と(2)を基礎研修で学び、(3)と(4)を主に実践研修で学びます。そして、更新研修では制度の最新情報を確認すると同時に日常の事業所や業務内容を振り返り、事例を持ち寄り検討することで、全体をチェックします。
　サビ管・児発管の研修において前提として理解が必要な大切なことがあります。**それはサビ管・児発管は「ケアマネジメントの担い手である」という点です。**

> **障害者ケアマネジメントとは**
>   障害者の地域における生活支援するために、ケアマネジメントを希望する者の意向を踏まえて、福祉・保健・医療・教育・就労などの幅広いニーズと、様々な地域の社会資源の間に立って、複数のサービスを適切に結びつけて調整を図るとともに、総合的かつ継続的なサービスの供給を確保し、さらには社会資源の改善及び開発を推進する援助方法である。障害者ケアマネジメントは、以下の点を考慮しながら実施される。
> （1）障害者の地域生活を支援する
> （2）ケアマネジメントを希望する者の意向を尊重する
> （3）利用者の幅広いニーズを把握する
> （4）様々な地域の社会資源をニーズに適切に結びつける
> （5）総合的かつ継続的なサービスの供給を確保する
> （6）社会資源の改善及び開発を推進する
>
> （厚生労働省「障害者ケアガイドライン」（2002年）より抜粋）

　サビ管は、2006（平成18）年に施行された障害者自立支援法によってサービスの対象として3障がい（身体、知的、精神）が一元化された際に、位置づけられました（児発管は2012（平成24）年から）。それ以前は、福祉は法律も施設も障がい種別で分かれていたことから、福祉現場の支援者は特定の分野や領域のケアの専門職とされてきました。しかし、障害者自立支援法から障害者総合支援法への改正により、各サービス（支援）にはケアマネジメントの視点が求められ、それを担当するためにサビ管・児発管が創設されたのです。そのため、総合的、継続的な視点で本人の希望を基にチームで応援するケアマネジメントの専門性が求められます。
　「それは、相談支援専門員の仕事ではないのですか？」と聞かれることがありますが、そのとおりです。ケアマネジメントの中心的な担い手は相談支援専門員です。それと同時に、それぞれのサービス（支援）現場にも、ケアマネジメントの理念を大切にして原則を理解して、本人のニーズを基にチームで応援するためのマネジャーが必要なのです。だからこそ、研修実施の当初から、受講すべき研修として「相談支援従事者初任者研修の講義部分」が含まれています。
　歴史のなかで障がいのある人たちは、自分たちの希望や願いを取り上げてもらえることなく、支援策も十分ではない状況で家族が丸抱えをするなどして、暮らしてきました。また、支援を受けようにも制度や社会の都合に合わせざるを得な

い仕組みのなかにいました。しかし、今は希望や願いを基に支援を受けられる制度になりました。その仕組みが"絵に描いた餅"にならないために、身近なサービスの場で「何がしたいですか？」「これでいいですか？」「どう思いますか？」と、当たり前のこととして本人の気持ちに耳を傾けてくれる人がいる必要があります。それがサビ管・児発管です。そして、一つのサービスだけではなく、生活全体を見守り、「今の暮らしでいいですか？」「困っていることはありませんか？」と聞いてくれる人の存在も必要です。それが相談支援専門員です。

長く障がいのある人の支援の仕事にかかわっていた人ほどピンとこないところもあるかもしれませんが、「基礎研修」「実践研修」「更新研修」を通じて、サービス（支援）提供の現場での事例や実践を通じて「ケアマネジメント」について学んでいきましょう。本書はケアマネジメントの趣旨を基盤に、法定研修の標準カリキュラムに沿って構成されています。各研修カリキュラムのプログラム展開の例とその内容については、巻末資料を参照ください。

最初から順に読むと、「そもそも論」をトータルに学ぶことができます。身近な事例から学びたい、計画の作成のイメージをもちたいのであれば、第2章から読み始めてもよいでしょう。また、リアルなサビ管・児発管の実務や実感をイメージしたいのなら、全体にちりばめられているコラムを読んでいくと、サビ管・児発管の悩みや葛藤を身近に感じるかもしれません。

研修で使用しているワークシートには、QRコードをつけていますので、ダウンロードして活用することができます。事業所として行う研修や自己研鑽のために本文だけではなく、関連するサイトや書籍、資料などの情報を活用することもできます。

それぞれの学びのニーズに応じて、学びの素材として活用してもらえれば幸いです。

本書で使用する用語の表記について

本書においては、以下のように統一して使用しています。

・障害→障がい（法律など制度上の公的な表記は除く）
・サービス管理責任者・児童発達支援管理責任者の略称→サビ管・児発管
・自閉症→自閉スペクトラム症または ASD
・特別支援学校→時代背景によって「高等養護学校」「養護学校」の名称が使用されていましたが、現在の「特別支援学校」に統一しています。
・サービス（支援）→障害福祉において提供されるサービスについて、障害者総合支援法では「サービス」、児童福祉法では「支援」が用いられています。そのため、国の研修等においても「サービス（支援）提供」という表現が使用されていることから、本書でも、サービス提供のプロセスにおける表記はサービス（支援）を使用しています。

Part0
制度理解編

序章
障がいのある人を
支える制度

1 障がいのある人を取り巻く法制度

　障がいのある人を取り巻く法制度は、国の最高法規である日本国憲法と、国際連合で採択された障害者の権利に関する条約（障害者権利条約）を上位法として、障がい者施策の基本的な方向性を示した障害者基本法をふまえて個別法が制定されています（図1）。

　障がいのある人への支援分野は多岐にわたるため、すべての関連法を網羅はできませんが、特に支援者として押さえておくべき福祉や教育、権利擁護、就労支援などの分野について主な関連法を表1のとおり整理しました。障がいのある人を取り巻く法律は数多く、すべてを完璧に把握することは困難です。まずは暮らしに直結する福祉分野や権利擁護、就労関係の法制度を理解し、そこから範囲を広げていくようにしましょう。また、法律の活用や権利擁護の実効性確保のためには法曹界との連携も重要となります。各地の弁護士会、司法書士会、行政書士会などには、必ず障がい者・高齢者の権利擁護を担当する部会等がありますから、必要に応じて問い合わせてください。

　障がいのある人を支える法律は数多くありますが、生活支援の観点からは、やはり福祉サービスに関する法制度を理解することが重要です。

　障がいのある人が暮らしに必要な支援を受けるとき、様々なサービスを利用するルールをまとめて法律にしたのが、障害者総合支援法です。「障害者総合支援法」の名称は、2012（平成24）年の改正から使われるようになったもので、2005（平成17）年10月に成立したときは、障害者自立支援法という名称でした。2009（平成21）年に政権を担った民主党のマニフェストでは障害者自立支援法を廃止し、「障害者総合福祉法」の名称での新法の成立を目指しました。多くの関係者により議論が行われ、障害者総合福祉法の骨格提言がまとめられたものの結論に至らず、障害者自立支援法を改正し、名称を「障害者の日常生活及び社会生活を総合

図1　障がいのある人を取り巻く法律

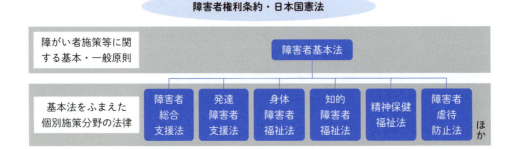

表1 障がいのある人を取り巻く主な法律

基本的な事項を定めた法律	
日本国憲法	日本における社会保障の基本的理念を定める。特に憲法第25条（健康で文化的な最低限度の生活を営む権利）や第13条（幸福追求権）が重要とされる。
障害者基本法	障がい者施策に関する基本的な理念や方向性を定める。障がいの定義や国・地方公共団体の責務、地域生活の原則、各生活分野における施策の方向性などを示している。
身体障害者福祉法	身体障がい者の福祉を増進するため、自立支援と社会経済活動への参加促進などを定める。都道府県における身体障害者更生相談所の設置や市区町村における更生援護の原則などを示している。身体障害者手帳についても規定をおき、国が定める基準に基づいて都道府県・政令指定都市・中核市が発行している。
知的障害者福祉法	知的障がい者の福祉を増進するため、自立支援と社会経済活動への参加促進などを定める。都道府県における知的障害者更生相談所の設置や市区町村における更生援護の原則などを示している。ただし、知的障がいの定義はおかれておらず、療育手帳（愛の手帳など）については厚生労働省の通知を基本としつつ、都道府県・政令指定都市が定めた基準により発行している。
精神保健福祉法 （精神保健及び精神障害者福祉に関する法律）	「精神保健及び精神障害者福祉に関する法律」という正式名称のとおり、精神科医療を含む精神保健に関することと、精神障がい者の福祉に関することを定めている。精神障害者保健福祉手帳についても規定をおき、国が定める基準に基づいて都道府県・政令指定都市が発行している。2024（令和6）年4月に改正法が施行された。
発達障害者支援法	自閉症を含む発達障がい者への支援に関する方向性を定める。発達障がいの定義、早期発見と支援、教育・福祉・医療・労働分野における支援、都道府県・政令指定都市への発達障害者支援センター設置などを示している。

権利擁護関連の法律	
障害者虐待防止法 （障害者虐待の防止、障害者の養護者に対する支援等に関する法律）	障がい者に対する虐待の禁止と防止施策を定める。障害者虐待の類型等の定義、市区町村障害者虐待防止センターや都道府県障害者権利擁護センターの設置、虐待防止ネットワークの開催や養護者等への支援などを示している。
障害者差別解消法 （障害を理由とする差別の解消の推進に関する法律）	障がい者に対する差別の禁止と合理的配慮の提供などを通じた差別解消施策を定める。行政機関や民間事業者における差別解消の取組みや合理的配慮の考え方、相談体制の整備や障害者差別解消支援地域協議会の設置などを示している。2024（令和6）年4月に改正法が施行され、合理的配慮の提供が全面的に義務化された。

福祉サービス関連の法律		教育関連の法律	
障害者総合支援法 （障害者の日常生活及び社会生活を総合的に支援するための法律）	障害福祉サービスや自立支援医療等の利用に関するルールを定める。2024（令和6）年4月に改正法が施行された（本章第4項参照）。	教育基本法	学校教育だけでなく、生涯教育も含めた教育の基本理念を定める。第4条第2項に障がい児への教育支援を規定。
児童福祉法 （障害児支援部分）	障害児福祉サービスの利用に関するルールを定める。2024（令和6）年4月に改正法が施行された（本章第4項参照）。	学校教育法	学校教育のしくみを定める。第8章において特別支援教育の目的や教育課程などを規定。また、学校教育法施行規則において通級指導に関する定めをおく。

医療保健関連の法律	
医療法	医療の提供体制確保と国民の健康保持を定める。障がい者医療に関する特段の定めはない。
母子保健法	母子保健に関する保健指導や健康診査などを定める。特に1歳6か月児、3歳児健診が関係。
難病法 (難病の患者に対する医療等に関する法律)	発病の機構が明らかでなく、かつ、治療方法が確立していない希少な疾病であって、当該疾病にかかることにより長期にわたり療養を必要とすることとなる病気(難病)を有する者に対する医療費の支給や医療機関の指定、難病に関する相談窓口(難病相談支援センター)の設置などを定める。
医療的ケア児支援法 (医療的ケア児及びその家族に対する支援に関する法律)	日常生活および社会生活を営むために恒常的に医療的ケア(人工呼吸器による呼吸管理、喀痰吸引その他の医療行為)を受けることが不可欠である児童(医療的ケア児)を支援するため、保育所や学校等における医療的ケアの支援や、地方自治体におけるネットワークの構築、医療的ケア児支援センター(相談窓口)の設置などを定める。

就労・工賃向上関連の法律	
障害者雇用促進法 (障害者の雇用の促進等に関する法律)	障がい者の雇用を促進するための施策を定める。障がい者雇用率や雇用場面における差別の禁止、合理的配慮の提供などを示している。2018(平成30)年4月から自閉症を含む精神障がい者が雇用義務の対象に追加。
障害者優先調達推進法 (国等による障害者就労施設等からの物品等の調達の推進等に関する法律)	障害者支援事業所の工賃等向上に資する官公需の推進を定める。行政機関等における優先的かつ計画的な物品調達や業務発注を示している。

的に支援するための法律」と変更して施行されることとなりました。

　2012(平成24)年6月の改正では、障がい者の範囲が拡大され難病等の追加がありました。難病等の範囲は、厚生科学審議会疾病対策部会難病対策委員会での議論をふまえ、市町村の補助事業(難病患者等居宅生活支援事業)の対象疾病と同じ範囲(130疾病)から始まりましたが、2024(令和6)年4月には369疾病に拡大されています。障害者総合支援法への改正では、その他、共同生活介護(ケアホーム)と共同生活援助(グループホーム)の一元化、重度訪問介護の対象拡大、地域移行支援の対象拡大、障害程度区分から障害支援区分への見直しが行われました。

　2024(令和6)年4月から施行された改正法については、本章第4項で解説します。

2　基本の仕組み

1　障害者総合支援法に基づくサービス

　障害者総合支援法で利用できる障害福祉サービスは、大きく分けると、国が給付の内容を定める「介護給付」「訓練等給付」「補装具」「自立支援医療」「地域相

談支援給付」「計画相談支援給付」と市町村の判断でサービスを工夫できる「地域生活支援事業」があります（図2）。介護給付は障害支援区分が重度で支援の密度が濃い人を対象にしたものです。対となる訓練等給付は、自立訓練や就労移行支援のように期間の定めのあるものと、就労継続支援や共同生活援助のように期間の定めがないものに分けられます。

障害福祉サービスを利用する人のこれからの生活、これからの支援に必要なものを選び結びつけるときに役割を担うのが「相談支援」です。具体的な要望や困

図2　障害者総合支援法における自立支援システム

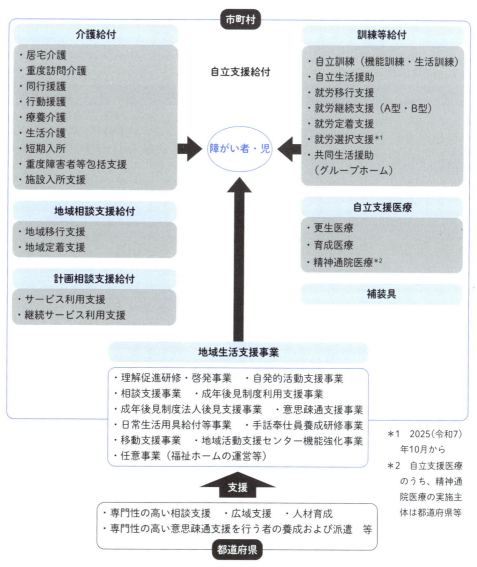

出典：厚生労働省資料を一部改変

りごとを解決に向けるための計画をシートに整理しまとめていく作業を「サービス等利用計画」の作成といいます。

サービス等利用計画は、相談支援専門員によって作成されます。叶えたい夢や暮らしていくうえでの困りごとについて相談支援専門員が聴き取りをして本人の思いに沿って計画をつくっていきます。市区町村は障害福祉サービスの支給決定をする際に、サービス等利用計画の案を参照することになっています。

2　児童福祉法に基づくサービス

障がい児が利用する福祉サービスについては、児童福祉法に規定がおかれています（表2）。障害児のサービス利用にあたっても、障害者総合支援法と同じく相談支援が位置づけられています。

表2　児童福祉法サービス一覧

サービス名称	サービスの概要	備考
児童発達支援センター	主に未就学児を対象とした療育支援を提供する通園型事業のうち、施設基準や人員配置等が厳しい類型	従来の通園施設に相当 2024（令和6）年4月から地域における中核的機能を明確化
児童発達支援事業	主に未就学児を対象とした療育支援を提供する通園型事業のうち、施設基準や人員配置等が緩い類型	借家でも実施可能 2024（令和6）年4月から運用や報酬を大幅に見直し
居宅訪問型児童発達支援	自力通園が困難な児童を対象に、支援者を居宅へ派遣して発達支援を提供	基本的な運用は保育所等訪問支援と同じ
保育所等訪問支援	保育所や幼稚園、学童保育などへ保育士などの専門スタッフを派遣して個別支援を提供	全国的に事業所数が少ない
放課後等デイサービス	小・中・高校在籍児を対象として、放課後や長期休暇中の余暇活動や発達支援を提供	2024（令和6）年4月から運用や報酬を大幅に見直し
障害児入所施設	家庭における養育が困難になった際、障害児施設における長期入所を提供	有期限・有目的型の入所もあり

3　障害者総合支援法のサービス概要

図2で取り上げた障害者総合支援法のサービス、表2で取り上げた児童福祉法のサービスは、それぞれがねらいをもって制度化されているものであり、かつ複数サービスを組み合わせて利用することが想定されています。そのため、支援者のみなさんも各サービスの概要を理解しておくことが重要となります。障害者総合支援法サービスの概要を表3にまとめました。

表3 障害者総合支援法サービス一覧

サービス名称	給付区分	サービスの概要	備考
居宅介護（ホームヘルプ）	介護給付	ヘルパーが自宅で入浴等の介助や掃除・洗濯などを行うほか、通院等の付添いなどを提供	児・者共通 区分1以上
重度訪問介護	介護給付	長時間の利用が可能で、身体介護・家事援助・外出支援、入院時支援等の総合的なサービスを提供	15歳以上 区分4以上
同行援護	介護給付	移動に著しい困難を有する視覚障がい者の外出に付き添い、必要な情報提供や介護を提供	児・者共通 区分判定不要
行動援護	介護給付	行動障がいのある人が外出する際の危険を回避するために必要な支援を提供	児・者共通 区分3以上
重度障害者等包括支援	介護給付	最重度障がいの人を対象に、居宅介護や生活介護など複数のサービスを包括的に組み合わせて提供	児・者共通 区分6限定
生活介護	介護給付	常時介護が必要な人を対象に、食事や入浴の介助、リハビリ訓練や地域交流、軽作業などを提供	成人のみ 原則区分3以上
自立訓練（機能）	訓練等給付	主に身体障がいの人を対象に、地域生活や就労に向けた生活訓練・リハビリ訓練等を提供	区分制限なし 原則2年、最大3年
自立訓練（生活）	訓練等給付	主に知的・発達・精神障がいの人を対象に、地域生活や就労に向けた生活訓練等を提供	区分制限なし 原則2年、最大3年
就労移行支援	訓練等給付	主に一般就労を目指す人を対象に、就職や起業に向けて必要となる職業スキルを高める支援を提供	区分制限なし 原則2年、最大3年
就労継続支援A型	訓練等給付	一般就労が難しい人を対象に、雇用契約を結んで最低賃金を保障しつつ福祉的就労の場を提供	区分制限なし 利用期間制限なし
就労継続支援B型	訓練等給付	一般就労が難しい人を対象に、雇用契約は結ばず軽作業を中心とした福祉的就労の場を提供	区分制限なし 利用期間制限なし
就労定着支援	訓練等給付	福祉サービス経由で一般就労した人を対象に、生活環境の変化などで離職しないような支援を提供	区分制限なし 1年ごと3年まで
就労選択支援	訓練等給付	就労を希望する障がいのある人を対象に、より適した働き方や働く場所などを提案するための状態確認（アセスメント）を提供（2025（令和7）年10月から施行）	区分制限なし 原則1か月、最大2か月
施設入所支援	介護給付	重度障がいのある人を対象に、入所施設において食事や入浴などの夜間・休日の生活支援を提供	成人のみ 原則区分4以上
療養介護	介護給付	重症心身障がいの人などを対象に、医療機関を併設した入所施設で昼夜一貫の生活支援を提供	成人のみ 区分5以上
共同生活援助（グループホーム）	訓練等給付	少人数での共同生活に伴う入浴、食事等の介助や日常生活上の援助を提供。サテライト型あり	成人のみ 利用期間制限なし
自立生活援助	訓練等給付	施設などから地域生活へ移行する人を対象に、地域での自立生活が可能となるような援助を提供	成人のみ 原則1年、延長可
短期入所	介護給付	家族が病気の場合などに、短期間、夜間も含め施設での一時預かりを提供	児・者共通 区分1以上
移動支援	地域生活支援事業	行動援護や同行援護の対象にならない人を対象に、目的地までの誘導や移動時に必要な支援を提供	市町村事業のため運用は地域差あり

日中一時支援	地域生活支援事業	放課後や施設通所後、長期休暇中などの日中時間帯に一時預かりを提供	市町村事業のため運用は地域差あり
地域活動支援センター	地域生活支援事業	従来の小規模作業所やデイサービスなどに近く、軽作業や地域交流などのプログラムを提供	市町村事業のため運用は地域差あり
計画相談支援	――	障害者総合支援法のサービスを利用する際の利用計画作成や定期的な状況確認（モニタリング）を提供	児童の場合、児童福祉法サービスのみは障害児相談支援、総合支援法サービスも使う場合は計画相談支援
障害児相談支援（児童福祉法）	――	児童福祉法のサービスを利用する際の利用計画作成や定期的な状況確認（モニタリング）を提供	
地域移行支援	――	入所施設や精神科病院などから地域移行する人を対象に、住居や通所先などの確保を提供	成人のみ 原則半年、最大1年
地域定着支援	――	地域生活の維持に支援を要する人を対象に、常時の連絡体制確保や緊急駆けつけ支援などを提供	成人のみ 原則1年、延長可

4 障害者総合支援法・児童福祉法の改正

1 法改正・報酬改定の概要

2024（令和6）年4月に、2022（令和4）年に成立した改正障害者総合支援法・改正児童福祉法が施行されました。また、あわせて障がい福祉サービス等の報酬改定も施行されました。

今回の改正では、障がい児分野においては大きく「児童発達支援センターの役割強化」「障害児入所施設から成人期サービスの移行」が定められ、障がい者分野においては大きく「就労選択支援の創設」（2025（令和7）年10月から施行）「就職直後などにおける就労系サービスの利用条件緩和」「グループホームにおける卒業支援の明確化」などが定められました。

また、報酬改定においては、意思決定支援の充実や地域生活支援拠点におけるコーディネーター配置、強度行動障がい児者への支援拡充、生活介護における時間単価の導入、就労継続支援A型の報酬スコア見直し（マイナススコアの導入）などが重要事項としてあげられます。法改正・報酬改定のポイントは表4を参照してください。

2 法改正・報酬改定における注意点

それぞれの項目で留意すべき点は、次のとおりです。

表4 障害者総合支援法・児童福祉法の主な改正点

	項目	改正概要
1	児童発達支援センターの役割強化【児童】	児童発達支援センターを地域の障がい児支援に関する中核的な施設として位置づけ、地域支援の役割を明確化
2	障害児入所施設から成人期サービスへの移行【児童】	障害児入所施設の利用を原則として18歳（最長でも22歳）までとし、成人期サービスへの移行を実現するための「協議の場」の設置を都道府県などへ義務づけ
3	就労選択支援の創設（2025（令和7）年10月から施行）	就労を希望する障がいのある人を対象に、より適した働き方や働く場所などを提案するための状態確認（アセスメント）を提供
4	就職直後などにおける就労系サービスの利用条件緩和	就職中は原則として利用できない就労系サービスについて、就職直後や復職直後に限って併用できる運用を法的に明確化
5	グループホームにおける卒業支援の明確化	従来の支援に加え、GHからの退去・独立（卒業）を希望する入居者に対する卒業支援をGHの本来業務として法令に明示
6	意思決定支援の充実	事業所における個別支援会議などへ原則として本人が同席することを法令で明確化するとともに、入所施設においてはすべての入所者へ生活場所の意向確認を義務づけ
7	地域生活支援拠点におけるコーディネーター配置	障害福祉サービスとつながっていない人への緊急時対応や入所施設などからの地域移行を支援するコーディネーターを配置した際の報酬を新たに設定
8	強度行動障がい児者への支援拡充	強度行動障がいの状態にある人への専門支援を提供する「中核的人材」を養成し、中核的人材が支援にあたる場合の特別な加算や、状態が悪化した人への集中的支援などを制度化
9	生活介護における時間単価の導入	介護保険のデイサービスと同じ「1時間単位」での報酬設定を導入、時間設定は個別支援計画で定められた標準的な支援時間による。※原則として送迎時間は支援時間に含まない
10	就労継続支援A型の報酬スコア見直し（マイナススコアの導入）	従来は「加点方式」のスコアだったが、生産活動収支（会社としての収入で利用者の賃金が支払えているか）や経営改善計画の状況について「減点方式」のマイナススコアを導入
11	その他	グループホームにおける地域連携の強化（地域連携推進会議の設置義務化）、相談支援事業の報酬強化、就労継続支援B型のうち工賃一律型の報酬引下げ　など

1　児童発達支援センターの役割強化

　児童発達支援センター（以下、児発センター）は、以前「障害児通園施設」と呼ばれていた施設で、主に未就学の障がい児、発達が気になる子ども（以下、障がい児）の発達支援、療育を提供しています。歴史ある施設が多いこともあり、地域における障がい児支援の中核的、センター的な役割が期待されていますが、今回の児童福祉法改正でそのことが法律に明示されました。具体的には、次の機能を展開することとなります。

①　幅広い高度な専門性に基づく発達支援・家族支援機能

②　地域の障害児支援事業所に対するスーパーバイズ・コンサルテーション機能
③　地域のインクルージョンの中核機能
④　地域の発達支援に関する入口としての相談機能

　①については、これまでの通園による支援を機能強化するイメージですが、障がい児支援は学齢児を含みますので、その対応が求められます。

　②については、地域の障がい児を受け入れている各施設への訪問支援が想定されます。出先での助言、援助活動となりますので、通園してくる障がい児への発達支援とは異なるスキルが必要となるでしょう。

　③については、いわゆる並行通園（障害児通所支援と幼稚園、保育所、学童保育などの併用）や、幼稚園、保育所、学童保育などへの移行支援となります。インクルージョンを後押しするサービスとしては保育所等訪問支援がありますので、児発センターに併設することが重要となります。

　④については、障がい児の保護者に対する相談援助機能となります。サービスとしては障がい児相談がありますので併設が望まれますが、それ以上に乳幼児健診で発達面の課題が指摘された際の相談機能（いわゆる療育相談）の実施が非常に重要となります。

2　障害児入所施設から成人期サービスへの移行

　これまで、障害児入所施設の利用年齢は実務上の自由度が高く、成人期サービスへ移行できない場合には長期にわたって障害児入所施設に留まるケースが散見されました。結果、30歳代、40歳代になっても障害児入所施設で暮らす人も出てきてしまい、社会課題となっていました。また、障害児入所施設は児童相談所の所管、成人期サービスは市町村の所管であり、両者の「つなぎ」が不十分な実態もありました。

　そこで、児童福祉法を改正して入所できる年齢を原則として18歳（最長でも22歳）までとし、確実な成人期サービスへの移行を実現するため、都道府県や政令市など児童相談所の運営主体に対して、入所児の状況などを情報共有する「協議の場」の設置を義務づけました。逆に、市町村には先を見通した入所児童の成人期サービスへの移行対応が求められます。

3　就労選択支援の創設

　今回の障害者総合支援法の改正で、唯一新設されたサービスが「就労選択支援」です。2025（令和7）年10月から施行されるため、詳細な運用ルールなどはまだ明らかになっていませんが、基本的には就労を希望する障がいのある人が対象となります。大まかには、実際に企業などで実習をする様子をアセスメントし、本

人を交えた関係者会議でより適した働き方や働く場所などを検討して、利用予定のサービスと利用調整をする流れになります。

いわゆる「直Bアセスメント」と呼ばれている、就労移行支援事業所が定員外で実施するアセスメント（特別支援学校高等部3年生向けのアセスメント）がサービスとして独立したイメージです。その意味では、とりわけ卒業進路の場面において影響が大きくなるでしょう。

4　就職直後などにおける就労系サービスの利用条件緩和

就職して会社で働いている人は、当然ながら昼間は会社等で過ごすことになりますので、原則として就労系サービスは利用できません。しかし、就労移行支援や就労継続支援に関しては、就職直後や復職直後といった、会社で働くためのペースをつかむ時期に利用するメリットがあります。

そこで、今回の障害者総合支援法改正により、まずは就職直後や復職直後に限定して就労移行支援や就労継続支援が併用できるようになりました。これにより、たとえば週4日は会社、週1日は就労移行支援のような利用が可能となります。

5　グループホームにおける卒業支援の明確化

ある意味で、今回の障害者総合支援法改正の目玉といえるのが、グループホーム（以下、GH）における卒業支援の明確化です。これまで、GHからの退去（卒業）支援は特に法令の位置づけがなく、支援する・しないは各GHの判断でした。しかし、今回の法改正で、GHからの退去・独立（卒業）を希望する入居者に対する「卒業支援」をGHの本来業務として位置づけました。

今後は、GHごとに入居している人へ卒業の意向確認をするとともに、希望者に対しては必要な支援を実施することとなります。主な卒業支援は次のとおりです。

① GHで暮らすなかでの生活アセスメント（たとえば食事づくりには支援が必要、掃除は自分で対応可能といった状態確認）
② 退去後の住まい確保（アパートやマンション、借家の確保）
③ GH退去後の相談対応、生活支援

6　意思決定支援の充実

意思決定支援については、従来から障害福祉サービスにおける重要な取組みとされてきましたが、今回の報酬改定により、相談支援事業所が開催するサービス担当者会議と事業所における個別支援会議について、原則として本人が同席することが明確化されました。

加えて、障害者支援施設（入所施設）においては、2025（令和7）年度からすべての入所者へ地域移行や施設外の日中サービス利用の意向確認が義務づけられることになっているほか、前述のとおりGHにおいては卒業を希望する者に対する支援が法定化されましたので、必然的にすべての入居者へ卒業の希望を確認することとなります。入所施設やGHで暮らす人の多くは単純に生活する場所を尋ねるだけでは不十分ですので、意思決定支援の取組みが必須となります。こうした一連の取組みを考えると、意思決定支援は今回の法改正、報酬改定における隠れた重要テーマといえるでしょう。

7　地域生活支援拠点におけるコーディネーター配置

　障がいのある人の地域生活移行を後押しし、地域生活の緊急事態などを解決する役割を果たす地域生活支援拠点ですが、ほとんどの市町村が既存の障害福祉サービス事業所の連携で対応する「面的整備」を取っていることもあり、専属のコーディネーターが配置されていない地域が大半でした。

　そこで、今回の報酬改定では、地域生活支援拠点の指定を受けている相談支援事業所が、相談員とは別にコーディネーターを配置した場合に加算を取れるようになりました。これにより、障害福祉サービスとつながっていない人への緊急時対応や入所施設などからの地域移行支援といった取組みが期待されます。

8　強度行動障がい児者への支援拡充

　今回の報酬改定では、中重度の知的障がいがあり、自傷や衝動的な激しい行動などが顕著な「強度行動障がい」と呼ばれる状態の人への支援に対する報酬が大幅に強化されています。特に、行動関連項目（24点満点）で18点以上の人については、専門支援を提供する「中核的人材」が支援にあたる場合の特別な加算や、状態が悪化した人への集中的支援などを制度化しています。

　ただ、肝心の中核的人材を養成する仕組みが整っているとはいえず、少なくとも2024（令和6）年度中に関しては、強度行動障がい支援の中核機関である国立のぞみの園だけが養成研修を実施する予定です。早急に都道府県単位で人材養成できる体制を整える必要があるでしょう。

9　生活介護における時間単価の導入

　生活介護については、国の経営実態調査によって収支差がプラス（黒字）が続いていました。黒字が続いていた背景の一つに、利用時間の長短をあまり考慮していない報酬体系となっていたと分析されたことから、介護保険のデイサービスと同じ「1時間単位」での報酬設定を導入することとなりました。ただ、1回ご

とのサービス利用実績で請求するのでは事務負担が大きいため、時間設定は個別支援計画で定められた標準的な支援時間によります。逆に、原則として送迎時間は支援時間に含まない運用としたため、中長距離の送迎を実施している事業所では大幅な減収が懸念されています。

10　就労継続支援A型の報酬スコア見直し

2021（令和3）年度の報酬改定から、就労継続支援A型の報酬設定は支援項目を点数化したスコア方式となっており、総スコア点数が高いほど報酬も増える仕組みになっています。今回の報酬設定では、従来の「加点方式」によるスコアを改め、生産活動収支（会社としての収入で利用者の賃金が支払えているか）や経営改善計画の状況に「減点方式」（マイナススコア）を導入しました。これは生産活動収支が不調なうえに、経営改善も不十分な事業所が多いことが要因ですが、経営改善で成果が上がっていない事業所は運営が非常に厳しくなると予測されます。

3　今後の障がい者支援施策を見通すために

障害福祉サービスは、この20年ほどで大きく変化しているわけですが、その原動力は国際連合（国連）で採択された障害者権利条約（以下、権利条約）といえるでしょう。権利条約の内容は多岐にわたりますが、なかでも第19条（地域社会への包容）は大きな影響を与えています。少し回りくどいですが、政府の公定訳を引用します。

第19条　自立した生活及び地域社会への包容

　この条約の締約国は、全ての障害者が他の者と平等の選択の機会をもって地域社会で生活する平等の権利を有することを認めるものとし、障害者が、この権利を完全に享受し、並びに地域社会に完全に包容され、及び参加することを容易にするための効果的かつ適当な措置をとる。この措置には、次のことを確保することによるものを含む。

(a)　障害者が、他の者との平等を基礎として、居住地を選択し、及びどこで誰と生活するかを選択する機会を有すること並びに特定の生活施設で生活する義務を負わないこと。

(b)　地域社会における生活及び地域社会への包容を支援し、並びに地域社会からの孤立及び隔離を防止するために必要な在宅サービス、居住サービスその他の地域社会支援サービス（個別の支援を含む。）を障害者が利用する機会を有すること。

(c) 一般住民向けの地域社会サービス及び施設が、障害者にとって他の者との平等を基礎として利用可能であり、かつ、障害者のニーズに対応していること。

以上を端的にいえば、
1 すべての障がい者が他の者と平等の選択の機会をもって地域社会で生活する平等の権利がある
2 住むところの選択、どこで誰と生活するかを選択する機会を有する
3 特定の生活施設（入所施設やGH）で生活する義務を負わない
4 地域生活等に必要な在宅・居住・その他の支援サービスを障がい者が利用する機会を有する

ということになります。そして、2022（令和4）年には、権利条約に基づく日本の障がい者施策の実施状況をチェックする「対日審査」が行われ、審査結果（総括所見）が示されました。こちらも、まずは政府の仮訳を引用します。

■第1回政府報告に関する障害者権利委員会の総括所見
Ⅲ　主要分野における懸念及び勧告
　B　個別の権利
　　自立した生活及び地域社会への包容（第19条）
　　42　自立した生活及び地域社会への包容に関する一般的意見第5号（2017年）及び脱施設化に関する指針（2022年）に関連して、委員会は締約国に以下を要請する。
　　　(a) 障害者を居住施設に入居させるための予算の割当を、他の者との平等を基礎として、障害者が地域社会で自立して生活するための整備や支援に再配分することにより、障害のある児童を含む障害者の施設入所を終わらせるために迅速な措置をとること。
　　　(b) 地域社会における精神保健支援とともにあらゆる期限の定めのない入院を終わらせるため、精神科病院に入院している精神障害者の全ての事例を見直し、事情を知らされた上での同意を確保し、自立した生活を促進すること。
　　　(c) 障害者が居住地及びどこで誰と地域社会において生活するかを選択する機会を確保し、グループホームを含む特定の生活施設で生活する義務を負わず、障害者が自分の

　　　　　生活について選択及び管理することを可能にすること。
　　(d)　障害者の自律と完全な社会包容の権利の承認、及び都道府県がその実施を確保する義務を含め、障害者の施設から他の者との平等を基礎とした地域社会での自立した生活への効果的な移行を目的として、障害者団体と協議しつつ、期限のある基準、人的・技術的資源及び財源を伴う法的枠組み及び国家戦略に着手すること。
　　(e)　独立し、利用しやすく負担しやすい費用の、いかなる集合住宅の種類にも含まれない住居、個別の支援、利用者主導の予算及び地域社会におけるサービスを利用する機会を含む、障害者の地域社会で自立して生活するための支援の整備を強化すること。
　　(f)　障害者にとっての社会における障壁の評価及び障害者の社会参加及び包容のための支援の評価を含む、障害の人権モデルに基づいた、地域社会における支援及びサービス提供を確保するため、既存の評価形態を見直すこと。

　これは要するに、次のことを求めているといえます。
1　入所施設は期限を定めて廃止すべし
2　GHも「特定の生活施設」であり、本人の意向に沿わない入居を義務づけてはならない
3　地域生活の実現を目指すための特別措置法なり国家戦略なりを制定すること
4　人権モデルに基づいた支援やサービスの提供を確保すること
　こうしてみると、今回の法改正や報酬改定で打ち出された「すべての入所者へ地域移行の意向確認」や「グループホームにおける卒業支援」などは、権利条約の総括所見で要請されたことを、日本の現状に照らして受け止めた取組みのようにも見えてきます。
　つまり、ややもすると国連という縁遠い場所で制定された、日常の支援には関係ないように感じられる権利条約が、実は支援の基本的な考え方につながっているということです。そして、このことは日本国憲法や障害者基本法といった上位法、基本法などについても同じです。一見すると障がいのある人に対する日々の援助活動とは縁遠く思える法令であっても、どこかで必ず関係してきます。今後の障がい者支援施策を見通すためにも、日本国憲法や権利条約、障害者基本法などの研修機会も意識して設けていただければと思います。

Part1
基礎編

第 1 章
サビ管・児発管として
知っておきたいこと

NAVIGATION
第1章を学ぶ目的とポイント

　第1章では障害福祉サービスを提供するうえで必要な基本的な理念や制度の基礎知識を学びます。

　サビ管・児発管基礎研修の「サービス管理責任者（児童発達支援管理責任者）の基本姿勢とサービス提供のプロセスに関する講義（7.5時間）」部分にあたり、研修体系との対比は、以下のとおりです。

本書の構成	科目名	内容・目的	時間
1-1　障害福祉サービスの理念を学ぶ──サービス（支援）提供の基本的な考え方	サービス（支援）提供の基本的な考え方	サービス（支援）提供の基本的な考え方として、利用者主体の視点、自立支援の視点、エンパワメントの視点、ICFの視点、現実的な支援計画に基づくサービス提供、連携の必要性等について理解する。	60分
1-2　サービス（支援）提供のプロセス	サービス（支援）提供のプロセス	PDCAサイクルによるサービス（支援）内容を確認することの重要性とその方法、個別支援計画の意義を理解する。	90分
1-3　二つの計画──何のためのどんなもの？	サービス等利用計画（障害児支援利用計画）と個別支援計画の関係	サービス等利用計画（障害児支援利用計画）における総合的な援助方針を導き出すプロセスを理解し、個別支援計画の出発点がサービス等利用計画（障害児支援利用計画）の総合的な援助方針であることを認識する。また、サービス等利用計画（障害児支援利用計画）が生活全体の範囲に及び、個別支援計画が生活全体をイメージしながらも事業所内サービスに重点をおいた計画であることを理解する。	90分
1-4　サビ管・児発管が大切にしていること	サービス（支援）提供における利用者主体のアセスメント	サービス（支援）提供における利用者を主体としたアセスメントの考え方やその手法について理解する。また、障がい種別や各ライフステージ、各サービス（児童発達支援等）において留意すべき視点について理解する。	150分
1-5　個別支援計画作成のポイントと手順	個別支援計画作成のポイントと作成手順	個別支援計画の作成におけるポイントと手順についての事例等を活用し、作成の視点がリスクマネジメントのみに陥らないように、エンパワメントの視点やストレングスの活用について理解するとともに、作成の手順を習得する。	60分

1-1 障害福祉サービスの理念を学ぶ
—— サービス（支援）提供の基本的な考え方

1 本人主体

　障がいをもつ人たちへの支援を考えるとき、まず基本となるのが「本人主体」です。言葉としてはよく聞いたことがあるでしょうし、もうわかっていると思う人も多いかもしれませんが、実はこれがとても難しいのです。

　本人主体の支援が難しい理由を、当事者として支援を受けてきた経験者であり、相談員も経験している登り口倫子さんは「本人の問題ではなく、支援者側に要因がある」と言いました（図1-1）。

　登り口さんはこれまで300人以上から支援を受けてきた経験から「障害があると、周りや社会の抑圧のなかで一つひとつ「自己決定」を意識せざるを得ない」と言います。支援者がどのような価値観や姿勢でいるのかということが、本人の生活の質に直結するのです。そのうえで、登り口さんは支援者が無意識に陥っている立ち位置、本人との位置関係について図1-2のように表現します。

　この構造の上に支援者の私たちは立っています。知らず知らずのうちに、支援をする対象の本人を上のほうから「評価」してしまいます。本人を対象化して、

図1-1　本人主体の支援とは

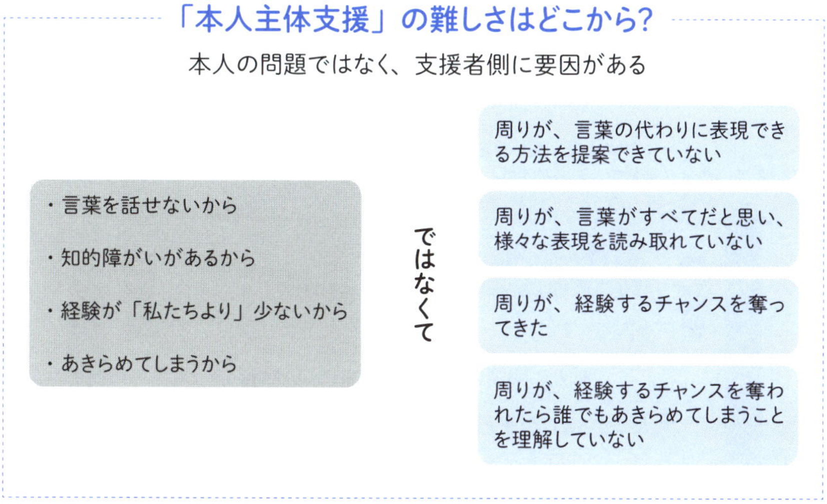

「本人主体支援」の難しさはどこから？
本人の問題ではなく、支援者側に要因がある

・言葉を話せないから
・知的障がいがあるから
・経験が「私たちより」少ないから
・あきらめてしまうから

ではなくて

周りが、言葉の代わりに表現できる方法を提案できていない

周りが、言葉がすべてだと思い、様々な表現を読み取れていない

周りが、経験するチャンスを奪ってきた

周りが、経験するチャンスを奪われたら誰でもあきらめてしまうことを理解していない

出典：「平成29年北海道サービス管理責任者等研修　登り口倫子氏資料」

図1-2　支援者が無意識に陥る立ち位置

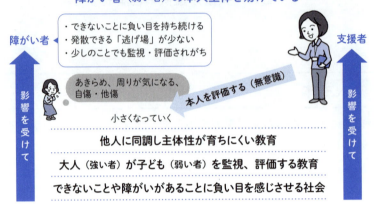

出典:「平成29年北海道サービス管理責任者等研修　登り口倫子氏資料」

　働きかけることが「支援」だと思ってしまうと、この構造にはまり込み、「本人主体」は難しくなります。
　それを考えると「本人主体」を大切にするために支援者がとるべき姿勢を示しているのが図1-3です。
　支援者は障がい者と同じ土台の上に立ち、対象は障がい者本人ではなく、本人の意思表示や意欲の阻害要因や自分たちが立っている社会の課題に向いています。
　これがつまり「社会モデル」の発想です。

図1-3　支援者がとるべき姿勢

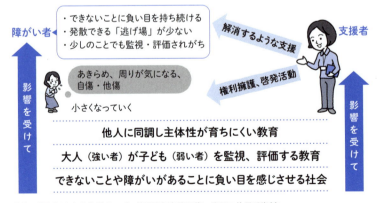

出典:「平成29年北海道サービス管理責任者等研修　登り口倫子氏資料」

2　個人モデルから社会モデルへ

　今の障害福祉サービスや支援は「社会モデル」の考え方が基本です。社会モデルを門屋充郎さんは図1-4のように説明します。

　これまでの支援観は「個人モデル」が主流でした。個人モデルの考え方は障がい者の生きづらさを「障がい者の心身機能に障がいがあることが原因」と考えます。したがって、障がい者のために特別につくられた施設など専門的なところで、生きづらさの原因である障がいをできるだけ克服し、能力を獲得することを求めます。それに対して、1970年代以降、ノーマライゼーションの理念から始まり、障害者の権利に関する条約に集約される形で推進される社会モデルが支援の基本となりました。

　社会モデルは、障がい者が生きづらいのは「障がい者を取り巻く環境にある」と考えます。「できないこと」があるのは当たり前として、「できないこと」＝生きづらさにつながらないよう、どのようなサポートがあればよいか考えます。そうなると、障がいの種別、程度にかかわらず、自分が望む生活を望むところで実現することが可能となります。これは、ある意味とても当たり前のことです。障がいがあるかないかに関係なく、私たちは誰もが自分自身のことをすべて自分の力だけではなく、実に多くのことをほかの人の力を借りて生活しています。障がいのある人たちはそれよりも少し多く助けを必要としているだけなのです。

図1-4　社会（生活）モデルの考え方

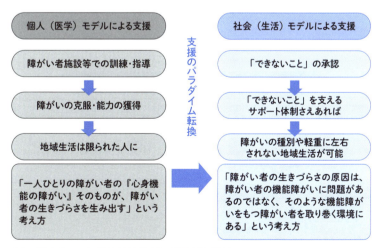

出典：「北海道サービス管理責任者等研修　門屋充郎氏資料」

しかし、本人主体と同様に社会モデルの考え方は難しく、スイッチのように「はい、社会モデルに切り替えてください」と機械的に変えられるものではありません。なぜかというと、私たちのなかには個人モデルと社会モデルと両方の考え方があるからです。

福祉の現場においては、できないことをよくないこととしてとらえ、できるだけ健常に近づくことが求められる場面もあります。社会の要請や都合が優先され「社会適応」が求められてしまうことがあります。できないことができるようになることが悪いわけではありません。大切なのは「できるようになりたい」という本人の願いがそこにあるかどうかという視点です。ただし、「本人が表明していることが本当の願いなのか？」という視点も重要です。「意思決定」や「真のニーズ」の尊重が問われているのです。

3　エンパワメントとストレングスモデル

本人中心と社会モデルの実現のために必要とされる姿勢として「エンパワメント」があります（図1-5）。エンパワメントは本来もっている力を引き出すことです。誰しも自分の人生を生きるための力をもっていることを前提に、そのもっている力を引き出すのが支援の役割です。

エンパワメントを後押しするのが「ストレングスモデル」です（図1-6）。ストレングスモデルは強みやできること、得意なこと、好きなことや可能性に着目する支援です。ストレングスは同じ事実に対しても、見方を変えることで広がります。逆に、できないことや課題ばかりに注目するとストレングスは見つかりません。支援者の見方が支援の方向性を左右します。

図1-5　エンパワメントの考え方

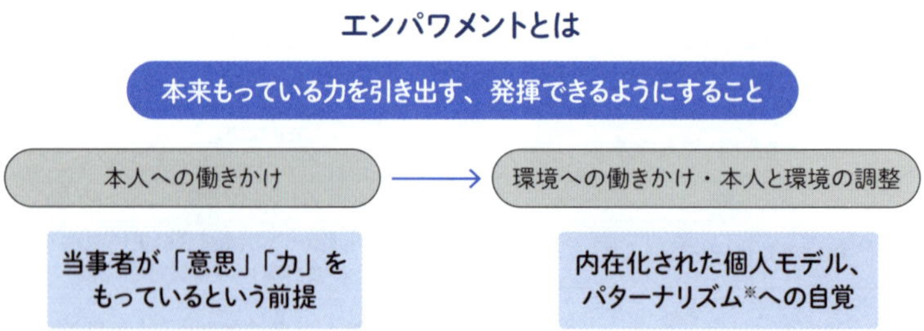

エンパワメントとは

本来もっている力を引き出す、発揮できるようにすること

本人への働きかけ　→　環境への働きかけ・本人と環境の調整

当事者が「意思」「力」を
もっているという前提

内在化された個人モデル、
パターナリズム※への自覚

※パターナリズム（権威主義的、恩恵的福祉観）
　相手を弱者ととらえ、
　優位で力のある立場から
　「言うことを聞くなら、守ってあげる」
　「代わりにやってあげる」など、
　上から支援を与えるものとする古い福祉観

図 1-6　ストレングスに着目した支援

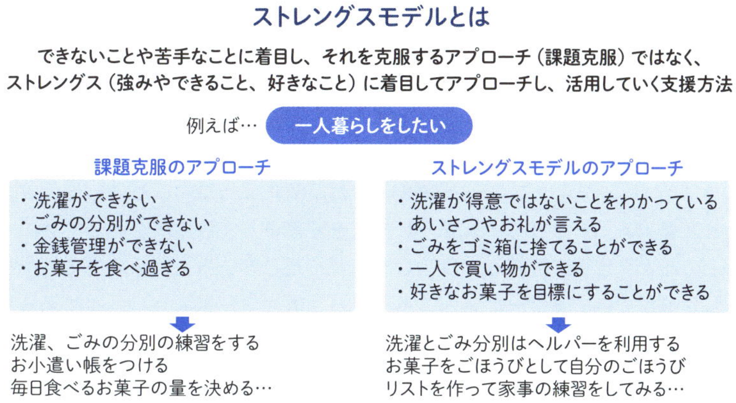

ストレングスモデルとは
できないことや苦手なことに着目し、それを克服するアプローチ（課題克服）ではなく、
ストレングス（強みやできること、好きなこと）に着目してアプローチし、活用していく支援方法
例えば…
一人暮らしをしたい
課題克服のアプローチ
・洗濯ができない
・ごみの分別ができない
・金銭管理ができない
・お菓子を食べ過ぎる
洗濯、ごみの分別の練習をする
お小遣い帳をつける
毎日食べるお菓子の量を決める…
ストレングスモデルのアプローチ
・洗濯が得意ではないことをわかっている
・あいさつやお礼が言える
・ごみをゴミ箱に捨てることができる
・一人で買い物ができる
・好きなお菓子を目標にすることができる
洗濯とごみ分別はヘルパーを利用する
お菓子をごほうびとして自分のごほうび
リストを作って家事の練習をしてみる…

4　パワーレスと真のニーズ

エンパワメントやストレングスを大切にしたくても、障がい当事者を取り巻く社会環境はまだまだ厳しく、パワーが発揮できない、パワーの土台が育っていない「パワーレス」であることが実情です（図 1-7）。

そのため、障がい当事者やその家族が直接的に発信する言葉が本当に必要としていることではないことも多くあります。長い期間、あきらめていることで当然求めてもよいはずの希望が抱けなくなったり、嫌だと思う気持ちを麻痺（まひ）させてしまったりしていないか、常に私たちは想像する必要があります。

異議を申し立てない、「○○でよい」と言ったことだけで、「本人の意思や希望だ」と安易に本人の意思としてとらえるのではなく、その背景にあることを考え、丁寧な意思決定支援をすることが必要・重要なのです。

図 1-7　パワーレスの状態

人とのかかわりが限定的で、
コミュニケーション、
社会性が育ちにくい
低所得、不安定収入、
経済的不安を抱えがち
人や情報の
つながりから
排除されがち
度重なるあきらめ
体験により
意欲が出ない
パワーレス
ストレングスを難しくする
他者との不平等の現実
妥当な自己理解、
自己コントロールを
獲得しにくい
必要な知識や技術を
身につける機会がない
（逆に誤学習してしまう）
身体的、精神的な
ストレスが多いが、
解消法が少ない

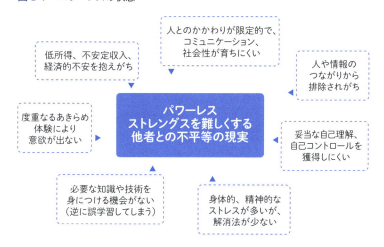

column 1

エンパワメント支援について考える

小貫晃一
社会福祉法人緑伸会　総合施設長

　私たちサービス提供事業者は、常に本人の意向に基づき「安心」「安全」なサービスを提供することがモットーとされています。しかしながらこのことを忠実に実践しようとしたときに、私たちが提供するサービスが「本当にこれでいいのか？」と迷ってしまう場面が多々あります。

　私が以前かかわっていた、当時20代で、生まれつき筋力が徐々に低下していく進行性の難病のNさんがいました。幼少期から家を離れての入院生活で、病院に隣接する支援学校で学んできました。外出は年に数回で、ほとんどが病院での生活でしたが、Nさんは病院以外での生活にあこがれを抱いていました。あることで知り合う機会があり相談を受けました。Nさんは、「病院を退院し、同じ年代の人と同じように地域のアパートで一人暮らしをしたい」と切実に訴えてきました。家族からは、「そんなこと、できるわけがない。危ないからやめなさい。それがあなたのため」と猛反対されていました。Nさんは「自分だって危険だとわかっていても、周りが駄目だと言ってもやってみたいことがある！」と私に訴えかけてきました。その後、何とか実現できないかと検討しましたが、当時のまだ経験が浅く、様々な社会資源や連携のできる関係もなかった私には、その想いを叶えることができませんでした。

　特に幼少期から障がいのある人は、家庭や学校、支援者たちによりサービス利用等において想定されるリスクを前もって取り除かれて生活を送ってきた人がほとんどです。それが安心・安全な生活だと言われ続けてきました。それは当然のことにも思えますが、見方を変えると失敗体験を通して身につくべき力が不足しているともいえます。小さいときから家庭や学校生活で、ときに怒られることやケガをすること、あるいは挑戦した結果、成功や失敗などの体験を通して、様々な力や考え方を身につけていくことがその後の人生の大きな糧となると思います。

　私は、サービスを提供する際に、「提供するサービスが、本当に本人のためのサービスとなっているのか？」ということを自問自答します。利用者が希望するサービスをそのまま提供することが、目の前の利用者に喜ばれるサービスなのかもしれませんが、「本人の可能性を引き出す機会や必要な経験をする機会を奪うことになっていないか。それにより5年後、10年後にどのような差となってくるだろうか？」ということを考えます。もし、その可能性がある場合には、本人に説明しいくつかの選択肢を提示できるよう心がけています。逆に、本人が希望することでリスクが伴う場合は、支援者間で想定されるリスクと実際に起こった場合のフォローについて事前に共有し、あえて実践してもらうこともあります。

　私は、本人が本来もっている力を引き出す（エンパワメント）支援を常に意識し、本人や支援する仲間と一緒に考え、いくつかの選択肢を提示できる支援者でありたいとNさんとの出会いを通して学びました。

1-2 サービス（支援）提供のプロセス

1 プロセスの全体像

障害福祉サービスを利用する場合、現在の制度においては図1-8の手続きを経て進んでいきます。相談支援の流れ（上の段）とサービス利用の流れ（下の段）が連動しています。

サービス利用のためには、まずは市町村の窓口でサービスの利用申請を行います。その後相談支援事業所で計画作成をしてもらいます。そのために相談支援専門員が面談をし、状況や経過を聞き取ります。どのような経過があったのか、何のためにどんなサービスをどれくらい利用したいのか、どのような生活を送りたいのか、などの生活全体をとらえて、生活のニーズから必要なサービスや支援を明確にした計画（サービス等利用計画、障害児支援利用計画）の案を作ります。その案は市町村に提出され、その内容に基づいて、支給決定がされます。支給決定後に、

図1-8 障害福祉サービス利用のプロセス

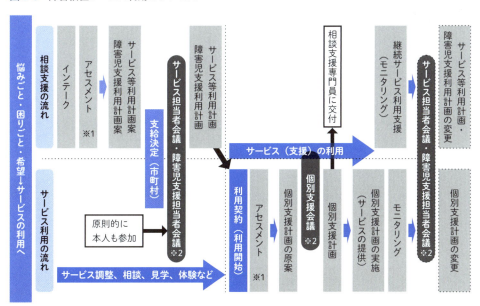

【令和6年度報酬改定に伴う改定内容の反映】
※1 意思決定に困難を抱える者の意思および選好、判断能力等の把握
※2 利用者本人の参加（原則）

サービス担当者会議が開催され、計画が完成し、サービス利用に進みます。
　相談支援からサービス利用につながるのが制度上のスタンダードではありますが、現実にはその流ればかりではありません。相談支援事業が本格的に制度として位置づけられたのは2015（平成27）年度からです。そのため、地域によっては相談支援体制が追いついておらず、相談支援事業所が関与しない「セルフプラン」でサービス利用が始まる場合もあります。また、相談支援事業所や相談支援専門員の役割や存在がまだ浸透していないために、形式的なものになっていることもあります。相談支援が位置づけられる前から、サービスや支援があったので、当事者がかかわっている期間がサービス事業所のほうがずっと長いことも多くあります。そして、日常的にも継続してかかわっているのは利用しているサービス事業所の人たちなので、連携がイメージしにくい現状もあるようです。
　ただし、相談支援事業所とサービス事業所が連動して当事者を支えることは当事者のニーズをとらえ、総合的、継続的に応援をしていくうえで、とても重要な仕組みです。詳しくは次の**1-3**（p.38）で紹介します。

2　サービス（支援）提供のサイクル

　全体のプロセスからサビ管・児発管が直接的にかかわる部分を取り出してみると図**1-9**のようなサイクルになります。
　「インテーク」から始まり、「アセスメント」「個別支援計画の作成」「サービス（支援）提供」「モニタリング」とぐるっと一周のプロセスとなって進みます。そ

図1-9　サービス（支援）提供のサイクル

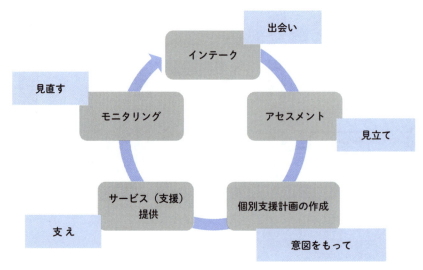

れを、別の言い方で表すと「利用者と出会い、見立て、意図をもって、支え、見直す」という一連の流れとして説明することができます。また、見直す「モニタリング」はその後のための見立ての「アセスメント」となり、個別支援計画の修正につながるので、このサイクルをぐるぐると繰り返していくのがサービス提供のイメージです。単に同じところでぐるぐる周るというよりは、らせん階段を上るように展開されます。このサイクルはサービス提供の基本となるので、よく理解しておきましょう。次に、それぞれのプロセスについて説明していきます。

1　インテーク──「出会い」

利用者との出会いは様々ですが、どのような出会いを経るかによって、その後の関係性に大きな影響が生じます。インテークにおける役割は「説明する」「関係をつくる」「確認する」の3点といえます（図1-10）。

特に福祉と初めてふれる利用者との出会いは配慮が必要となります。その出会いが福祉や支援へのイメージにつながるからです。初めて福祉とかかわるときは、期待と不安の両方が入り交じることが多いものです。安心させようとして、安易に「大丈夫です」「お任せください」といった安請け合いをすると、過度の期待を抱かせるリスクにつながります。また、「こうしてください」「課題は○○ですね」などと上から目線で指導や評価をすることは、利用者の主体性やパワーを奪い、事業者主体の支援になるリスクがあります。出会いの段階で、利用者の期待と不安があることを想像し、把握することが必要です。

私たちは当たり前に福祉現場にいて、無意識に福祉の常識を身につけてしまっています。それに対して、初めて出会う利用者は何もわからないままやってきます。したがって、どのような気持ちや経過で目の前に来たのかを想像することが大切です。私たちが当たり前だと思っている専門用語もわからないものが多いでしょう。そして、私たちがわからない言葉を使ったとしても、初めて会った人に「わかりません」と伝えることは勇気がいることです。わからなくても、わかったふりをしているかもしれません。また、「障がい」という言葉はしばしば当事者にとって重いものです。どのように受け止めているのか、あるいは受け止めき

図1-10　インテーク（初期面接時の状況把握）

説明する	関係をつくる	確認する
・自分自身の説明 ・事業所の説明	・不安や緊張の緩和 ・ファーストタッチ	・目的（何のために） ・方向性（どこに向かうのか）
パンフレット 名刺　など	面接技術 空間づくり　など	サービス等利用計画 面談記録　など

れないのか、どのような状況でも評価せず、受容することが求められます。

また、福祉サービスの利用は「目的」ではないことを忘れないようにしましょう。困っていることややりたいことがあり、それを解決したり、実現したりするための一つの手段として福祉サービスや支援があります。「何のために」「どのような気持ち」でサービスや支援にたどり着いたのか、想像しながら、より理解するための機会がインテークであるといえます。

2　アセスメント──「見立て」

インテークの次の段階はアセスメントです。アセスメントはサービス提供のプロセスにおいて、もっとも重要であり、中心的な存在です。アセスメントのポイントについては 1-4（p.51）で様々なサービス事業所の経験者から、提供するサービスの特徴をふまえたうえで、説明しますので、ここでは重要なポイントのみ説明します。

アセスメントは、利用者とともに「デマンド」から「ニーズ」を見つける作業といえます（図 1-11）。その際のポイントとしては、「デマンド」をしっかりと受け止め、そこにある背景や思い・特性など、本人についてよく理解することです。

例えば「働きたい」というデマンドで考えてみます。「働きたい」という発信の背景に考えられることはたくさんあります（図 1-12）。また、理由は一つとは限りませんし、複数あることもありますし、複雑に揺れていることもあります。支援者の思いや希望を押し付けることなく、本人の気持ちを決めつけてしまうことなく、丁寧にニーズを探り、見極めていく姿勢とスキルが求められるのです。

アセスメントの視点としてもう一つ大切なポイントは、異なる性質をもつ二つの障がいの理解です。「障がい」には本来もっている障がいと育ちや環境の影響

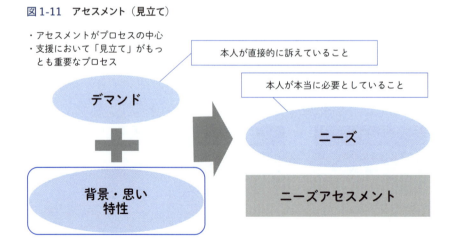

図 1-11　アセスメント（見立て）

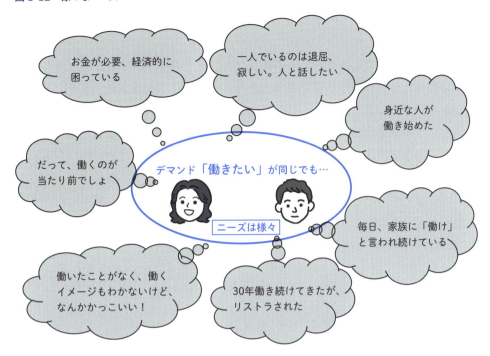

図1-12　様々なニーズ

図1-13　二つの「障がい」の見極め

本来の障がい	二次障がい
・もともとできないこと、不可逆なもの ・無理なく補う支援を考える	・誤って身につけてしまったもの ・改善、軽減する支援を考える
理解、承認と適切なサポート （指導、訓練の対象にしない！）	学習によって、変化する （適切な学びにつなげる！）

で誤学習や未学習により生じてしまった二次障がいの二種類があります（図1-13）。これらを見誤ると、頑張ってもできないことに努力を強いたり、学ぶことで改善することが「仕方ない」と放置されるなど、支援のミスマッチが起きます。状態像として似通っていることも多くあり、明確に分けることは難しい場合もあります。本人にとっても支援者にとっても苦しいミスマッチを起こさないために、支援方法を検討するうえで、二つの障がいの見極めは非常に重要です。

3　個別支援計画の作成――「意図をもって」

アセスメントの次は「個別支援計画の作成」の段階です。

はじめに、そもそも個別支援計画はなぜ作らなければならないのかについて考えてみましょう。個別支援計画およびサービス管理責任者という位置づけがされたのは2006（平成18）年の障害者自立支援法施行からです。障害者自立支援法に

よって、一人ひとりが希望する生活を送るための支援を国が個人に保障するためにサービスの給付が始まりました。給付されるサービスには大切な税金をかけるだけの根拠が必要となります。何のために、どれくらい、どのようなサービスが必要なのか、そして、具体的にどのような支援を誰が行うのかなど、支援のねらいや必要性、その内容が根拠と意図をもって提供される必要があります。それが税金を投じる国の責任であり、その根拠を示す役割が税金を受け取り、サービス提供を行う事業者に求められるのです。そのため、障害者自立支援法以降、現在の障害者総合支援法においても、事業所には支援の根拠と意図を明確にして、必要な支援を行うための責任者をおくことが求められました。それが、サビ管であり、児発管です。そして、サービスや支援について根拠と意図を明確にしたものが個別支援計画になります。

「計画は作ることになっているから」と形式的な理解にとどまってしまう傾向にありますが、"そもそも"の意味をよく理解しておくことが大切です。

個別支援計画の作り方については、1-5（p.75）で説明します。

4　サービス（支援）提供――「支え」

個別支援計画が完成したら、その根拠と意図をもって、日々のサービスや支援が提供されます。ただし、いつもこのようなプロセスを順に追ってサービス提供がされるのではなく、必要があれば急にサービス利用が始まる場合もたくさんあります。その場合、インテークと同時にサービス提供が始まり、並行してアセスメントと個別支援計画作成が進むこともあるでしょう。サービス（支援）提供が事業所にとってはメインの仕事です。日々の支援が質の高いものになるように、サービス提供のプロセスがあり、一つひとつのポイントがあります。大切なのは、サービス（支援）提供のサイクルと各プロセスの意義や重要性を理解しておくことです。

5　モニタリング――「見直す」

サービス（支援）提供を根拠と意図をもって行う必要があることは説明しましたが、その根拠と意図は常に変化します。そのため、常に「これでいいのか？」と問い直す必要があります。そのために必要なのが「モニタリング」のプロセスです。個別支援計画は完成して終わりではなく、サービス（支援）提供も行えばよいというものではありません。見直す視点としては「利用者の状況やニーズ」と「自分たちの支援の内容や方法」の2点が必要となります。具体的なモニタリングの進め方については、2-2（p.131）で説明します。

column 2　サービス提供プロセス一周コラム
①出会い（インテーク）

木田祥平
社会福祉法人函館一条　相談支援事業所一条

> 対象者：Sさん（21歳、男性、知的障がい（軽度））

Sさんのこと

　Sさんは、幼少期よりネグレクト、ときには身体的虐待を受けて育ちました。養育環境に恵まれず、中学から学校へはほとんど通わず、夜な夜な繁華街に繰り出しては無為な日々を過ごしていました。

　補導されることを繰り返すうちに児童相談所が介入し、軽度知的障がいの判定を受け、1年間児童養護施設で過ごします。18歳になると下宿に移り、一人暮らしをしながら、就労移行支援事業所の利用を開始しました。

　しかし、生活リズムが安定せず、下宿内で窃盗をするなど不適切な行動も続き、半年で退居させられ、入所生活介護事業所を利用となりました。いつかグループホーム（以下、GH）に移ることを目標に、2年半入所施設で過ごし、度々トラブルはあるものの、それなりに落ち着いて過ごしていたそうです。

　21歳になる頃、私の勤める法人のGHに移行し、同時に通所の自立訓練（生活訓練）の利用を開始しました。Sさんと私が出会ったのは、このタイミングでした。

インテーク

　Sさんとは、自立訓練事業所の相談室で初めて会いました。

　市の相談員とともに面談室に入ってきたSさんは、無造作に伸ばした金髪の髪と、剃り残しが目立つ髭が印象的でした。言語理解力は高いように見えましたが、緊張もあってか、うつむきがちであまり目を合わせることをしませんでした。服装は年齢より幼く、立ち居振る舞いは小、中学生くらいの印象です。

当時のSさんの気持ち

　当時、Sさんは人に対する信頼感が低く、何もかもがうまくいかないことに対し、あきらめと苛立ちに似た感情を抱いていたようです。Sさん自身、自分の将来、望む生活をイメージすることができませんでした。まずは、支援者のスタンスを明確に伝えることを心がけました。「Sさんの側に立つ人である」ということをまずは感じてもらう。とりあえずは事業所を利用してみる、というところで面談を終了しています。

インテークのポイント

　初回面接。対象者と支援者の最初の接点となります。

　Sさんのように、人に対する期待値が低い人、数々の失敗経験、恐怖体験、裏切られた（と思っている）経験を積んだ人には、支援者は得体のしれない存在なのかもしれません。

　支援者がアセスメントをしようとアンテナを張り巡らせているように、対象者も支援者が何者か探っています。

　少しでも安心してもらえるようにふるまうこと。場所の設定、時間、服装、座る位置、話す内容、様々なことをイメージして、事前に準備することが必要です。

　ともすると、支援計画を立てるにあたって「課題」を探し、苦手な部分に焦点を当ててしまいがちです。が、支援するのは課題に対してだけではありません。

　得意な部分、ストレングスに支援を加え、どう生活に活かし、自己実現を目指すのか。それこそが支援の本質であるべきです。まずは対象者の存在を肯定することです。

　インテークとは…「私はあなたの側に立つ人である」と感じてもらうこと

column 3　サービス提供プロセス一周コラム
②見立てる・見極める（アセスメント）

　Sさんの新しい生活が始まりました。GHで生活し、日中は自立訓練（生活訓練）に通います。利用開始当初は明るく礼儀正しく、いわゆる模範的に過ごしていました。今思えば意識的にそのようにふるまい、周囲の様子を窺っていたのかもしれません。

　しかし、半年ほどすると、徐々に問題行動（と呼ばれるもの）が目立ってきます。朝、通所事業所に出勤せず所在不明になったり、GHでは食事や服薬を拒否したり、夜間飛び出し、アームカットなどの自傷行為やそのための刃物を買い求める行動もありました。破壊行動、窃盗行為も見られ、毎日のように世話人からのヘルプコールがあり、支援に苦慮する日々が続きました。

当時の支援者の気持ち
　これは大変な人を受け入れてしまった。日中のスタッフもGHの世話人も精神的、体力的にもつだろうか。どうしてこのような行動をとるのか。なんとかしないと…。

当時のSさんの気持ち
　最初はよかったけど、結局は支援者もダメ出しばっかり。
　自分のほうを見てほしいし、気にしてほしい。何でわかってくれないんだ。
　問題を起こせば見に来てくれるかな。なんかわからないけどモヤモヤする。

問題行動（と呼ばれるもの）について
　日々、問題行動の対応に追われ、支援の方略を組み立てる暇もない。
　目標が立てられない……。
　Sさんのケースでも、支援者は問題行動（と呼ばれるもの）に目を奪われ、その火消しに追われ、いつそれが起きるのかにビクビクし、行動の背景に目を向ける余裕がもてずにいました。

　氷山モデルを活用し、障がい特性、成育歴による学習、現在の環境など、様々な要因の相互作用で起きる事柄に目を向けていく必要があります。そして、インパクトが大きい課題だけにとらわれず、ストレングス（強み）に目を向けること。Sさんの強み、得意なことは何なのか。個人と環境のストレングスに焦点を当てます。

　個人のストレングスは、現在本人がもっている能力的な強み、環境のストレングスは、現在本人がおかれている状況や周囲の環境における強みです。

　下記はSさんの環境のストレングスです。

環境のストレングス
【強み】
・Sさんを受け入れる生活の場所と日中活動の場所が確保されている。
・GHが通所事業所スタッフのサポートに入りやすい近さにある。
・障害基礎年金で金銭的にはなんとか生活していける。

【課題】
・家族とは音信不通で、支援は見込めない。
・GHでは、世話人の勤務終了後は原則職員が不在となるため、生活リズムがなかなか安定しない。
・GHと通所事業所以外の人とかかわる機会が少ない。

　これらの情報をどう具体的な支援に結びつけていくのか。

　焦らず、粘り強く、明るく朗らかに、対象者の様子から目を離さず支援を進めていくことが私たちに求められます。問題行動（と呼ばれるもの）の背景に分け入り、その謎を楽しむのです。

　アセスメントとは…「その人を知る」ということ。「毎日がアセスメント」

column 4　サービス提供プロセス一周コラム
③思いや意図をもってかかわる（プランニング）

　Sさんの生きづらさは、言語理解力は高いのに、相手の心情を想像してかかわることが難しいことと、自分の気持ちを適切な方法で表現し、相手に伝えることが苦手で、どうしたら希望を叶えられるのか、イメージができないことです。

　スモールステップで支援に取り組みます。
① Sさんの安全基地をつくる
② 複数の人間による支援チームがあることを理解してもらう
③ 適切な感情表出、意思伝達手段を身につけてもらう（カードや日誌、ホワイトボードも活用）
④ 直近のやりたいことを決める
⑤ 将来の目標を考える

　Sさんは、叱られることや制限されることが多く、自己肯定感が低く、適切な感情表現ができなくなっており、なんとも言えないモヤモヤが常に頭のなかを占めていました。やりたいことも単発でしかイメージがもてず、「未来」を想像することができませんでした。

　そこで、私たちは「Sさんを応援する会」を設立しました。

　最初は警戒心の強いSさんに配慮し、相談支援専門員と担当職員3人で、月1回のペースで行いました。ラポールが安定してきた頃に、徐々に参加人数を増やしていきました。現在はSさんが、一部訓練もかねてパソコンで議題などの資料を作成しています。主な議題は以下のとおりです。

① 「アイスブレイク」：会議にネガティブな印象をもち、緊張していたSさんのために心理ゲームなどを行いました（あなたの恋の傾向がわかります的なものです。スタッフのほうが盛り上がっていたかもしれませんが…）。今では、Sさんもゲームを企画してくれます。
② 「最近の様子」：この間の出来事を報告しますが、課題を探るということではなく、この期間中によかったこと、うまくいったことを主に話します。ささいなことでも、適切にふるまえたことをしっかり評価することがポイントです。

　はじめの頃はスタッフが代弁することが多くありましたが、最近はSさん自身が報告してくれることが増えています。
③ 「Sさんからコメント」：何を話してもよいのですが、周囲への要望を伝えることが多くあります。

　はじめの頃は無計画にあれが欲しい、これが欲しいという要望ばかりでしたが、生活リズムと就労活動が安定し、それによって得られる工賃のイメージがつくられていくと、事前に職員と相談をし、計画的に要望を伝えることができるようになっています。

　大きな変化がみられたのは取り組み始めて3〜4年ほど経った頃です。粘り強く続けることで成果が生まれてきました。ただし、支援を続ける根拠は必要となります。

　重要なのは、その場しのぎではなく、Sさんの人生、将来を見据えた支援をスモールステップで組み立てることです。

　支援方針は、イソップ寓話の「北風と太陽」にならい、「太陽の支援」を行うことを支援者に宣言しました。強制したり、制限するのではなく、Sさんが納得し、自発的に適切な行動ができるようになることを目指しました。

　プランニングとは…「根拠をもった想像力と企画力」のこと

column 5 サービス提供プロセス一周コラム
④揺らぐ、悩む（モニタリング）

　SさんがGHに入居して3年が経った頃です。その間3か月に1回のモニタリングを続け、個別支援計画の微調整を行ってきましたが、なかなか状況は改善されません。

　2年間の自立訓練（生活訓練）の期間終了後は、同事業所の就労継続支援B型に移行しました。その間も、問題を起こすたび職員が駆けつけます。本人が信頼している職員が来れば落ち着き、そうでない職員が駆けつけたときは、泣き叫び、物を投げ、人や壁を叩き、刃物を持って居室にこもるなどの行為も見られるようになりました。

　不安定になる言葉「NGワード」もどんどん増えていき、周囲の人が会話をすることにも気を遣う状態でした。

　いつも何らかの問題行動が起き、職員はその「火消し」に追われている状況でした。

　この時期はなかなか結果が出ず、Sさんも職員も疲弊し、支援の統一が困難でした。

　なにより残念なことは、Sさんに対して、困った人、わがままというイメージが定着しつつあったことです。ネガティブな感情が行き交います。支援内容に対する疑問や不満だけではなく、様々な問題をSさんの責任に帰す感情まで生まれていたのです。チーム内外の職員がそれぞれの対応を批判し合うような状況も生まれ、「投げ出したい」「逃げたい」、そんな感情が渦巻いていました。

　しかし、サビ管とチームリーダーは、アセスメント、モニタリングを行うなかで、この支援方法が適切だと信じ、継続する必要性を強く感じていました。

　今一度、支援者間の共有理解を目的の一つとして、あらためて会議を実施しました。今までの規模よりも大きく、大人数の職員が参加するものです。その場で共有、検討したのは以下の項目です。
① 　Sさんの障がいと成育歴のおさらい
② 　これまでやってきた支援の整理
③ 　現在の問題行動
④ 　その背景
⑤ 　支援の方略を立てる

　大会議室に通所事業所の職員全員とGHのサビ管、世話人、相談支援専門員が集まります。結果は大荒れの会議となりました。

　支援者の主観、個人的な感情が入り乱れ、それぞれの支援観がぶつかり合い、決裂したのです。

　しかも、この時点で目に見える支援の結果が出ていないこともあって、日常的に支援者同士の報告が少なくなる傾向にありました。どのようなねらいで支援に取り組んでいるのかイメージが共有できておらず、お互いの信頼度が低く、批判的な見方が多く出てきてしまったのです。なかには、甘すぎる、特別扱いだ、という声もありました。

　支援者の心理として、うまくいっているときはその支援に正当性を感じ、うまくいかないときには当然迷いが生じます。

　支援の拠り所としては、科学的根拠と強いリーダーシップ、事業所の高い理念が必要です。うまくいかないときに、サビ管、チームリーダーがどう立ちふるまうか。底力が試されます。研修などへ積極的に参加し、支援技術の引き出しを増やしておく。外部のネットワークを構築し、事業所外のアドバイザーを確保しておくことなどが助けになります。

　モニタリングとは…客観的視点で対象者と支援の現在地を知ること

column 6　サービス提供プロセス一周コラム
⑤そして、かかわる

戦慄の大会議（私はこう呼んでいます）が無惨に終わり、むなしさ、無力感が残り、支援者の主観の違いにあらためて驚きました。

もう手詰まりだ…と思ったころ、担当チームが底力を見せます！　ここに来てチームが一体感をみせ始めたのです。他部署からの批判を受け、対応について疑問を呈されたことで「チーム内でもめている場合ではない」という意識が強くなったのでしょう。

そして、この頃には、モニタリングをくり返すなかで、愛着障害の支援アプローチが有効だと手応えを感じつつありました。

もっとも重要だったのが、チームのリーダーがブレなかったこと。毎日の支援を切り盛りするのは、このリーダーをはじめとする5人の支援員でした。

週に一度はSさんに関する情報を共有する場を設けるなど、もう一度、担当間で支援内容を整理し、客観的な視点をもつ相談支援専門員との連携を強化しました。

再確認した要点は下記のとおりです。

・適切な感情表出、人とのかかわりが行われたときには（自然に）しっかりと応え、その行動を強化する。不適切な感情表現、行動が起きた際は大きく反応しない。
・担当、世話人、他部署のスタッフともしっかりと状況を周知し合う。対応方法も統一する。通所事業所とGHのつながりをしっかり保つ。
・安心できる居場所をつくる。まずは一人でもよいので安全基地になる支援者をつくり、その支援者を全員でフォローする。
・Sさんが他者とのかかわりをスムーズに行えない場合は、安全基地になった支援者が橋渡しをし、適切なかかわりを学習してもらう。
・Sさんの不調時は、まず支援者側（環境）に問題があると考える。Sさんの心情を想像し、ときには代弁をする。
・必要な際は先回りをした対応をする（ただし、先回りするかしないかは状況判断をしっかりする）。
・職員が明るく穏やかに、丁寧にふるまうよう心がける。
・すぐに結果を求めない。
・どんなときも否定、批判はしない。

そして、行動の表出頻度を数値化し、可視化しました。問題行動が激しくなった頃と現在とを比較します。

すると意外にも欠席は減っており、意思表出が少し上手になり、一番の問題ともいえた自傷行為の回数が減っていました。

私たちは問題行動のインパクトが強いあまり、支援の効果が少しずつ出てきていることに気づけずにいたのです。Sさんの成長に目を向けることができず、知らず知らずのうちに求める行動のハードルを上げていたのかもしれません。これはSさんにとってとても辛く、支援者にとってはとても危険なことです。

チームに一体感が出てくると、支援が統一されます。そして、ある日突然（のように私たちは感じました）Sさんが適切な行動をとることが増えてきました。もちろん、課題はたくさんありますが、ポジティブな要素が確実に増えていきました。

結果が出れば雑音は減っていきます。Sさんが落ち着いた行動がとれるようになると、周囲の人たちからの否定的な声も減っていき、支援プランどおりに協力してくれる人も増えました。支援者も少し余裕をもってSさんとかかわりをもてるようになりました。

長くかかわっていくなかで、成長している部分に目を向けられなくなってしまうことがたびたびあります。問題行動はインパクトが大きく、記憶に残りやすいものです。

そのインパクトに感情と思考が支配され、

支援者が対象者の成長を見逃してしまうことがあるのです。解決策としては、データを取って行動を数値化し、サビ管が第三者的な視点をもち、客観的に支援の評価をすること、モニタリングを適切に行うことです。

　サビ管は、現在の支援の状況、対象者の状況、支援者間の状況を客観的に評価し、それぞれがポジティブに取り組んでいけるようにサポートしなければなりません。

　いろいろな事柄が悪循環しているときは、対象者も支援者も周囲の人もすべてが苦しい状況となります。しかし、適切な支援を行っている場合は、時機が来れば好転していくことが多々あります。ある意味「万事を尽くして天命を待つ」です。

　個々が尊重される支援ができているかを判断し、助言する。対象者、支援者が倒れないように支えていく。ときには向き合わせ、ときには避難させる。広い視野と知識、主観に捉われない、「多様で豊か・柔軟な経験の活かし方」がたくさんの人を救うことになります。

　本人とかかわるポイントは…適切な対応を粘り強く続け、時機が来るのを待つ（時間が解決することだってある）

column 7　サービス提供プロセス一周コラム

⑥その後

　Sさんは28歳になりました。変わらずGHを利用しながら、就労継続支援B型事業所に通っています。もちろん、今でも問題行動（と呼ばれるもの）はありますが、仕事を休むことは極端に少なくなり、カフェのスタッフとして、職場実習にも取り組んでいます。

　工賃が増え、計画的にお金を貯めてゲーム機を購入したり、好きなアイドルのファンクラブに入会したり。働くことが好きなことにつながるという経験を積み重ねています。何かに長期間継続して取り組めたのは初めてのことです。そのことを周囲の人が認め、たくさんほめてくれたことはSさんの大きな自信になりました。

　職員の見方も変わりました。担当のスタッフは余裕と自信をもってかかわることができるようになり、Sさんに対する肯定的な見方が増えました。

　好転の芽生えを感じるまでには、5年以上もの年月を要しました。Sさんが安全基地をもち、そこを拠り所に世界を広げていくためにこれだけの時間がかかったのです。それでも早いほうだったのかもしれません。

　支援が迷走し、もがいていた時期、「もし、Sさんがこのまま変わらなくても、これからもずっとかかわっていきますよ」。ある支援者が発した言葉に、私はハッとさせられました。

　あの手この手でSさんを変えようとしていた私に対して、これがありのままのSさんならそれも受け入れるという支援者の言葉に、強く胸打たれ、感動しました。

　サビ管の責務としては、根拠のある支援を継続するために、支援技術を学ぶことはもちろん、適切なアセスメントとプランニング、モニタリング、再プランニングのPDCAのサイクルをしっかりと周囲に示すことがあげられます。粘り強く、根拠をもって続けること。「時間が数多くの難題をもみほぐし、解決してくれる」ことだってあるのですから。

　さて、この後のSさん、どんな人生を歩んでいくのでしょうか。利用開始時は、将来は就労して、一人暮らしをして……という希望をよく話していましたが、今はあまり聞かなくなりました。自立生活に関する発言は、経験したことのない、はっきりとイメージができていないものだったのではないかと思います。苦しい状況、環境から抜け出すための「回避」を求める発言だったのかもしれません。

　今度は、就労も自立生活も段階を踏んで経験し、メリットもデメリットも知り、比較検討して意思を支援者に伝える。つまり意思決定支援に取り組む必要があります。

　Sさんとの出会いは、支援者にたくさんの苦悩をもたらし、チームに嵐を巻き起こしました。しかし、支援を深く考える経験を得て、支援者としてもチームとしても、私たちは間違いなく成長しました。

　対人援助職として、対象者の人生にかかわることの大変さと怖さを知り、一方で楽しさと喜びを知りました。

　ある日のモニタリング。Sさんがこんなことを話しました。

　「俺、けっこうイイ感じになってきたでしょう」「もうすぐ30歳だけど、まだまだ子供。40歳になったら丸くなって落ち着くから、それまでよろしくね！」

　「は、はい…」。あと10数年後が楽しみです。

　Sさんが、私たちと出会って幸運だったと思う日が来ることを祈って。

1-3

二つの計画
——何のためのどんなもの？

　この節では、「サービス等利用計画」「障害児支援利用計画」およびこれらに「案」がついた計画をまとめて『サービス等利用計画』と呼ぶこととします。

　『二つの計画』とは、相談支援専門員が作成する「サービス等利用計画」とサビ管・児発管が作成する「個別支援計画」のことを指します。これらの計画の中身の前に、それを作る人についてふれたいと思います。サビ管・児発管の役割等については、本書全体でふれられているので、ここでは相談支援専門員とは何者で何をする人か、から説明します。

1　相談支援専門員とは何者？

1　制度上の位置づけ

　「相談支援専門員」は、障害者総合支援法ではなく、「障害者の日常生活及び社会生活を総合的に支援するための法律に基づく指定計画相談支援の事業の人員及び運営に関する基準」（以下、基準省令（指定計画相談支援））に出てきます。その第3条では、指定特定相談支援事業者は、事業所ごとに「専らその職務に従事する相談支援専門員」をおくように定められています。さらに、第15条では、指定特定相談支援事業所の管理者は、相談支援専門員に基本相談支援に関する業務およびサービス等利用計画の作成に関する業務を担当させなさい、とされています。なお、「専ら」の要件は、指定計画相談支援の業務に支障がない場合は、他の事業の職務に従事させることができるとされています。ここに出てくる指定特定相談支援事業者とは、特定相談支援事業を行う者のことです。

2　相談支援専門員の仕事は特定相談支援事業

　相談支援専門員とは何者かを理解するためには、相談支援専門員の本務である特定相談支援事業の理解が必要です。特定相談支援事業は、基本相談支援と計画相談支援の二つから構成されています。なお、相談支援専門員は、一般相談支援事業（地域移行支援、地域定着支援を行う地域相談支援）でも役割がありますが、ここでは説明を省きます。

1　基本相談支援

　基本相談支援とは、障害者総合支援法第 5 条第 19 項で「地域の障害者等の福祉に関する各般の問題につき、障害者等、障害児の保護者又は障害者等の介護を行う者からの相談に応じ、必要な情報の提供及び助言を行い、併せてこれらの者と市町村及び（略）指定障害福祉サービス事業者等との連絡調整（サービス利用支援及び継続サービス利用支援に関するものを除く。）その他の主務省令で定める便宜を総合的に供与すること」とされています。ここでいう、省令で定める便宜を箇条書きにすると次のようになります。

・訪問等の方法によって
・障がいのある本人、家族、その他の介護を行う者の状況を把握して
・必要な情報を提供したり
・必要な助言を行ったり
・市町村や指定障害福祉サービス事業者、医療機関等と連絡調整を行ったり
・その他、必要な支援を行うなどして
・総合的に相談に応ずること

　このように基本相談支援とは、幅広い相談活動をするように求められています。
　ここで少しだけ注目してほしいポイントは、障害者総合支援法第 77 条に定められている市町村の地域生活支援事業である相談支援事業（いわゆる市町村の委託相談支援事業）との関係です。ややこしいですが、この相談支援事業も、基本相談支援と似て幅広い相談活動が求められています。これについては、次のとおり整理されています。
　基本相談支援は、「指定特定相談支援事業所が計画相談支援に必要な範囲で行うもの」で、地域生活支援事業の相談支援事業は、「市町村の責務として、一般的な相談、計画相談支援の対象とならない事例や支援区分認定が難しい事例に対しても積極的かつ真摯に対応するものである」（厚生労働省「相談支援関係 Q & A」平成 25 年 2 月 22 日問 21 修正）とされています。つまり、特定相談支援事業が行う基本相談支援は、幅広いけれども、それはあくまで計画相談に必要な範囲ですよ、ということになります。
　なお、次に説明する計画相談支援と違い、この基本相談支援だけを取り出した相談支援活動に対して報酬は発生しません。計画相談支援の報酬（個別給付）に総合的に含まれているとも考えられますが、基本相談支援を行った回数や時間等に応じた報酬算定はありません。

2　計画相談支援

　計画相談支援とは、サービス等利用計画に関することです。具体的には「サー

ビス利用支援」と「継続サービス利用支援」の二つを指しています。障害者総合支援法第5条では次のとおり定めています。

1 サービス利用支援

計画を作ることを指します。障害福祉サービス等の申請にあたって様々な相談に応じて調整を行い、その結果を基にサービス等利用計画案とサービス等利用計画を作成することがサービス利用支援とされています。

2 継続サービス利用支援

いわゆる「モニタリング」のことを指します。障害福祉サービス等の支給決定を受けた人に対して、決定された有効期間内で利用状況や本人の意向などを検証して必要に応じてサービス等利用計画の見直しを行うこと。その結果に基づき、計画の変更、関係者との連絡調整、支給決定の変更や新たな申請などを本人に勧めることが含まれます。

なお、2024（令和6）年の基準省令（指定計画相談支援）の改正では、「利用者が指定計画相談支援を利用することにより、地域の教育、就労等の支援を受けることができるようにすることで、障害の有無にかかわらず、全ての者が共生することができるよう、地域社会への参加や包摂の推進に努める」ことや「利用者の自己決定の尊重及び意思決定の支援に配慮しつつ、利用者の希望を踏まえて障害者支援施設、精神科病院等から地域生活への移行の推進に努め」ることが相談支援事業者の役割として加わりました。

なお、表1-1のとおり、相談支援専門員の役割や責務は、基準省令（指定計画相談支援）等で細かく定められています。

表1-1 指定計画相談支援の具体的取扱方針

障害者の日常生活及び社会生活を総合的に支援するための法律に基づく指定計画相談支援の事業の人員及び運営に関する基準（平成24年3月13日厚生労働省令第28号）
（指定計画相談支援の具体的取扱方針）
第15条
2
　一　相談支援専門員は、サービス等利用計画の作成に当たっては、<u>利用者の自己決定の尊重及び意思決定の支援に配慮</u>しつつ、利用者の希望等を踏まえて作成するよう努めなければならない。
　二　相談支援専門員は、サービス等利用計画の作成に当たっては、利用者の自立した日常生活の支援を効果的に行うため、利用者の心身

又は家族の状況等に応じ、継続的かつ計画的に適切な福祉サービス等の利用が行われるようにしなければならない。

三　相談支援専門員は、サービス等利用計画の作成に当たっては、利用者の日常生活全般を支援する観点から、指定障害福祉サービス等又は指定地域相談支援に加えて、指定障害福祉サービス等又は指定地域相談支援以外の福祉サービス等、当該地域の住民による自発的な活動によるサービス等の利用も含めてサービス等利用計画上に位置付けるよう努めなければならない。

四　相談支援専門員は、サービス等利用計画の作成の開始に当たっては、利用者等によるサービスの選択に資するよう、当該地域における指定障害福祉サービス事業者等又は指定一般相談支援事業者に関するサービスの内容、利用料等の情報を適正に利用者又はその家族に対して提供しなければならない。

五　相談支援専門員は、サービス等利用計画の作成に当たっては、適切な方法により、利用者について、その心身の状況、その置かれている環境及び日常生活全般の状況等の評価を通じて利用者の希望する生活や利用者が自立した日常生活を営むことができるよう支援する上で解決すべき課題等の把握（以下「アセスメント」という。）を行わなければならない。

六　<u>相談支援専門員は、アセスメントに当たっては、利用者が自ら意思を決定することに困難を抱える場合には、適切に意思決定の支援を行うため、当該利用者の意思及び選好並びに判断能力等について丁寧に把握しなければならない。</u>

七　相談支援専門員は、アセスメントに当たっては、利用者の居宅等を訪問し、利用者及びその家族に面接しなければならない。この場合において、相談支援専門員は、面接の趣旨を利用者及びその家族に対して十分に説明し、理解を得なければならない。

（以下、略）

（下線は、2024（令和6）年改正による追加部分）

2 二つの計画は何もの？

1 サービス等利用計画

　ここまで見てきたように、サービス等利用計画は相談支援専門員が作成しますが、サービス等利用計画には「案」のついたものと「案」がないものがあります。その違いは、端的には市町村による障害福祉サービス等の支給決定の前か後かの違いによります。

1 サービス等利用計画案（支給決定の前）

　サービス等利用計画案等の作成の出発は、サービス等を申請した障がいのある人等に対し、市町村が計画を提出するように求めるところから始まります。それを受けて、障がいのある人等が特定相談支援事業所に計画作成を依頼し、そこで初めて相談支援専門員が計画の作成に取り掛かることになります（計画を依頼しない場合は、いわゆるセルフプランの作成）。

　そのサービス等利用計画案に盛り込むべき項目は、「介護給付費等に係る支給決定事務等について」（事務処理要領）で次のとおり定められています。なお、項目は決まっていますが、書式はそれぞれの市町村に任されています。事業所によっては、少しずつ違った様式が集まっているかもしれませんが、それは利用する人の支給決定をしている市町村の違いです。

【サービス等利用計画案の記載事項】
① 利用者およびその家族の生活に対する意向
② 総合的な援助の方針
③ 生活全般の解決すべき課題
④ 提供される福祉サービス等の目標およびその達成時期
⑤ 福祉サービス等の種類、内容、量
⑥ 福祉サービス等を提供するうえでの留意事項
⑦ モニタリング期間

　ポイントはいくつかありますが、特に重要なポイントは「サービス等利用計画案」の文言に含まれる「等」についてです。これは、いわゆる公的なサービスについてだけの計画ではないことを指しています。保育所、幼稚園、学校等の教育機関、医療機関をはじめ、自分の家族のことや趣味活動、あるいは近隣住民による支援など、福祉の制度を利用する都合上必要な計画だけれども、その人にまつわる幅広い視野をもった計画にしなさいよ、という意味です。

　そして、もう一つ重要なポイントは、そうは言いつつも市町村による支給決定

に必要な計画なので、必要な公的な福祉サービス等が何のために利用されるか、その種類は何でありどのくらいの量が必要であるのかが、利用者にも市町村にも説明できることです。

完成したサービス等利用計画案は、利用者に確認してもらったうえで市町村に提出します。

2 サービス等利用計画（支給決定の後）

支給決定された後、その支給決定をふまえて必要に応じてサービス等利用計画案の変更を行います。また、利用するサービス提供機関やその他の機関等と連絡調整を行ったり、必要な会議を開くなどしてサービス等利用計画案の内容について説明を行い、意見を求めることになります。これらを通して必要に応じて修正したサービス等利用計画案を利用者に確認してもらい、案が取れた「サービス等利用計画」が完成します。これも案と同じく市町村に提出します。

サービス等利用計画に盛り込むべき事項は、案がついた計画に次の2点を加えることとされています。

【サービス等利用計画の記載事項】
① 福祉サービス等の利用料
② 福祉サービス等の担当者

3 子どもの計画

ここまでサービス等利用計画という言葉を説明してきましたが、児童福祉法に定められた、いわゆる児童デイサービスなどの「障害児通所支援」を利用するときに必要な計画は「障害児支援利用計画」という名称がついています。これについても、文言は少し違いますが、計画には案がついたものと案がついていないものがあり、モニタリングがあるなど、制度的な位置づけはサービス等利用計画と同様です。

なお、障害児通所支援を利用する子どものなかには「障がい児」として認定されていない場合も少なからずあり、計画書の表題が「障害児支援利用計画」となっていることに抵抗を感じる場合もあると思います。書式は市町村が定めてもよいことになっており、実際に表題等を変更している市町村もあります。表題などを工夫することも課題でしょう。

2 個別支援計画

「障害者の日常生活及び社会生活を総合的に支援するための法律に基づく指定障害福祉サービスの事業等の人員、設備及び運営に関する基準」（以下、基準省令）

第58条等にあるとおり、指定障害福祉サービス事業所の管理者は、個別支援計画の作成業務をサビ管に担当させるように定められています。なお、障害児通所支援に関する個別支援計画、児発管の役割等については、児童福祉法と関連する省令等で同様の内容が定められています。詳細は1-5（p.75）に記載のとおりですが、ここでは制度上定められた項目について確認してください。

基準省令では、個別支援計画の作成にあたっては、まずその原案を作ることとされています。この原案は、アセスメントおよび支援内容の検討結果に基づき作成する必要があり、その内容は次のとおり定められています。

・利用者およびその家族の生活に対する意向
・総合的な支援の方針
・生活全般の質を向上させるための課題
・サービス提供の目標およびその達成時期
・サービス提供するうえでの留意事項等
・他の保健医療サービス等との連携も含めた個別支援計画の位置づけ

3　二つの計画の制度的な側面

ここまで、二つの計画の成り立ちや必要な事項等について見てきました。要約すると、サービス等利用計画は支給決定に必須で相談支援専門員が作成するもの、個別支援計画は具体的なサービス提供に不可欠でサビ管・児発管が作成するものということになります。この二つの計画の制度的な側面をしっかりと把握しておく必要があります。

3　サービス等利用計画と個別支援計画の関係

二つの計画は、とても密接に関係します。それは、全体と部分、総合と個別ともいえます。しかし、どちらかがより上位にあるわけではなく、役割を補い合う関係であると考えることができます。この二つの計画の関係、役割をイメージしたものが図1-14です。

1　二つの計画は重なり合う

ポイントは、いくつかありますが、その一つは、二つの計画は互いに重なり合う部分が必要であることです。これは、同じ利用者に対しての計画であり、そのサービス等利用計画はその個別支援計画が必要な事業についても記載してあるので当然のことです。この点に関して、2024（令和6）年の基準省令改正で、個別支援計画を作成した際には、相談支援事業所にも交付することが義務づけられま

図1-14 二つの計画の関係

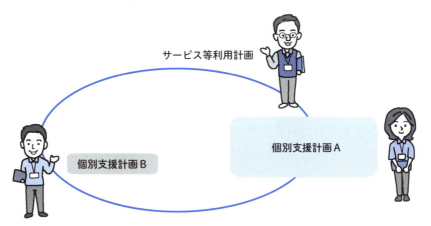

したので、制度的にも二つの計画が双方ともにより強く意識されることになりました。

　重なる部分を計画書に沿って見ていくと、二つの計画のどちらにもある「利用者及びその家族の生活に対する意向」、サービス等利用計画でいえば「総合的な援助の方針」、個別支援計画でいえば「総合的な支援の方針」、また、それらを受けた形で表現される「生活全般の解決すべき課題」「生活全般の質を向上させるための課題」が該当します。これらは、二つの計画が利用者をどのように理解しているのか、そして、それを基にどのように援助していこうとしているのか、どこに向かって進んで行こうとしているのか、すなわち利用者理解と支援の方向という根幹にかかわるところです。もちろん、二つの計画を作成する主体は違うので、考え方や支援の手法等が違う場合もあります。しかし、対象になっている利用者の理解と、それに基づく支援の方向や構え方は、細部は除いたとしても大きくは一致している必要があるでしょう。

　なお、個別支援計画は、相談支援専門員が作成したサービス等利用計画のなかにすっぽり入る場合もあるでしょうし、それからはみ出す場合もあります。二つの計画が重なり合っていない部分や、個別支援計画がサービス等利用計画からはみ出した部分は、サービス提供機関独自の大切な役割です。

2　二つの計画は、重なりの部分も含めて変化していく

　しかし、ここにはなかなか難しい問題も潜んでいます。ある利用者に対するサービス等利用計画が、同じ利用者の個別支援計画に必要なすべてについて記載されている必要はありません。というより、相談支援専門員は総合的にかかわっていく立場なので、その利用者の様々な側面を深く理解し、実際に行われる様々な支

援を把握し理解することは不可能に近いでしょう。年数を重ねていくうちに個別支援計画を担っているサービス提供機関のほうが、（その領域に限ったとしても）利用者との関係を深め相互に理解を深めていくはずです。ただし、相談支援専門員も年数を重ねるうちに福祉サービスと関係のない悩みを伺うなど、さらに広い領域で利用者の話を聴き、一緒に問題解決に向かうようになります。

　つまり、二つの計画は、双方の主体（相談支援専門員、サビ管・児発管、および周辺の関係者）が、それぞれに利用者との時間を共有するなかで形や深さが変化していくはずです。そこでは、時間の経過とともに、サービス等利用計画あるいは相談支援専門員も、個別支援計画あるいはサビ管・児発管も、それぞれがそれぞれの立場で、その利用者をより広い視野で、より深い視点で認識するようになります。それに伴い、二つの計画はそれぞれ見直され、また重なり合う範囲や意味も変化していくでしょう。

3　二つの計画の三つの役割

　異なる人同士、異なる機関同士が、ある目的に向かって協働して進んでいくときに、「連携」とその中身が重要になってきます。連携とは、「共有化された目的を持つ複数の人及び機関（非専門職も含む）が、単独では解決できない課題に対して、主体的に協力関係を構築して、目的達成に向けて取り組む相互関係の過程」であり、いくつかの段階を経て展開された先に「信頼感をもって一緒に仕事ができる関係」が構築されていきます[1]。この連携のために重要な役割を発揮するのが二つの計画です。

1　自己決定の尊重および意思決定の支援に向けて

　では、何のために連携するのか。誰のために連携するのか。

　それは、支援者のためではなく目の前の利用者のために、でしょう。2024（令和6）年の制度改正では「自己決定の尊重及び意思決定の支援」という文言が随所に出てきます。自己決定や意思決定の中身についてここではふれませんが、制度で書かれている以上、それをしないわけにはいきません。しかし、制度にあろうとなかろうと、別の言い方をすると誰が見ていても見ていなくても、二つの計画にかかわる人たちは利用者の意思を最大限尊重するために計画を位置づける必要があるでしょう。

2　役割分担計画

　サービス等利用計画も個別支援計画も、その内容に本人を含めた人や機関の役割が記載されているはずです。つまり、二つの計画は、それぞれが単体で役割分

担計画といえます。そして、利用者からみると、サービス等利用計画も個別支援計画も、それぞれ（相談支援専門員やサビ管・児発管等）の役割が記載されており、二つ合わせて（利用している事業が複数あれば三つ、四つ…の個別支援計画があるので三つ、四つ合わせて）全体が役割分担計画になります。

3　共通言語、もしくは共通言語をつくる土台

　違う人同士、機関同士が役割分担して、ある目標に向かうために連携するためには、スムーズなコミュニケーションが必要になります。このときの重要なツールの一つが言葉です。日本語の同じ単語について、同じ福祉業界にいても、あるいは同じような年代でも少し違う意味やニュアンスを乗せていることがあります。人がほかの人と確実に意思を伝え合うには共通した言葉をもつことが必要です。まして機関という組織を通したときにはいっそう重要になります。二つの計画が、連携に重要な共通言語となるよう、一緒に時間や体験を共有し、話し合いを重ねていくことが大切です。

4　計画と「人の暮らし」

　ここまで、サービス等利用計画と個別支援計画という二つの計画を主に制度的側面から見てきました。しかし、制度的側面だけで二つの計画を語り尽くせるでしょうか。二つの計画は、その作成の動機も計画の内容も、すべて制度が基になっています。もちろん、その制度のなかでも、例えばサービス等利用計画には「等」が入っているなど、制度に縛ろうという意図で設計されていません。しかし、これらの計画が人の暮らしに何らかの影響を与える以上、単に制度からだけ論じるのではなく、人が生きるとか人が暮らすという視点からの検討も大切でしょう。

1　計画は変更される

　計画とは、一般的には、あることを行うために、あらかじめ全体像や、その方法・手順などを考えること、とされています。しかし、人が生きていくとき、暮らしを営んでいくとき、この計画をどれほどもち、計画性をもって生きているでしょうか、あるいは、暮らしているでしょうか。

　例えば、ダイエット目標−〇kgと決めているのに「いやぁ、今日は仕事頑張ったから、△△食べちゃおう」というとき、あるいは、新車購入を目標にコツコツ貯金している最中に予算オーバーだけどどうしても行きたいコンサートがあったときなど、多くの人は気持ちがぐらつくのではないでしょうか。意志の強い人は負けずに計画どおりにいくかもしれませんが、いろいろな理由をつけて決めた計

画を中止したり変更する人もいるでしょう。

　人は、日々の暮らしのなかで、自分で決めた計画を見直し、続けたり、中止したり、変更したりしながら生きていくはずです。毎日の小さな出来事と照合して微修正・微調整しながら生きていくのではないでしょうか。

　明確な人生設計をもっている人もいるかもしれません。しかし、その人生設計も一度決めたら不動、一生を通じ細部にわたって微塵も変更なしということは、まずないと思います。人生のなかに仮に計画があったとしても変更することもあるでしょう。人生とは変更の連続であり、それゆえに、苦しいし楽しいといえると思います。

2　計画が人生のすべてではない

　例えば大学合格を目指すときや大切な資格を得たいとき、あるいは職場で何かのプロジェクトのなかで目標に向かうとき、ほしい車を買うとき等々、人それぞれが自分にとって大切な何かを得たいとき、それに向かう手順や道のりをかなり明確に考えるでしょう。その意味では、人は計画とともに生きています。しかし、よく考えると、これらの計画は、自分の人生や暮らし全体と比較すると短期的であり部分的です。つまり、自分の人生のすべてにわたる「総合的な」計画ではなく、自分の人生を構成する「ある部分の」計画ということになります。

　人は、計画とともに生きている。しかし、それがすべてではない。どのような計画をもつのか、あるいはもたないのかは、その人が決めることです。また、仮に計画があった場合も、決めるのは自分であり、計画の中止や変更を決めるのは自分であることが最も重要なことです。

3　計画と「支援の枠組み」

　サービス等利用計画や個別支援計画は、ある意味「支援の枠組み」です。その枠組みは、それを使用する支援者の意図とは別に大変大きな力をもっています。「これらは障がいのある本人の強力な味方になりますが、同時に反対にも作用し、外から縛りつける」力にもなります[2]。この力は、障がいのある当事者から力を奪い、自ら「支援の枠組み」のなかに収まるように自分の形を変えてしまうことも引き起こします。

　サービス等利用計画も個別支援計画も、「支援の枠組み」であるだけではなく、ある意味で公的な力をもっています。これらの計画は、人の生活に強く影響を及ぼす可能性があることを支援する側は自覚すべきでしょう。そう考えると、これらの計画は、利用者の希望やそのときの状況に左右されますが、基本的には大きく構え、幅のあるゆったりした計画が望ましいかもしれません。

5　計画は誰のものか

　サービス等利用計画や個別支援計画のなかには、支援する側の役割はあるものの本人の役割がなかったり、本人の役割はあるものの支援者側の一方的な考えであったりするなど、支援者側の行動計画として表現されたものがあります。もちろん支援者側がするべき行動計画は必要です。しかし、その行動計画は、まず本人による計画があって、それを基に作成されるべき性質のものであるはずです。私たち支援者の出番は、もしその本人の計画で足りないところがあった場合に支援者等も応援しますよ、という性質のものです。

　支援者が作る計画は、本人のための計画であり利用者自身のものです。利用者が可能な限り理解できる言葉や表現を使いながら、「あなた自身の計画ですよ」という姿勢が、二つの計画にはとても重要です。

　支援に携わる人が、自分のことをサービス等利用計画や個別支援計画に書き込んで、それを第三者から説明されたとしたらどう感じるのか、ぜひお試しください。

[引用文献]
（1）野中猛ほか『多職種連携の技術――地域生活支援のための理論と実践』中央法規出版、2014年、p.228
（2）東美奈子ほか『障がい者ケアマネジメントの基本――差がつく相談支援専門員の仕事33のルール』中央法規出版、2015年、p.8

column 8

宝探し

佐藤ゴリ忠峰
有限会社 Colors　代表

「普段の生活を積み重ねることが人生」、これは暮らしのゴールでありますが、「普段とは違う刺激があるのもまた人生」、これもゴールの一つでありましょう。

全員にできているわけではないのですが、心に残る計画がいくつかあります。

これらは共同生活援助等、制度に則った業務ではありません。

業務でなければやらなくてよい？　やってはいけない？　僕らは暮らしのプロなのに？
「それ、どうやったらできる？」と本人と現場の想いがかみ合ってできた事例をいくつか紹介します。

・「修学旅行で楽しかったディズニーランドに住居の職員さんと行きたい」
お金を貯めるのに3年かかりました。本人はお土産屋さんに大満足。乗り物には「ジェットコースターこえぇし」と往復の飛行機以外乗らなかったそうです（笑）。札幌に戻ったらディズニーストアを教えてあげようと職員は思いました。

・「出会いがほしい。彼女がほしい。女性と話したい。…がしたい。そうだ風俗に行こう！」
お金があると使い切ってしまう彼が、2か月かけて1日数百円を継続して貯めることができました。3回行ったのに、僕には2回行きましたとよくわからない見栄を張っていました。

・「トランペットを習いたいけど音楽教室は…。サークルっぽいのに行きたいな」
髪の毛が尖った知り合いの相談員に話したら、サークルを創っちゃいました。数年後、いくつものステージ発表も経験した彼は、姉の結婚式でアメージンググレースを独奏しました。ノドアツ（注：泣きそうになるくらい感動したときのオリジナル造語）になる心のこもった演奏でした。

・実家を離れて10年。かかわった支援者（住居、通所）・相談員・ご家族が本人を囲んでホテルで「10年を祝う会」開催。
本人から両親にサプライズプレゼントもあり母さん号泣。次の「20年を祝う会」に向けて全員が絆を深めた1日でした。

・「競馬で儲けて家族を温泉に連れていきたいテルくん（自分もワイワイ旅行したい）」
24時間呼吸器使用、バギー介助の彼の15年ぶりの旅行は、酒を飲まないヘルパーを一人付けて、大部屋を借りて、ナイター見ながら酒盛りを。かかわりある人を巻き込んで十数人で一泊旅行。僕らは下ネタに馬鹿笑いに肝試しに、よく一晩にあれだけ楽しんだなという夜でした。まぁ、競馬は誰も当たってないけどね（笑）。

他職員が中心になって進めた企画についてはその職員もいまだにそれが心に残っていることを話してくれます。「普段と違う刺激」は双方にとっていい刺激になるのかもしれません。

「作らなければいけない計画」にはお互い心に残るようなお宝が眠っていることがあります。それを見つけた瞬間「成し遂げたい計画」になるでしょう。

言うのは簡単。やるのは難しい。でも、できたらそれはお互いの人生の宝になります。

1-4 サビ管・児発管が大切にしていること

1 本人主体のアセスメントとは

1 分野に共通する土台

　2019（令和元）年度から、サビ管・児発管の研修体系が見直され、それまで「介護分野」「地域生活（身体）分野」「地域生活（知的・精神）分野」「就労分野」「児童分野」の五つに分かれて実施されてきたカリキュラムが統一されました。その前の歴史をたどってみると、制度やサービスは知的障がい、身体障がい、精神障がいと、障がい種別で考えられ、研修も別々に行われてきました。それが、障害者自立支援法の成立を機に障がい種別を問わずに制度やサービスが考えられるようになりました。こうした変化はサービスや支援を提供する立場にとって専門性が揺るがされる大きな出来事でした。研修カリキュラムが同じになって大丈夫なのだろうか、それまで培ってきた専門性が育成のなかで反映されないのではないかと不安や反対の声もたくさんありました。

　しかし、カリキュラムが統一され、様々な分野に従事する人たちが共に学んでみると、想像以上にたくさんの学びや気づきをもたらしてくれました。特に児童分野と成人の各分野が一緒に学ぶ機会は障がいのある人たちの人生の連続性や先の見通しを想像させ、連携の大切さを実感する貴重な場になりました。障がい種別やサービス種別、年齢、障がいの程度などにより、大切な視点はそれぞれありますが、共通して大切なことがあり、その両方を共に学ぶことができるのがサビ管・児発管研修の魅力といえます。

　2024（令和6）年の障害者総合支援法の改正法の施行により「意思決定支援」がより重要視されました。これまでは本人のいないところで支援者が行うのがアセスメントであったことを見直し、これからのアセスメントは「本人と協働する」という基盤を構築する必要があります。それは本人中心支援にとっては当たり前ともいえます。ただし、歴史的に本人不在、支援者主体で展開してきた影響は根強く、本人が参画しながら、協働するアセスメントと支援は制度で強化されたからといって自動的に進められるものではありません。それぞれの支援の現場において、小さな積み重ねや試行錯誤のなかから少しずつ構築されていくのです。

2　社会モデルで本人主体を考える

　1-1（p.19）で学んだ社会モデルを振り返ると、本人の困難や願いは本人を取り巻く社会や環境に左右されてきました。したがって、アセスメントにおいても、本人とともに本人を取り巻く環境に目を向けることを忘れてはいけません。私たちが暮らす社会は全体として「主体性」を発揮することより、周囲に合わせたり、社会に適応したりすることを良しとする傾向が根づいているため、ついつい「多数派に合わせる」「正しい方向性に誘導する」発想や言動になりがちなのです。さらに、障がい児者が長年、差別や偏見のなかで排除されてきた歴史があり、また、現在も十分に権利擁護されているわけではないので、その影響で「主体性」といわれても、本人にとってピンとこない現実もあります。

　そして、「アセスメント」そのものが、そもそも、簡単ではありません。サービス提供のプロセスにおいてもアセスメントは最も重要であると学びました。基準省令においてアセスメントは、「利用者について、その有する能力、その置かれている環境及び日常生活全般の状況等の評価を通じて利用者の希望する生活や課題等の把握」（第58条より抜粋）とされています。わかりやすい言葉にすると「利用者さんのできることできないこと、今まで生きてきた道、今の生活の全体像をよく見極めたうえで、利用者さんが望んでいることや困っていることをよく理解すること」といえるでしょう。この作業は支援においては終わりがありません。かかわり続ける限り、アセスメントをし続けることになります。そして、正解もありません。常に「これで、いいのか？」「こうかもしれない」と問い続けることになります。

3　各分野のポイントからみえてくるつながり

　支援の仕事をする私たちには絶対的な正解はないですが、一方で正解をいつも探し求める姿勢をもつ必要があります。そして、正解を探し続けるためのコツやポイントは実に様々です。それはサービス種別や分野によって傾向や違いがあります。例えば、自ら希望を伝えることが難しい重度の障がいの人たちのアセスメントは表情や仕草、小さな反応を含めて丁寧に読み取り、それを複数の視点から見極めて、検討する必要があります。支援者が勝手に決めつけず、慎重にチームで理解を進めていくという意味では、発達障がいや精神障がいの人への就労支援においても同じです。また、子どもへの支援においては、家族支援や地域との連携が必須となりますが、大人への支援でも、家族への支援や関係調整、地域との連携は不可欠です。さらには、子どもの支援でとても大切な「発達の視点」は、大人の支援についても必要です。人は一生成長し、発達する存在です。子どもの

時期のほうがより顕著ではありますが、重度の障がいをもつ人たちもゆっくりと時間をかけて、発達していきます。発達課題を見立てられないと必要な働きかけができません。

　分野の異なる現場の支援者たちが混ざり合って研修を実施すると、そうした専門性の交流ができます。サビ管・児発管になろうとする人はそれなりに支援現場での経験が長く、その現場ならではの重要な視点をもっています。それぞれの違いがわかると同時に共通点や普遍性も感じるでしょう。

　次項以降は、「本人主体のアセスメント」のポイントについてお伝えします。

　児発管を目指す人にとっては、大人のサービスについて学ぶことは、かかわっている子どもたちの将来を想像する力につながります。大人になってから活用できる支援を知ることは、子どもたちへの支援の幅を広げてくれます。大人への支援をしている人たちが子どもたちへの支援を知ることは、今かかわっている人たちの生きてきた道を理解することにつながります。また、児発管がもっている発達の視点が大人になってからのアセスメントに役立つことがたくさんあります。自分のいるところとほかの分野や別の経験とのつながりを感じられることが、ケアマネジメントを担うサビ管・児発管としてとても大切な力なのです。

4　意思決定支援を考える

2024（令和6）年より、基準省令第58条第3項として以下の文言が加わりました。

> 3　アセスメントに当たっては、利用者が自ら意思を決定することに困難を抱える場合には、適切に意思決定の支援を行うため、当該利用者の意思及び選好並びに判断能力等について丁寧に把握しなければならない。

　これはアセスメントにおける「意思決定支援」の必要性と重要性を示したものです。ここでは利用者の意思決定に困難を抱える場合に、意思決定のために必要な支援をするよう求めています。しかし、本人主体の難しさや社会モデルの考えに立ち戻ったときに、意思決定に困難を抱えない人がどれだけいるのだろうか？という疑問が浮かびます。障がい者の権利擁護や社会参加の機会保障がまだ不十分であることと考えると、「困難を抱える場合には」というよりも、そもそも障がいをもつ人の意思決定には何らかの困難があるという理解をするほうが妥当でしょう。ただし、その困難は意識しないと見えにくく、時には誤解をされたり、別の問題にすり替えられたりします。

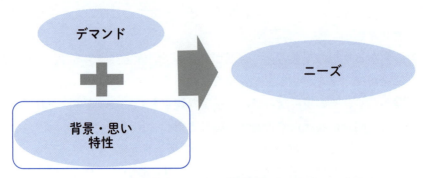

図1-15 ニーズアセスメント（基本）

チェック1　意思表出の土台（機能障がいや障がい特性）
チェック2　主体性の土台（決定機会の経験）
チェック3　関係性の土台（信頼関係・力関係）

　1-2（p.25）のサービス（支援）提供のプロセスにおけるアセスメントで「ニーズアセスメント」の重要性を学びました。本人が直接訴えている「デマンド」から本人が真に必要としている「ニーズ」を導くプロセスがニーズアセスメントです。このプロセスを分解して図にすると、図1-15のようになります。

　デマンドからニーズを導くプロセスであるニーズアセスメントに三つのチェックポイントをあげました。これは基準省令に追加された第58条第3項の「当該利用者の意思及び選好並びに判断能力等について丁寧に把握」の具体的な内容といえます。この三つについてそれぞれ事例を交えながら詳しく紹介します。

2　意思決定支援のための三つの視点

1　どんな人でも意思をもっているという前提

　三つのチェックポイントの前に前提の確認が必要です。意思決定支援が話題になるときにしばしば「この人は意思決定ができないので、代わりに意思決定をします」「重度の知的障がいのため意思表示や決定ができません」という意見や計画の記載に出会うことがあります。本来の意思決定支援にはそうした前提ではなく、「どんなに重度の障がいがある人でも意思はある」「その人なりの方法で意思を表示し、決定している」という前提からスタートします。その前提を間違ってしまうと意思決定支援の中身は全く違うものになってしまいます。こうした前提に立つと、私たちがアセスメントしなければならないのは、「その人なりの方法の意思表出」であり、それに伴って表出が促されるような環境づくりといえます。

054　Part1　基礎編

2　三つのチェックポイント

●チェック1　意思表出の土台（機能障がいや障がい特性）

【インプット】
☐通常の話し言葉だけで理解できる
☐質問や話し方などに配慮が必要
☐話し言葉に加えて文字や図などの視覚情報が必要
☐文字や図などの視覚情報中心
☐言葉の理解は限られるので、言葉以外の働きかけが必要

【アウトプット】
☐話し言葉で意思表示ができる
☐話し言葉に加えて文字や絵カード、指差しなどの視覚情報が必要
☐話すより視覚情報中心のほうがいい
☐表情、しぐさ、行動、発声、体の動きなど言葉以外の表出を理解し、読み取る必要がある

　最初のチェックは、意思表出をするうえで障がいとなる機能障がいがあるかどうか、あるのならどれぐらいどんなふうにそれが困難につながるかという視点です。個人モデルの発想では機能障がいが重度であるほど、意思表出や決定が困難だということになりますが、先ほどの前提や社会モデルの考えでいくと、その人の機能障がいや能力の制限があっても「その人なりの方法」で表出しているのに、それを周囲が理解できないことやそれに代わる方法を考えたり、提案したりできないなどの環境を整えられないために「意思の表出」が困難と思われてしまっていることがほとんどです。

　意思表示という意味で大きな影響を与えるのが「言葉の理解と使用」です。言語の理解と使用にギャップがあると、意思疎通は難しくなります。言葉による意思疎通には相手の言語を聞いてその意味を理解する「言語理解」と、言語を使って相手に伝える「言語使用」の二つがあり、その両方をアセスメントして意思確認や決定支援の際に、言語を使うか使わないか、使うとしたらどのように使うのか、言葉ではないほうがいいのならどのような方法をどのように使うのかを吟味しなくてはなりません。

　しばしば誤ったアセスメントとしてみられるのは、「言葉を話している」＝「言葉がわかっている」＝「言葉が通じる」と理解してしまうことです。言葉は理解していなくても、音として覚えていたら言うことはできますし、誰かの真似をし

て言うこともできます。パターンとして口から出ることもあります。言葉が話せるからといって言葉での意思表示が可能と判断したり、逆に言葉を話せないからといって言葉の理解ができていないということにもなりません。また、人によっては言葉が強い刺激となり、言葉に振り回されたり、意思表示の邪魔になることもあります。

　一人ひとりの発達特性や障がいの種類や程度、そして言葉を獲得してきたプロセスを見極めたうえで、「言葉をどこまで理解しているのか」「言葉をどのような目的でどのように使っているのか」という点を理解・把握することが大切です。言語理解については、児童分野の発達支援のアセスメントが基本となりますが、把握すべき視点を整理すると図1-16のようになります。知的障がいの場合は言葉を使っていても実は理解していないことが多くありますし、自閉スペクトラム症の場合は言葉が負担や刺激になっていたり、全く別の手段や理解になっていることもあります。一人ひとり異なりますので、見極めが必要となります。

図1-16　言葉の理解をよくみてみると

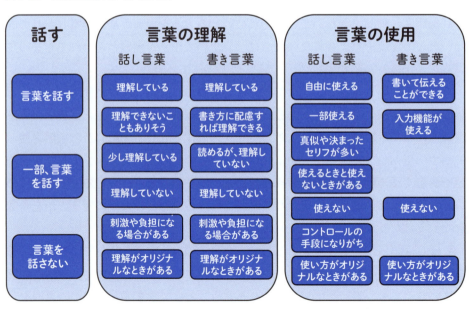

● チェック2　主体性の土台（決定機会の経験）

> □自分のことを自分で決める機会があったか？
> □選択や決定をするだけの（生活・就労・社会）経験があるか？
> □家族などから暴力を日常的に受けて、顔色をうかがったり、過剰に空気を読んだりすることがデフォルトになっていないか？
> □直接暴力を受けなくても、家庭内に暴力や緊張や不安があり、調整役や気遣う役割を担ってきていないか？
> □意思表示をすることで否定や圧力、暴力などを受けて自己抑制や自己否定が強くなるような経験やその蓄積がないか？
> □あきらめや自暴自棄、無気力、強い自己否定、反抗など健康的な意思を発揮することが難しい状況ではないか？
> □本人の意思を覆したり、ジャッジする存在がいないか？　など…
> これまでの背景に目を向ける必要があります

　次のチェックは、本人がどれだけの主体性を発揮してきた経験があるのか？という確認です。そもそも「自分で決める」という経験をしていないと、「どうぞ、決めてください」と言われても、何を言われているかわかりませんし、自分の意思を表示すると怒られたり、否定されたりした経験が多ければ、自分の気持ちや好みよりも、相手の気持ちや意向を読み取って、正解と思われる選択をすることもあります。つまり、本人がこれまでどのような人生を歩んできたのか、どれくらいの主体性を尊重され、決定したことを引き受けたり、誰かと共感や共有したり、結果を吟味したり、試行錯誤の積み重ねをしてきたのかという経験の量と質がその人の意思決定に大きな影響を与えます。それを把握せずに、意思決定支援はできないでしょう。

　経験の蓄積がない人に「何をやりたいですか？」「さぁ、決めてください」と促すのは、たとえるのなら栄養失調で弱った人にいきなりカロリーの高い普通食を提供するようなもので、うまく受け付けられないとか、与えたことが本人の負担になってしまうのです。それだけ、私たちの歩む人生の選択や決定の機会と、障がいのある人たちの人生における選択や決定の経験には差があることを肝に銘じておく必要があります。

　障がい者としてではなく、一人の個人として尊重された経験、意思があり、決められる存在だという前提で扱われた経験、そして自分なりの方法で自分の気持ちや好み、希望を伝え、それを受け止められた経験がどれだけあるのか。そして選択した結果を引き受けて、喜んだり、あるいは思うようにいかないことで悲し

んだり、悔しく思ったり……、そうした様々な経験をするなかで自分なりの選択肢が広がるような主体性の土台について、把握していく必要があります。そして、この土台が弱いのであれば意思決定と同時に土台づくりも意識した支援が必要となります。

　主体性の土台は、障がいが重いほうが経験の機会が少なくなる傾向にあるため、弱くなる側面はありますが、障がいの重さとは関係ないところで大きく影響を受ける側面もあります。最近、現場でもよく見聞きするようになった虐待やDVなどの暴力被害によりトラウマを抱えた場合や、障がいがあるからといって過保護や過干渉のなかで生活してきた場合は、能力的な障がいが重くなくても、主体性の土台が非常に弱いことがあります。また、家族と一緒に暮らしていると、決定は家族がしてしまうことも多いですし、それが当たり前になることもあります。また、離れていても強い影響を受けている場合もあります。その場合は自分が何をしたいのか、何が嫌なのか、どうしたいのか、わからないこともあります。また、わからないから問いかけた支援者が喜びそうな回答をする場合もあります。意思決定支援が大切だからといって、主体性の土台のアセスメントをせずに安易に決定を促すのではなく、本人の生きてきた道や経験、そして影響力の強い人との関係性についても本人と共に考え、理解把握することがとても大切なのです。

● **チェック３　関係性の土台**（信頼関係・力関係）

> 問題のない関係は…
> ①ほどほどの距離感
> 　□過度の負担にならない
> 　□過度に求めすぎない、頼りすぎない
> 　□好きすぎない、嫌いすぎない
> ②ほどほどの対等さ
> 　□支援者の上から目線や支配、抑圧がない
> 　□利用者からの過度な要求や駆け引きがない
> ③ほどほどの相互理解
> 　□相手を理解しようとする姿勢
> 　□相手のわかること、わからないことが大体わかる
> 　□わからないことを「知りたい」「教えてほしい」と相手に伝えられる

　最後のチェックは、支援者と本人との関係性の土台です。チェック１や２で

もわかるとおり、意思決定の支援をするためにはそれなりの理解が必要となり、意思決定に困難がある人ほど、理解するために時間が必要になります。また、理解できたと思ったことが違うことや、いつまでたってもわからないこともあります。そして、そもそも「意思」は誰に対しても出すものではなく、相手によって出したり出さなかったり、また出し方も異なります。そうしたことを考えると本人との信頼関係ができていないと、意思決定支援はとても難しいことになります。よかれと思ってしたことが、負担になることもありますし、本人が突き放された気持ちになることや依存的な気持ちを向けてくることもあります。関係性の土台を理解把握しないで、形式的な質問ややり取りによって、意思や決定を確認したとしても、それでは支援したことにはなりません。

　また、福祉サービスのなかで行われる意思決定支援は「支援する側」「支援される側」というある意味特殊な関係性のなかで行われるということも理解しなければなりません。いくら対等を意識しても、支援者の立場的には優位になることも多いですし、逆に本人をお客様として扱うような関係性になることもあります。

　いずれにしても、意思決定支援のためには支援者と本人との間にどのような信頼関係がどれくらいあるのか、また力関係はあるのかないのかというアセスメントは欠かせません。

3　現場の具体例から考える本人主体のアセスメント

　意思決定支援における三つの土台は別々にあるのではなく、相互に影響し合っています。したがって支援現場では、一体的、総合的に見極め、把握しながら意思決定支援を進めていくことになります。実際に支援現場にいる人たちからの声をもとに、いくつかの例をまとめてみました。

1　最重度の人たちへの意思決定支援

　重度の知的障がいとともに身体障がいもある重症心身障がいのある人たちは、言葉はもちろん、態度や行動でも示しにくいので、表情や発声、ちょっとした視線の動き、緊張具合や顔色、発汗、体調なども含めてあらゆる変化を観察して、推測することが必要となります。そうした小さな変化はしばしばうまく説明できず、直感的・感覚的に「喜んでいる」「嫌がっている」「これは好きかも」と感じることもあります。また、言葉にならない細かい表出を読み取るためにはかかわりの積み重ねがとても重要です。在宅で家族が介護をしている場合は家族の蓄積がとても重要になります。一方で、ずっと一緒に過ごしてきた家族だからこそ気づかないこともあります。したがって、表出が難しい人たちへの意思決定支援に

おいては、いろいろな形でかかわる人たちがそれぞれ観察して気づいたこと、感じることを持ち寄り、検討をするチーム支援が重要になります。

そうしたチーム支援のマネージャーをするのがサビ管・児発管の役割になります。相談支援専門員もマネージャーになりますが、日々利用する事業所のほうが当然付き合いは多くなりますので、サビ管・児発管の役割が大きくなります。その際にもう一つ気をつけておく必要があるのは、本人がリアルに感じ取っている世界（言葉に頼らない、言葉を使わない世界や感覚）を置き去りにしないことです。言葉ではない表出を言葉に頼る私たちが感じて言葉にしてしまい、それが正しいと思ってしまうのは危険です。言葉にしてしまった時点で、本人主体から支援者の都合の解釈や表現になってしまいます。

また、私たちは過去、現在、未来と時間の概念があり、つながりや見通しをもって物事を考えますが、重度の知的障がいの人たちは、物事の見通しや因果の理解が限られるので、常に「今現在」を生きています。それは「目標」や「意向」「希望」を考えるときの基準や前提に大きな違いがあることを意味します。そうした当たり前の違いがあることを理解したうえで、本人なりの意思表出や決定を支援していくことが重要です。

2　中重度の障がいのある人を支援する現場から

生活介護と就労継続支援B型の多機能事業所で支援する佐藤直樹さんは、「ニーズの多様化というけれど、もともとニーズは多様であったのでは。重度の方の声なき声に耳を傾けていきたい」と言い、本人主体のアセスメントについて以下の三つのポイントをあげています。

■ ポイント1　どんな利用者にも思いがある

言葉でのコミュニケーションが難しい利用者は感情表出によって伝えることが多くあります。利用にあたっては情緒や感情が安定していることがいいことだと思ってしまい、できるだけ穏やかに過ごすことを優先しがちです。しかし、安定志向は本人の豊かな感情表現の機会を奪ってしまっていることもあります。時には意図的に感情表現を促すなどの工夫をして、本人の表現の特徴を知ることが大切です。本人が楽しみにしていること、やりたいことをしているときには、笑顔や声の大きさ等、何かしらのサインを出してくれます。そのサインをよく把握することが必要だと思っています。

■ ポイント2　うまく言葉にできているとは限らない

言葉では「はい」と答えるのに、実際の場面では違う行動をとってしまうこと

があります。機械的に「はい」と答えるものだというパターンになってしまっているのではと考え、言葉を換え、掘り下げていくと別のニーズが浮かんでくることがあります。

例えば、「このお菓子が好きなの？」「この遊びしますか？」と質問をすると「はい」と答えてしまう利用者がいます。でも、よくよく観察をしたり、別の聞き方をしたりすると別の反応が返ってくるのです。

■ **ポイント3　知らない・経験していないから選択ができないだけかもしれない**

事業所で地域の高齢者との交流プログラムがあります。ある利用者に参加しないか声をかけたところ、頑なに「やらない」「いかない」と意思表示をしてきました。ところが、周りが参加しているのを見ていると、「やってみたい」と参加するようになりました。本人が今まで経験していないことは、言葉だけの説明では理解が難しく、意思表示ができなかったのだと気づきました。たくさんの選択肢や経験を保障したうえで、決めてもらう必要があることを痛感しました。

> **佐藤直樹さんの普遍的な視点→「気づくことの重要性」**
>
> 利用者へアセスメントをする際に、どうしても「こうしたほうがいいのに」「こうあるべき」等、成功体験させたいという支援者の想いが先行してしまう場合があります。コミュニケーションが難しい利用者の場合、特に最善の利益になればと思うかもしれません。しかし、利用者は何かしらの「サイン」を出してくれているはずです。
>
> いかに本人とのかかわりのなかで、感情表出のサインを見逃さず、関係者との情報を共有し、本人の気持ちに気づけるか、近づけるかがまずは第一です。相違があった場合、素直に認め、前向きに再度確認することも重要だと考えます。

3　人生や生活を丸ごと支える現場から

グループホーム、就労支援や生活介護、そして今は相談支援の現場に所属する木田祥平さんは、「制度は縦割りでも、支援は縦割りではなく、本人を中心としてつながっていることを実感している」と話します。そのなかでも生活や人生を丸ごと支えるグループホームの現場から見えた三つのポイントと普遍的な視点を以下のようにまとめています。

■ ポイント1　現状だけではなくて、今までどうやって生きてきたかを知る

　今まで生きてきたストーリーは、現状を知るだけではなく、その人が何を考えるか、何を動機づけにして行動するのか知るヒントにもなります。関係機関との情報共有も重要です。様々な視点からの情報は矛盾していることもあります。例えばグループホームの現場からの情報と、相談支援専門員からの情報、家族からの情報が違うことがあり、それによって関係機関との間でぎくしゃくすることもあります。ただ、よくよく確認していくと、どれも別の角度から見た大切な真実だったりします。誰が正しいとか、誰が間違っているということではなく、それぞれが有効な視点ととらえ、多角的にその人をとらえる視野をもちたいと思っています。

■ ポイント2　先入観にとらわれず、支援が必要なことを見極める

　例えば、制度のモデルでは入所施設からグループホームへ、グループホームから一人暮らしという流れがありますが、みんながその流れに合っているとは限りません。支援者側の常識や「これが当たり前だから」という枠に当てはめるのでなく、一人ひとりの必要なことを見極めていくことが大切です。入所施設を出てグループホームを利用し始めた利用者が、一人でできないことがたくさんあったときに、入所施設では常に職員から指示を受けて生活してきたことに気づいたことがありました。できる・できないという実態は、本人の力ではなく、支援者側に要因があることもあります。何が要因なのか、どうしたらできるのかを考えて作戦を立てながら、支援することが大切です。また、その際には活用できるものは活用して、本人も支援者も過度な負担や無理をしないよう、頑張りポイントを間違えないようにしたいと思っています。

■ ポイント3　理屈では説明できないこともある

　一人ひとり特別な人生だから、支援者からは理解しづらいような選択をしてしまうことも、揺らぐこともあります。支援者の常識で決めつけて一方的な評価をするのではなく、理解できないと思えるような選択でも、それも人生だと受け止めて、右往左往、ぐちゃぐちゃになりながら進むことにも付き合いたいと思っています。いつも正しく冷静な判断や選択をするわけではないのが人生の自然な姿なのかもしれません。

> **木田祥平さんの普遍的な視点→「根拠のある想像力」**
> 　私たちの仕事は、利用者の生活・人生を想像していくことが求められます。同情ではない共感力・想像力が必要です。そのための学びを続け

> なければなりません。分野を問わず、様々な研修に参加することも、もちろん学びになるでしょうし、いろいろな支援者と言葉を交わすことも素敵な学びになるでしょう。そして、たくさんの利用者と共に過ごし、そのことに思いを馳せることが何よりの学びだと感じます。そのうえで、人は必ずしも理屈に従って行動するものではないと、受け入れることも必要です。みなさんが受け持つ一つひとつのケースは、一人ひとりのかけがえのない特別な人生なのですから。

4　有期限のサービスで支える現場から

　自立訓練や就労移行支援は利用期間の基準がある、有期限のサービスです。それらの現場で支援をしてきた林範行さんは、「デマンドとニーズを整理していくためにも多角的な視点でのアセスメントが必要」と言い、以下の三つのポイントと普遍的な視点をあげています。

■ ポイント1　その人の生きにくさってなんだろう

　本人の生育歴や生活してきた環境を知ることで、何が本人の暮らしの「障がい」になっているのか、正しくとらえることの重要性を感じます。例えば、「朝起きられない」という人に対して、「では、朝起きられるようにしましょう」となりがちですが、実は「朝起きられない」ことよりも、朝起きられないことで仕事ができないことで困っていたりするわけです。そうなると、「朝起きられるようにしよう」ではなく、「午後からの仕事を探しましょう」となるわけで、見え方・とらえ方が異なります。支援者目線で「これが課題」という発想にとらわれていると、本人のニーズが見えなくなることがあります。

■ ポイント2　その人のタイミングがある

　支援者がよかれと思って送り出したり、促したりすることがその人のためになったり、フィットするとは限りません。就労支援をしていた利用者さんが準備段階でとても積極的で順調に実習にも参加し、本人もやる気満々で一般就労に送り出したら、初日から行けなかったということもありました。支援は一直線に前進するわけではないことは実際の支援現場にいるとよくわかります。促すだけなら、実は簡単なのです。促すだけではなく選択肢を提案したり、背中を押したり、時には待ったり、見守ったりと本人のタイミングに応じて押したり引いたりすることが大切だと感じています。

■ **ポイント3　何も変わらないわけではない**

　利用者さんも変わるし、ライフステージも変わるし、世の中も変わります。変わることを前提にして、安心して変わっていくことができるための支援とは何かと考えています。だからこそ、事業所から次のステップに向かうときには関係機関との会議を行い、移行した後にもできる限りかかわろうと思っています。

> **林範行さんの普遍的な視点→「"その人らしく生きる"を応援する」**
>
> 　福祉サービスの種類が充実していくと、支援内容が専門的になり目標も細分化されていきます。サービスの種類は利用者とかかわるきっかけにすぎないのかもしれません。就労であれば仕事や働くことについて支援するのですが、日常の生活の連続が仕事や働き続けることにつながります。
>
> 　支援者がストレングスやエンパワメントの視点をもってアプローチすることで、本人主体の生活を一緒にイメージしていけると思います。支援者の価値観を押しつけないように、その人の人生にかかわっていけたらと考えています。

4　子どものアセスメントと発達支援

　子どもにかかわる我々は、常にアセスメントの難しさを感じています。発達期にある子どもは、体も精神も日々成長し変化していきます。また、取り巻く環境も日々変化していくことから、アセスメントを常に検証しなければならない時期にあるのです。これらの状況から、児童期のアセスメントには専門的な視点や経験が不可欠なものとなります。

　ここでは、子どものアセスメントとそれに基づく発達支援について説明を進めていきます。

1　発達支援における基本的な願い

1　発達支援とは

　こども家庭庁による「児童発達支援ガイドライン」（令和6年7月）の「第3章　児童発達支援の提供すべき支援の具体的内容」において次のように解説されています。

> 2　児童発達支援の内容
> 　児童発達支援は、障害のあるこどもに対し、身体的・精神的機能の適正な発達を促し、日常生活及び社会生活を円滑に営めるようにするために行う、それぞれの障害の特性に応じた福祉的、心理的、教育的及び医療的な援助である。
> 　具体的には、障害のあるこどもの個々のニーズに応じて、「本人支援」、「家族支援」、「移行支援」及び「地域支援・地域連携」を総合的に提供していくものである。
> 　「本人支援」は、5領域（「健康・生活」、「運動・感覚」、「認知・行動」、「言語・コミュニケーション」、「人間関係・社会性」）の視点等を踏まえたアセスメントを行った上で、個々のこどもに応じて、オーダーメイドの支援を提供していくことが重要である。また、「本人支援」の各領域に示すねらい及び支援内容は、こどもが家庭や地域社会における生活を通じ、様々な体験を積み重ねる中で、相互に関連を持ちながら達成に向かうものである。このため、「本人支援」だけでなく、「家族支援」や「移行支援」、「地域支援・地域連携」を通して、育ちの環境を整えていくことが極めて重要である。

　子どものアセスメントは、「それぞれの障害の特性に応じた福祉的、心理的、教育的及び医療的な援助」を構築するためのものであり、その支援が子どもの生活する場のなかで穏やかな育ちを支えるものになることが基本になります。

2　発達支援の目的

　発達支援は、できることがどんどん増えることではなく、発達全体のなかで何を課題とするのか、何を支援の対象とするのか、そして、本人の得意なものとして何を育てていくべきなのかを考えることが大きな役割です。できないことがあっても、自分の力でやり過ごすことを認め、前向きに、ささやかな喜びをもちながら生きることを応援できれば、子どもの育ち方も変わってきます。障がい児は、他の子どもと異なるニーズをもつ特別な子どもと考えるべきではなく、通常の子どものもつニーズを満たすのに特別な困難をもつ子どもと考えるとその方向性が見えてきます。できないことがすべて課題になるわけではなく、また、「できない」ことをただやみくもに繰り返すだけでも何の意味もありません。できない背景を分析する発達的視点をもちながら、できないことがあっても、ささやかな喜びをもちながら、生きることを共に楽しむためのアセスメントが重要です。

図1-17 発達支援の三つの要素

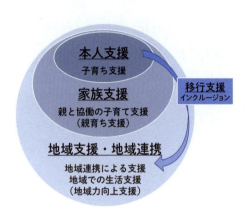

①発達支援（本人支援および移行支援）……子ども自身のニーズを！
健康・生活、運動・感覚、対人関係、言語、コミュニケーション、身辺、認知、行動等

②家族支援……家族の要望ではなく希望を！
保護者きょうだいも含めた家族の心理的および生活支援を家族の要望だけではなく、本人の希望を引き出し支えていく

③地域支援・地域連携……ライフステージを見据えて！
家族の思いを受け止め、身近な地域で安心して生活できるようライフステージを見据えてつなぐ支援。関係機関との連携を得ながら、地域づくりを進めるなど

3　家族支援

発達支援においては、家族支援も常に検討する必要があります（図1-17）。発達支援の内容やあり方は、家族と共に検討し、共有することが重要です。家族の願いや思い、不安や戸惑いなども加味したなかでアセスメントが行われ、支援のあり方が構築されることが重要です。支援者のアセスメントのみで支援のあり方が決められるものではないということを肝に銘じる必要があります。

2　児童期のアセスメントの基本的視点

子どものアセスメントは、発達支援の基本であり、重要なものです。基本的な視点としては、伸びゆく、ゆるやかに伸ばしていく支援を考える「発達的視点」、成長・発達のための環境側の合理的配慮の視点を考える「特性の理解と配慮の視点」があります。この視点を支えるために、的確な「発達評価」と「アセスメント」が必要となります。基本的な視点によるアセスメントを支援につなげていくためには、「手立ての選択」が必要であり、そのためには専門知識が必要になります。

2024（令和6）年度から児童発達支援計画は、主な対象が乳幼児期という人間形成にとって極めて重要な時期であることから、発達段階や特性に応じた支援が提供できるように策定することが必要となりました。障がいのある子どもの発達の側面から考えて、「健康・生活」「運動・感覚」「認知・行動」「言語・コミュニケーション」「人間関係・社会性」の5領域の視点に基づいた支援が求められています。

1　本人支援の5領域の視点を理解する

5領域の具体的な内容は図1-18のとおりです。以下に5領域の視点をそれぞれ説明します。

1 健康・生活

穏やかな日常生活を送ることを支援するためアセスメントを行います。健康状態の把握、基本的生活スキル（生活習慣等）の獲得の状況等の把握や構造化し生活環境を整えることが、子どもの安定した取組みにつながるようであれば、その視点も取り入れたアセスメントを行います。

2 運動・感覚

運動は、運動面の発達的段階を丁寧にアセスメントします。姿勢の保持と移動能力の状況をアセスメントするとともに、体の動きのぎこちなさ、手先の不器用さ、協調運動の苦手さ等も重要な視点となります。

また、感覚は、感覚刺激に対する反応で、生活上に困難がある場合にアセスメントを行います。保有する感覚の活用や感覚の特性（感覚の過敏や鈍麻）等の状況をアセスメントすることも重要な視点となります。

図1-18　発達支援（本人支援）の内容

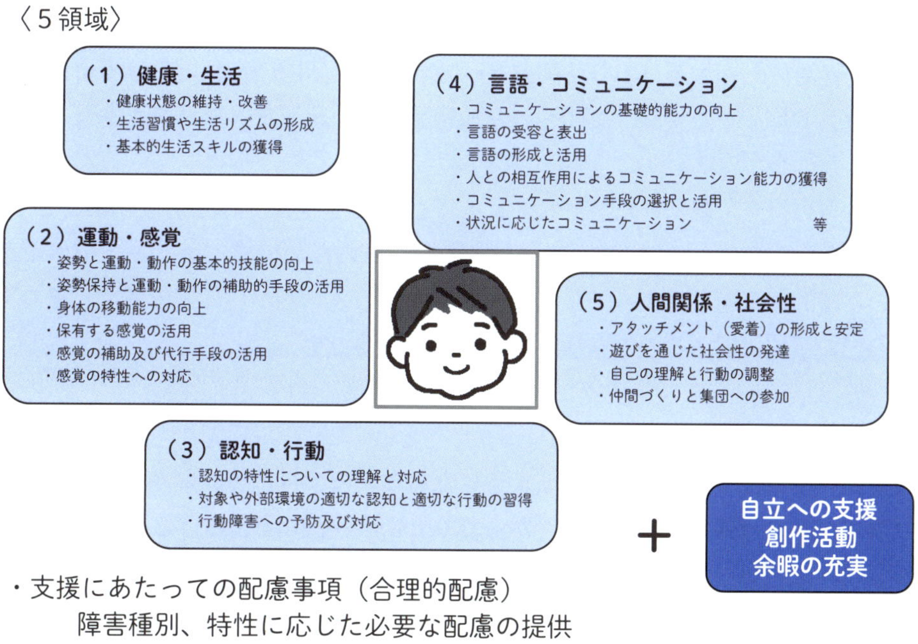

〈5領域〉

（1）健康・生活
・健康状態の維持・改善
・生活習慣や生活リズムの形成
・基本的生活スキルの獲得

（4）言語・コミュニケーション
・コミュニケーションの基礎的能力の向上
・言語の受容と表出
・言語の形成と活用
・人との相互作用によるコミュニケーション能力の獲得
・コミュニケーション手段の選択と活用
・状況に応じたコミュニケーション　　　　等

（2）運動・感覚
・姿勢と運動・動作の基本的技能の向上
・姿勢保持と運動・動作の補助的手段の活用
・身体の移動能力の向上
・保有する感覚の活用
・感覚の補助及び代行手段の活用
・感覚の特性への対応

（5）人間関係・社会性
・アタッチメント（愛着）の形成と安定
・遊びを通じた社会性の発達
・自己の理解と行動の調整
・仲間づくりと集団への参加

（3）認知・行動
・認知の特性についての理解と対応
・対象や外部環境の適切な認知と適切な行動の習得
・行動障害への予防及び対応

＋　自立への支援　創作活動　余暇の充実

・支援にあたっての配慮事項（合理的配慮）
　障害種別、特性に応じた必要な配慮の提供

出典：こども家庭庁「児童発達支援ガイドライン」（令和6年7月）より作成

3 認知・行動

認知では、理解の仕方の特性や視覚、聴覚刺激の取り入れ方、知覚から行動への認知過程等の状況をアセスメントします。また、認知や行動の手掛かりとなる概念の形成等の理解の段階や理解の仕方の偏り等へのアセスメントも必要となります。

行動は、多動状態を含めた行動等、行動による困難さの要因をアセスメントします。

4 言語・コミュニケーション

言語は、表出される言語だけではなく、内言語といわれる指差しや身振り等の状況や言葉を理解する力、概念的な理解の状況などの発達段階をアセスメントします。

コミュニケーションでは、人に対しての信頼感や安心感が深まっているか、人に向かって音声が表出できているか、模倣する力は育っているか、人との相互作用によるコミュニケーション能力が獲得できているか、人に何かを伝えたいとの思いはあるかなどをアセスメントします。

5 人間関係・社会性

人間関係では、アタッチメント（愛着行動）の形成、関係性を基盤とした信頼関係の段階をアセスメントします。人間関係における安心感や穏やかな関係性を構築するために必要な関係性のアセスメントが重要になります。

社会性では、一人遊びから協同遊びへの状況、集団内の行動における自己の理解とコントロールの状況、集団への参加意識などの状況をアセスメントします。

これらの視点に基づいたアセスメントにより、計画を策定する必要があります。
5領域を意識した計画を策定しますが、5領域のためのアセスメントでは子どもの本質的な課題を見失ってしまいます。アセスメントから支援を考え、その支援がどの領域に属するのかを検討することが重要です。

2　発達を理解する

障がいや特性があるからできるようにならないのではなく、障がいや特性により学んだり、行動が身につきにくかったりという状況になります。できないことが、子どもの育つ道筋のなかで発達的にどの段階でつまずいているのかをアセスメントし、支援を考えることが重要です。発達的な視点に基づくアセスメントを大切にすることが、できるようになることだけを考えた支援ではなく、穏やかな

発達のなかで育つ力が身についていくことにつながります。

3　障がい特性を理解する

　何らかの診断名をもっていることが即障がいがあることを意味するものではありません。しかし、診断名に関する障がい特性を理解していることが、子どもをアセスメント、理解するための重要な基礎情報となります。障がい特性を理解することは、合理的配慮を行うためにも不可欠なものです。障がい特性を正しく理解したアセスメントをすることで、できるようにならないことをやらせ続けたり、不安が強くなる場面への参加を強要して混乱させたりするなど、子どもの穏やかな生活を脅かすような支援をなくすことができると信じています。

4　認知特性等を理解する

　認知特性等があることが、すぐに障がいがあることや支援を必要とすることを意味するわけではありせん。認知特性等により、なぜ身につきにくいのか、なぜ集団のなかで楽しむことができないのか、なぜ衝動的に行動してしまうのか、なぜ一方的なやり取りになってしまうのかなどの要因を理解することができれば、子どもの特性に寄り添ったアセスメントができます。

　以下に、認知特性の一部を紹介します。

1 社会性の課題に関する認知特性等として

　人とのかかわり方において、距離感がつかめない、同年代同士の交流を避けたり、ぎこちなかったりなど、関係性の希薄さがみられます。

2 感覚過敏が疑われる課題に関する認知特性等として

　感覚過敏とは、五感から受け取る刺激を過剰に強く感じる状態をいいます。一例ですが、聴覚過敏の場合、カクテルパーティー効果（音に集中する力）の機能が低いため、聞こえてくるすべての音に反応し、場面に集中することができない状況になります。この認知特性を理解することで、音の響く集団への参加を強要するのではなく、聴覚刺激をコントロールする方策を子どもと一緒に考え、穏やかな刺激の受け入れ方を支援することができます。

3 話をなかなか理解することができない課題に関する認知特性等として

　曖昧な言語表現を理解することができない、会話の行間が理解できない（語用論的理解）ができないなどの特性により、字句どおりのことは理解ができても、表現されていないことを推察する力が弱く、言われたこと以外の行動ができない

などの反応がみられます。その認知特性等を理解したうえで、やるべきことのみを伝え、言われたことができたという経験を積み重ねることが重要です。失敗を繰り返すと、指示等の働きかけを拒否するなどの行動につながってしまう場合があります。

■4 場面の流れが理解できない課題に関する認知特性等として

　トラブルが継続する場合に、場面の理解の仕方の認知特性が課題になることがあります。フィルム型理解とスライド型理解という場面理解の特性がありますが、その理解の仕方を知ることが支援につながります。フィルム型理解の場合は、状況を流れとして理解する力が育っていることから、場面展開を理解しやすいといわれています。また、スライド型理解の場合は、コマ送りのような場面理解のため、どの場面を理解しているかを把握することが難しく、場面展開を伝えても理解につながらないといわれています。この場面理解の特性を理解してアセスメントすることで、様々な場面で混乱や拒否が深まらずに理解を深めていくことができます。

　特性をなくすことや特性を平均化することが発達支援ではありません。特性を理解し、子どもが混乱せず、また、拒否的は反応が強くならないようなアセスメントを行うことが重要です。

3　アセスメントを困難にさせる要因

1　愛着障がいについて考える

　愛着障がいとは、親などの特定の養育者との愛着形成がうまくいかないことで現れる困難の総称です。愛着障がいによる影響として、青年期等に気持ちのつながりをうまく結べず、バランスのとれた関係性がつくれなかったり、心が不安定になったり、ストレスが体に出やすかったりといった、社会性や対人関係に困難のある状態を示すことがあります。子どもに起きる愛着障がいとしては、反応性愛着障がいと脱抑制性対人交流障がいという自閉スペクトラム症と似た反応を示すことが多く、愛着障がいなのか、発達障がいなのかアセスメントが難しい状況があります。成育歴や養育環境に着目し、ベースに愛着障がいがあるか否かを適切にアセスメントすることが重要です。

2　ヤングケアラー

　子ども・若者育成支援推進法第2条第7号において、ヤングケアラーについて、「家族の介護その他の日常生活上の世話を過度に行っていると認められる子ども・

若者」と定義されています。家事や介護など以外に、保護者に精神的な疾患があることで、息を潜めて生活し、保護者のかかわりに一貫性がなくても、穏やかに受け止めようとする反応を示す子どもがいます。また、親が安心する反応をすることも多く、自発的な行動は少なく、親の意図に合わせようとしたり、親が安定するための行動をとり続けたりすることも多く、子ども本来の反応ができないことがしばしばみられます。

発達障がいの子どもがヤングケアラーのような環境におかれていて、自発的な行動ができなかったり、自分の好きなものを選択することができなかったり、衝動的に行動したり、キレやすいなどの行動があったときに、主の要因が発達障害なのか、ヤングケアラーの養育環境で気持ちが育っていないのかをアセスメントすることになりますが、それはとても難しいものとなります。しかし、ヤングケアラーのような養育環境におかれている子どもの場合には、その要因を加味したアセスメントが不可欠なものとなります。

3　二次的行動障がいについて考える

「二次的行動障がい」とは、不適応状態や不適切な対応および環境におかれることで、後天的に起こる行動障がいをいいます。多くの場合、誤学習・未学習であることが多く、拒否的な反応や依存症的な反応、人に対する恐怖心を訴えるなどの行動がみられます。二次的行動障がいの背景にあるものは、低い自己評価、共感経験の少なさ、強い不安感、恐怖感（対人、行為、社会など）、メタ認知（客観的に自分らしさを知る）の低さなどが考えられます。誤ったアセスメントと不適切な支援により、二次的行動障がいを引き起こしているのではと考えられる事例もあります。

支援を考えるうえで、二次的行動障がいの要因は何かをしっかりとアセスメントすることが重要です。しかし、その要因はアセスメントしづらいことが多くの場面でみられます。二次的行動障がいの要因をアセスメントするには、二次的行動障がいの行動に注目しすぎず、どのような場面で行動が現れやすいのかを正確に把握することが重要です。二次的行動障がいによる行動が問題なのではなく、二次的行動障がいを起こす要因が課題となります。二次的行動障がいを起こす要因となる課題を整理することがアセスメントに必要です。問題の深刻化を防ぐためのアセスメントが非常に重要です。

4　記録する際に大切にしたいこと

記録は、アセスメントを行う際の重要な資料となります。記録を作成するときは、現象を記録するのではなく、現象として現れる行動の要因を記録することが

重要です。現れた行動に注視しすぎると、本質的な課題を見失います。行動として現れているものから仮説をたて、アセスメントすることが重要です。また、発達的視点による行動の分析も記録するうえで重要です。障がいがあるから「できない」のではなく、「できない」ことを発達段階により分析し記録することで、アセスメントの際の資料となります。また、記録により気づきをつなげていくこともできます。記録の視点と自分なりの視点を吟味し、アセスメントを行うことが重要です。

5　まとめ

1　診断名

　診断名は子どもを理解するための一つのヒントでしかありません。子どもをアセスメントするためには、診断名をヒントにしながら、発達的な視点に基づき一人の子どもとして総合的にアセスメントすることが重要です。できないから支援を受けるためにアセスメントするのではなく、よりよく育つためにどのようにアセスメントするのがいいのかを常に考えることが望ましいといえます。

2　豊かな子ども時代を保障する

　子どもは子どもとして育てられるべきと考えています。一生のなかで一度しかない子どもの時期を、できないことをできるようにするための支援に明け暮れることで、なくしてはいけないと思っています。子どもにとっての"最善の利益"を追求するためのアセスメントとは、障がいゆえの個別的配慮・合理的配慮を考えたアセスメントとは、そして、育ちには様々な個性があり、状態があるからこそ、可能な限り多様な視点でアセスメントを検討することが必要です。

3　インクルーシブの視点

　アセスメントや発達支援を行う場面は、子どもの自由な時間や家族、地域社会、そして一般的社会参加の場から子どもを引き離していることに自覚と責任をもつことが重要であると考えています。

　そのためには、事業所での生活が安定しているだけのアセスメントでは意味がなく、生活への汎化・広がりの視点をもつことが重要です。成長した姿を意識したアセスメント、発達的視点に基づくアセスメント、インクルーシブな視点をもったアセスメントが重要であると考えています。

column 9

アセスメントを通して思うこと

佐々木尚子
社会福祉法人あむ　多機能型児童通所支援事業所に・こ・ぱ／に・こ・ぱ2

　児童発達支援事業所は、保護者や子どもが初めて利用する「障害福祉サービス」の一つです。そのため、保護者からの問い合わせのきっかけは、乳幼児健診で言われた医師の言葉、「うちの子、ほかの子とちょっと何か違う」という保護者の思い、通っている幼稚園や保育所の先生から伝えられた「わが子の気になる様子」についてなど、実に様々です。医療機関を受診していないケースも多く、だからこそ、問い合わせの内容もふわっと、ぼんやりしていて、何をどうしてよいのかわからず、保護者が不安を抱えているケースが多いのが特徴ではないかと感じています。

　以前受けた電話で、「よくわからないけれど、「児童デイサービスに電話してください」と言われました」と保護者に言われたことがありました。アセスメント（評価や実態把握）はまさに、この電話を取った瞬間から始まっています。やりとりを通して、保護者の戸惑いや疑問、不安な気持ちを受け止め、寄り添いながら状況の整理をお手伝いすることがスタートなのです。電話なので、お互いに顔が見えない分、声のトーンや話し方で相手の思いや状況を予測することに限界はありますが、一番大切なことは、「話を聞いてくれる人がいる」ということをしっかり感じとってもらうことだと思っています。その後、通所を開始し、「ここに来てよかったです」という一言が、今でも財産になっていることは言うまでもありません。

　ここから始まる支援は、保護者とのコミュニケーション抜きには考えられません。保護者の不安やニーズに対応することが、子どもの支援を進めていくうえでとても大切なのです。

　子どもに年齢的な時期が来ると、就園や就学についての相談が必ず出てきます。「幼稚園に行けますか？」「普通級に行けますか？」など、保護者の迷いや不安、希望があふれ出てきます。だからこそ私たちは、その迷いに真摯に向き合うため、多様な視点と関係機関とのつながりを大切にし、狭い見方で判断をしない材料をもち合わせておく必要があります。

　かかわる支援者によって、経験や発達の見立て、障がいの理解に違いが生じることは珍しくありません。アセスメントから始まる支援は決して一人で行うものではなく、チームとなり、支援の方向に偏りが出ないことを大切にしています。発達検査などのフォーマルなアセスメントは、見方を学べば初期段階での共通理解をもつことができます。でも、直接支援にかかわる私たちはさらに、保護者や関係者からの聞き取り、または行動観察などを通して、ありのままの情報を共有することで直接的に支援に活かしていくことが可能なのです。

　毎日のアセスメントを通して、子どもの新たな発見ができるかもしれないという役得の多いポジションにやりがいを感じています。

column 10

家族との関係

窪田健介
社会福祉法人あむ　生活介護事業所びーと

　私が現在所属している生活介護事業所には毎日約20人の利用者が通所しています。契約者数は26人となっており、下は20歳から上は50歳までと幅広い年齢層です。平均年齢は36歳で、30～40代の人が最も多く、事業所は札幌市の中心部である中央区に位置しています。生活介護ではありますが、入浴サービスは利用する人がおらず、活動内容は午前：作業活動、午後：余暇活動というかたちで、「仕事と余暇」を中心としています。通所している人の障がい種別は様々ですが、ダウン症や自閉スペクトラム症で、重度の知的障がいを伴う人が多く通っている事業所です。

　利用者のうち数人はグループホーム（以下、GH）から通所していますが、登録者の多くは家族と同居しています。なかには、生活介護以外の公的サービス（障害福祉サービス）は一切利用していない人もいます。また、重度障がいのため、市内で利用できる社会資源も不足しており、結果として、相談支援につながるきっかけも少ないというのが現状です。当然のことながら利用者が30代、40代ともなれば両親の年齢も60代から70代となっており、重度の障がいのある本人を支えているのは、高齢の両親ということになります。

　高校を卒業後10年、20年家族と同居することで、本人の生活は支えられていますが、一方で前述した社会資源が不足していることで、「家族と生活するほかない」というのも実態です。

　比較的重度障がいの人が利用対象となっている生活介護においては、家族が健在のうちに、本人の"先の人生（家族から離れても本人らしく暮らしていく生活のあり方）"を一緒に考えていくということは非常に大切なことであり、毎日本人と顔を合わせ、家族とも頻回にコミュニケーションをとれる立場にあるからこそできる役割が生活介護にはあると思っています。

　私たちの事業所では、「現場でできる相談支援」を大切に家族とかかわっています。

　生活介護の枠からはみ出ると思われるような相談内容（例えば障害年金の申請はどうやったらよいか？　や、入れるGHはあるだろうか？　などなど）であっても、自分たちの事業所で対応できることは、事業所探しでも、公的手続きのちょっとしたお手伝いであっても対応していくことにしています。

　また、必要であれば事業所への見学同行なども行います。近年は相談支援が制度的にも整理されてきましたが、札幌のような大都市では相談支援事業所の数も十分ではありません。毎日、本人や家族と顔を合わせている生活介護事業所だからこそ、相談支援につながるまでの一時的な伴走者としての役割を果たせることもとあると思っています。

　そんなふうに、地域では事業ごとに役割をきれいに分けるのではなく、様々な事業所が重層的な関係であればと考えます。

1-5 個別支援計画作成のポイントと手順

1 個別支援計画の法的根拠

サビ管・児発管の業務とその役割について、法的に規定されているのが、基準省令の第58条です（表1-2）。サービス提供の基本的なルールとして、第58条の理解は必須といえます。

表1-2 基準省令第58条

> 障害者の日常生活及び社会生活を総合的に支援するための法律に基づく指定障害福祉サービスの事業等の人員、設備及び運営に関する基準（平成18年9月29日厚生労働省令第171号）
>
> **（療養介護計画の作成等）**
> **第58条** 指定療養介護事業所の管理者は、サービス管理責任者に指定療養介護に係る個別支援計画（以下この章において「療養介護計画」という。）の作成に関する業務を担当させるものとする。
> 2　サービス管理責任者は、療養介護計画の作成に当たっては、適切な方法により、利用者について、その有する能力、その置かれている環境及び日常生活全般の状況等の評価を通じて利用者の希望する生活や課題等の把握（以下この章において「アセスメント」という。）を行うとともに、利用者の自己決定の尊重及び意思決定の支援に配慮しつつ、利用者が自立した日常生活を営むことができるように支援する上での適切な支援内容の検討をしなければならない。
> 3　アセスメントに当たっては、利用者が自ら意思を決定することに困難を抱える場合には、適切に意思決定の支援を行うため、当該利用者の意思及び選好並びに判断能力等について丁寧に把握しなければならない。
> 4　アセスメントに当たっては、利用者に面接して行わなければならない。この場合において、サービス管理責任者は、面接の趣旨を利用者に対して十分に説明し、理解を得なければならない。

5　サービス管理責任者は、アセスメント及び支援内容の検討結果に基づき、利用者及びその家族の生活に対する意向、総合的な支援の方針、生活全般の質を向上させるための課題、指定療養介護の目標及びその達成時期、指定療養介護を提供する上での留意事項等を記載した療養介護計画の原案を作成しなければならない。この場合において、当該指定療養介護事業所が提供する指定療養介護以外の保健医療サービス又はその他の福祉サービス等との連携も含めて療養介護計画の原案に位置付けるよう努めなければならない。

6　サービス管理責任者は、療養介護計画の作成に係る会議（利用者及び当該利用者に対する指定療養介護の提供に当たる担当者等を招集して行う会議をいい、テレビ電話装置等を活用して行うことができるものとする。）を開催し、当該利用者の生活に対する意向等を改めて確認するとともに、前項に規定する療養介護計画の原案の内容について意見を求めるものとする。

7　サービス管理責任者は、第5項に規定する療養介護計画の原案の内容について利用者又はその家族に対して説明し、文書により利用者の同意を得なければならない。

8　サービス管理責任者は、療養介護計画を作成した際には、当該療養介護計画を利用者及び指定特定相談支援事業者等に交付しなければならない。

9　サービス管理責任者は、療養介護計画の作成後、療養介護計画の実施状況の把握（利用者についての継続的なアセスメントを含む。以下「モニタリング」という。）を行うとともに、少なくとも6月に1回以上、療養介護計画の見直しを行い、必要に応じて療養介護計画の変更を行うものとする。

10　サービス管理責任者は、モニタリングに当たっては、利用者及びその家族等との連絡を継続的に行うこととし、特段の事情のない限り、次に定めるところにより行わなければならない。

一　定期的に利用者に面接すること。
二　定期的にモニタリングの結果を記録すること。

11　第2項から第8項までの規定は、第9項に規定する療養介護計画の変更について準用する。

※療養介護について定めたものですが、ほかのサービスについてもこの条項に準ずる内容になっています。
※児童発達支援管理責任者が作成する児童発達支援計画については、「児童福祉法に基づく指定通所支援の事業等の人員、設備及び運営に関する基準」（平成24年2月3日厚生労働省令第15号）第27条に規定されています。

表 1-3 に各項の要点をまとめました。内容をよく理解しましょう。

表 1-3　各項の要点

項	内容	ポイント
1	個別支援計画の作成者	計画を作成するのはサビ管（児童の場合には児発管）の仕事です。
2	アセスメントの必要性	アセスメントは「適切な方法」で「能力」と「環境や生活全体」を把握し、最終的にはニーズと困っていることを把握することです。それに基づいて支援を考えてください。
3	意思決定支援への配慮	意思決定に困難がある場合は、意思、選好、判断能力を丁寧に把握することです。
4	アセスメントの条件	アセスメントは周囲から聞き取るだけでは不十分です。必ず本人と直接会って、かかわってください。
5	個別支援計画の原案に盛り込むべき内容	計画には、①当事者の意向、②総合的な支援の方針、③課題（ニーズ）、④目標と達成時期、⑤支援の留意点の5項目について必ず書いてください。できたら、その他の連携機関についても書くのがよいです。
6	個別支援会議について	原案ができたら利用者と事業所の職員が参加する会議を行って、意見交換をしてください。
7	説明と同意	そして、利用者または家族に原案を説明し、了解を得られたら、文書で同意をしてもらってください。
8	交付	完成した計画は利用者（児童の場合には家族）と相談支援専門員に渡してください。
9	モニタリング	定期的に計画に沿ってサービス提供できているかどうかを把握してください。
10	モニタリングの条件	モニタリングは周囲から話を聞き取るだけでは不十分です。必ず本人と直接会って、かかわってください。そして記録をとってください。
11	計画変更時の手続き	計画を修正するときも、アセスメントからモニタリングまで一連のプロセスは同じです。

2　個別支援計画作成プロセスの4ステップ

個別支援計画の作成は、図 1-19 に示すプロセスで行います。

計画作成について、前提として理解が必要なのは、サビ管・児発管が作成するのは「原案」であるという点です。計画作成はサビ管・児発管の仕事ですが、いきなり計画を作るわけではなく、計画が計画になるために必要なステップがあるのです。

作った原案は事業所内の職員と原則的に本人が参加する会議で検討され、その後、利用者または家族に対して説明され、同意を経て、本人と相談支援事業者等に手渡されて、ようやく完成するのです。

図 1-19　個別支援計画作成のプロセス

①原案の作成　→　②個別支援会議　→　③説明と同意　→　④交付

つまり、個別支援計画はサビ管・児発管、事業所の職員、利用者や家族との協働で作成されるといえます。そして、相談支援専門員がサービス等利用計画（障害児支援利用計画）を作成していることやお互いの計画を相互に交付しあうことを考えると、相談支援専門員は利用者と並んで大切なパートナーといえます。

　ポイントは、個別支援計画を通じて関係者がつながること、そして個別支援計画がかかわる人たちの支援の共通基盤になっていることなのです。どうしても、計画作成には監査の存在や制度的なルールもあることから、ルール重視で形式的なものになってしまう場合もありますが、本来は利用者の生活の質向上のためであり、事業所にとってはいい仕事をするためのものであり、地域社会にとっては福祉の質の向上のためにあります。せっかく作るのなら、支援に役立つ実用的なものを、できるだけ効率よく作成する方法を見つけたいものです。

3　個別支援計画の書式

　個別支援計画の書式は特に決まっているものはありません（自治体によっては条例で定めている場合があり、その場合は決まっている）。基本的には基準省令第58条の規定に基づいた内容とその後の通知で示されている内容が記載されていればどのような形式でもよいということになります。事業の種類や利用する人たちの状況に応じて工夫はいろいろあります。第2章以降の事例でも紹介していますので、それぞれ使いやすいものにカスタマイズすることをお勧めします。

　例えば、図1-20の書式は「本人主体」の理念をふまえて少し工夫をしています。基準省令では「課題」という表現が使われていますが、課題という表現は「できないこと」「問題」という理解をしてしまうので、「現状（課題）」と表現し、さらに「目標に対しての強み」というストレングスと一緒に書くように項目を設けました。また、サービス提供のプロセスを意識できるように、個別支援会議の実施について書く欄を設け、モニタリングの時期についても書けるようにしています。連携を意識するように、相談支援事業所と担当の相談支援専門員、連携先についても記入できる項目を設けています。

　このように、基本さえ押さえていれば、自分たちが運用に便利なように、また、利用者に伝わりやすいように工夫することができます。

4　計画作成のステップ

　計画の作成について、もう少し詳しく見ていきます。計画作成までの具体的な流れは図1-21のとおりです。

図1-20 個別支援計画の書式例

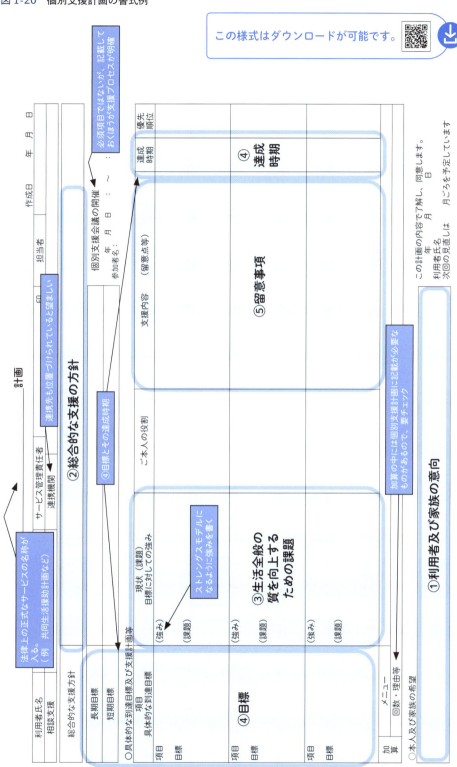

図1-21　個別支援計画作成のステップ

サービス等利用計画の内容を確認 → サービス等利用計画と連動する項目作成 → ストレングスと課題を整理 → 具体的な支援方法や役割を記載

　実際に作成する際には可能な限り、サービス等利用計画（障害児支援利用計画）の内容を確認のうえ、上手に参照します。標準的な書式においては「利用者または家族の意向」「総合的な支援の方針」「長期目標」「短期目標」は項目として同じです。サービス等利用計画（障害児支援利用計画）のほうが総合的、包括的な計画のため、いずれも「幅広く、総合的に」書いてありますので、個別支援計画で参考にする際には、利用する事業の種類や個々の事業所の特徴もふまえて、絞った形で書き換えます。その際には事業所として聞き取った内容も反映させます。より具体的な内容が、イメージしやすい言葉で、該当するサービスを利用するための計画としての表現になっているかがポイントです。

5　作成のコツと留意点

　サービス等利用計画（障害児支援利用計画）の内容とうまく連動させるコツは、記載内容から必要な情報をうまく拾うことです。サービス等利用計画（障害児支援利用計画）の代表的な書式においては図1-22のようなスタイルでニーズ、目標、支援内容などが記載されています。全体を参考にするのではなく、まずは、福祉サービスの種類や提供事業所を確認して、自分の事業所が書かれている行を確認

図1-22　サービス等利用計画・障害児支援利用計画

優先順位	解決すべき課題・本人のニーズ	支援目標	達成時期	福祉サービス等の種類・内容・量	提供事業者名（担当者名・電話）	課題解決のための本人の役割	評価時期	その他留意事項

②該当する行の内容を確認し、反映させる

①自分の事業所について書かれている行を確認し、その内容を中心として、いくつかの目標として詳しく、具体的に分けていく

③事業所への助言があることも

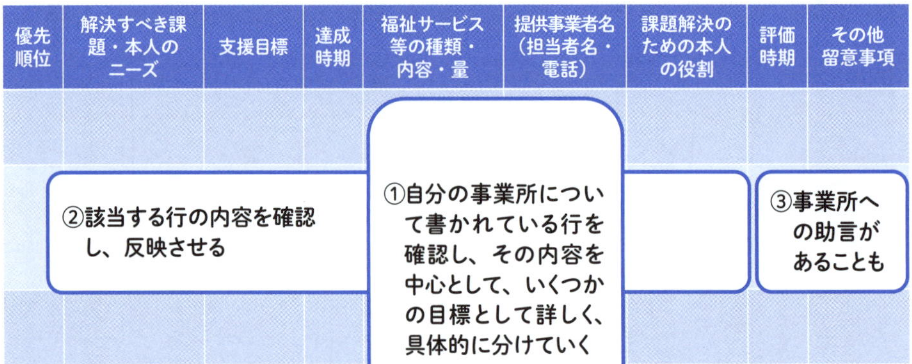

します（①）。そして、該当する行の内容を参考に、より具体的なニーズや目標として分けて記載していきます（②）。その他留意事項に事業所への助言や留意点が書かれていることもあるので、参考にします（③）。

また、個別支援計画には二つの役割があることも意識する必要があります。一つは制度事業としてコンプライアンスを果たす役割で、もう一つは、利用者や家族へ支援をわかりやすく伝える役割です。この二つは、ときに両立が難しいことがあります。基準省令で定められることを真面目に書くとどうしても硬くなり、利用者や家族にわかりにくいものになります。両立のために、書式を工夫することもできますし、一般的な書式の計画のほかに図や絵を使った説明用を別に用意することもできます。

コンプライアンスの側面でいうと、基準省令で定められている項目以外に、その後の通知等で記載が必要なものが二つあります。一つは個別支援計画に位置づけることが定められている加算です（表1-4）。そして、もう一つは障害者虐待防止法の施行に伴い記載が必要となった身体拘束や行動制限対応についてです（表1-5）。その他、2024（令和6）年度からの留意事項を押さえておいてください。

■留意事項1　標準的なサービス提供時間の記載

2024（令和6）年の報酬改定を機に、放課後等デイサービスと児童発達支援、生活介護の個別支援計画に「サービス（支援）の標準的な提供時間等」を記載することになりました。以下に記載例を示します。

【放課後等デイサービス】
　　火曜日、木曜日　　　14:40 〜 17:00
　　金曜日　　　　　　　14:00 〜 17:00　　延長支援　17:00 〜 18:00
　　土曜日、長期休暇　　10:00 〜 15:00　　延長支援　15:00 〜 17:00

【児童発達支援】
　　個別：月曜日　11:00 〜 12:00　作業療法士または言語聴覚士担当
　　集団：木曜日　13:30 〜 16:30

【生活介護】

サービス提供時間	月水金曜日　9:30 〜 15:30　6時間 火木曜日　11:30 〜 15:30　4時間
送迎に係る配慮	1時間
障がい特性に係る配慮	30分
送迎時の移乗等	30分
合計サービス提供時間	月水金曜日　8時間　　火木曜日　6時間

表 1-4　個別支援計画に記載が必要な加算の例

事業種別	個別支援計画に記載が必要な加算
生活介護	・訪問支援特別加算・食事提供体制加算・延長支援加算
施設入所支援	・入院・外泊時加算（Ⅱ）・入院時支援特別加算 ・地域生活移行個別支援特別加算（Ⅱ）
自立訓練（機能訓練）	・食事提供体制加算・社会生活支援特別加算
自立訓練（生活訓練）	・日中支援加算・入院時支援特別加算・長期入院時支援特別加算・帰宅時支援加算・長期帰宅時支援加算・地域生活移行個別支援特別加算 ・精神障害者地域移行特別加算 ・強度行動障害者地域移行特別加算・食事提供体制加算（Ⅱ） ・社会生活支援特別加算
就労移行支援 就労継続支援（A型・B型）	・訪問支援特別加算・食事提供体制加算・社会生活支援特別加算 ・地域連携会議実施加算（就労移行支援のみ）
共同生活援助	・日中支援加算（Ⅰ）・入院時支援特別加算・長期入院時支援特別加算・帰宅時支援加算・長期帰宅時支援加算 ・地域生活移行個別支援特別加算・精神障害者地域移行特別加算 ・強度行動障害者地域移行特別加算
児童発達支援 放課後等デイサービス	専門的支援実施加算・延長支援加算・子育てサポート加算・入浴支援加算・通所自立支援加算（放課後等デイサービスのみ）・自立サポート加算（放課後等デイサービスのみ）・個別サポート加算（Ⅲ）（放課後等デイサービスのみ）・人工内耳装用児支援加算（Ⅰ）（Ⅱ）・保育・教育等移行支援加算・強度行動障害児支援加算（児童発達支援）・強度行動障害児支援加算（Ⅰ）（Ⅱ）（放課後等デイサービス）・家族支援加算
保育所等訪問支援 居宅訪問型児童発達支援	多職種連携支援加算・強度行動障害児支援加算・家族支援加算
障害児入所支援	日中活動支援加算・要支援児童加算（Ⅱ）・家族支援加算

注：加算については報酬改定に伴う変更や追加等がありますので、詳細は告示や通知をご確認ください。

■留意事項 2　児童分野の 5 領域について

　児童支援においては 2024（令和 6）年度から、発達支援の視点を具体的に示すことが求められたことに伴い、個別支援計画に発達支援の 5 領域（「健康・生活」「運動・感覚」「認知・行動」「言語・コミュニケーション」「人間関係・社会性」）の視点でのアセスメントと、5 領域の視点を網羅した支援プログラムを記載することとなりました。

表 1-5　身体拘束や行動制限に関する記載事項

```
身体拘束や行動制限が必要な場合に必要な対応
（1）やむを得ず身体拘束をするときの3要件
　①切迫性──利用者本人またはほかの利用者等の生命、身体、権利が危険にさらされる可能性が
　　　　　　著しく高いこと
　②非代替性─身体拘束や行動制限を行う以外に代替する方法がないこと
　③一時性──身体拘束その他の行動制限が一時的であること
（2）組織として慎重に検討・決定し、個別支援計画に記載
　・どのような理由で、どのような身体拘束を、いつするのか
（3）本人・家族に丁寧な説明をして、同意を得る
（4）必要な事項の記録
　・身体拘束を行ったときは、支援記録などにその都度記録する
```

こども家庭庁から書式例や作成の詳しいポイントが示されていますのでホームページ等を参照ください。

● こども家庭庁「令和6年度障害福祉サービス等報酬改定について」
　https://www.cfa.go.jp/policies/shougaijishien/shisaku/hoshukaitei

● こども家庭庁支援局障害児支援課「令和6年度障害福祉サービス等報酬改定に伴う個別支援計画作成にあたっての留意点及び記載例について」（令和6年5月17日事務連絡）

column 11

生活に必要なチカラ

米谷雅子
社会福祉法人北海道社会福祉事業団　だて地域生活支援センター

「なんか、わかんない書類来た」「どうすんの、これっ！て感じ。教えて！！」
10年も前に「宿泊型自立訓練」を利用したRさんからの電話です。彼女は特別支援学校高等部を卒業後、「嫌だけどほかに行くとこないから仕方なく」利用を開始し、半年後には利用を中止したケースです。利用中は脱走を企てたり、仕事をさぼったり、寮内でほかの利用者と大喧嘩したりと話題に事欠かず、対応にずいぶん時間を費やしました。今も思いだしたように電話があり、その波乱万丈な生活を報告してくれます。

「夜間の居住の場を提供し、生活に必要な能力の維持向上のための訓練を実施する」宿泊型自立訓練は、基本2年間の利用期間が定められている事業です。昼間は一般就労や日中活動などで働き、帰宅後に家事や金銭管理、服薬管理など本人に合わせた日常生活プログラムを提供します。また、休日の余暇支援、対人関係や就労に関する相談調整など、支援内容は多岐にわたります。昼夜の支援を組み合わせ、深いアセスメントができる貴重な期間ですが、利用者にとっては、長くて面倒で窮屈な2年だといわれます。

学校を卒業したての若者、在宅・病院から地域移行を目指す人、触法障がい者など、利用者は年齢も生活経験も障がいの質・程度もバラバラで、利用開始・終了時期も将来の生活イメージも個々に違います。利用終了後に家族の元に戻る人、グループホームを利用する人、単身生活をする人など様々ですが、3か月ごとに支援計画を見直し、目標を定めて、利用終了後の本人が望む生活へバトンをつなぎます。

「本人の望む将来の生活」は、どんなに話し合っても支援者が想像するそれとずれることが多いように思います。多くの利用者は「生活」のイメージがあいまいで、断片的な「ほしい」「やってみたい」という欲求が先行します。その時々で気持ち、希望が変わっていくこともよくあります。就労の継続が難しく、ときには借金や盗みで欲求を満たそうとするケースもありました。支援者からの説得は、「反対された」「どうせわかってもらえない」と拒絶に向かうこともあり、途中で利用を中止した人も少なくありません。2年の訓練終了後、貯めてきた年金を使い切り借金生活をしている人、未婚の母になって苦労している人もいます。もっと安心で安全な生活ができるのに、その苦労は予想できたのに、と支援者として歯がゆい思いですが、彼らは「失敗しても自由に生きたい」と言います。

利用者に身につけてほしい生活能力はたくさんありますが、私は「SOSを伝えるチカラ」が最も大切だと思っています。「困った！」「助けて！」を発信できれば誰かの助けを借りられる、そのときに合わせた支援を選ぶことができます。冒頭のRさんは実に素直にSOSを発信し、私の小言を聞き流しながら遠い地で元気に生活しています。

彼らの「挑戦」を応援するうえで、「小さなSOSも見逃さずに受け止めるチカラ」が支援者に求められます。

Part1

基礎編

第 2 章

サービス(支援)提供プロセスの管理を実践してみる

NAVIGATION

第2章を学ぶ目的とポイント

　第2章は事例を通じて、サービス（支援）提供のプロセスについて学びます。具体的で実務的な内容です。
　サビ管・児発管基礎研修の「サービス提供プロセスの管理に関する演習（7.5時間）」にあたります。

本書の構成	科目名	内容・目的	時間
2-1　実際に個別支援計画を作成してみよう	個別支援計画の作成（演習）	モデル事例を活用したグループワークにより、サービス等利用計画（障害児支援利用計画）に示される総合的な援助方針、長期目標および短期目標をふまえて、個別支援計画の支援内容、担当者、連携の頻度等について検討する。それに基づき、支援目標、支援内容を設定し、個別支援計画を作成する。	270分
2-2　サービス提供のモニタリングをしてみよう	個別支援計画の実施状況の把握（モニタリング）及び記録方法（演習）	モデル事例を活用したグループワークにより、事業者が提供している支援のモニタリングについて、サービス等利用計画（障害児支援利用計画）との連動性を念頭におきながら、視点・目的・手法等を理解する。	180分

　モデルとして、利用サービスや年齢の異なる五つの事例を紹介します。

サービスの種類	事例	障がい状況やニーズ
生活介護	26歳男性	ダウン症、療育手帳A　障害支援区分3 「就労を目指してステップアップ」
共同生活援助 （外部サービス利用型）	55歳女性	知的障がい、療育手帳B　障害支援区分3　軽い運動障がい 「虐待からの保護をきっかけとした新しい生活」
就労移行支援	17歳男性	自閉スペクトラム症　特別支援学校高等部　不登校 「将来に向けての第一歩。早く働きたい！」
児童発達支援	3歳男児	落ち着きのなさ、発達の遅れや偏り 1歳半健診後のフォローをきっかけに療育支援活用 「お友達と楽しく遊べることを願って」
放課後等デイサービス	10歳男児	自閉スペクトラム症、ADHD　特別支援学級在籍 「集団で人とのかかわりを学ぶ」

　それぞれの支援を担当したサビ管・児発管のみなさんに、事業所の概要、支援につながった経過、相談支援専門員が作成したサービス等利用計画・障害児支援利用計画に基づき作成した個別支援計画について紹介してもらいます。

2-1 実際に個別支援計画を作成してみよう

1 介護系 生活介護 の例

1 生活介護事業所の概要

定員20人、職員配置は人員配置区分（1.5：1）の体制の生活介護事業所です。主な活動内容としては、午前中は作業活動、午後は余暇活動となっており、入浴サービスの提供は基本的にはなく、作業所のような役割をもつ生活介護となっています。また、開所して10年以上経過しています。

2 事例

松田大貴さん（仮名）は特別支援学校高等部卒業後から、当生活介護事業所を利用しはじめ8年が経過しています。利用開始当時は、午前：作業活動、午後：余暇活動を選択していましたが、2年前に当事業所を「卒業」し、就労継続支援B型事業所に移っていった友人に影響を受け、現在は午前午後ともに作業活動を選択することが多くなりました。主に清掃作業、和紙作り（紙すき）、カランコ織りなどの仕事に取り組んでいます。

1 大貴さんの基本情報

26歳の大貴さんはダンスグループのアーティストがとても好きで、障がいのある人のダンスサークルにも所属しています。また、当事者の仲間で組んでいる音楽バンドのボーカルも担当し、多彩な趣味をもっています。主たる障がいはダウン症で、療育手帳A（知的障害重度）判定を受けており、障害支援区分は区分3です。

中学生までは地域の小中学校（特別支援学級）に通い、高校は市外の特別支援学校高等部に進学し、週末帰省以外は寄宿舎から高校へ通う生活を送ってきました。きょうだいはおらず、3年前（23歳）に両親と同居していた実家を離れ、相談支援事業所を通じて紹介を受けた共同生活援助（以下、GH）に入居しています。不定期ではありますが、祝日などは移動支援を利用してヘルパーと外出することも

あります。

既往歴は13歳のときに十二指腸狭窄により胃を一部切除していますが、それ以外は大きな病気はなく経過しています。身体的ADLは自立していますが、買い物などは基本的には家族と一緒に行くことが多く、金銭管理は家族とGHで行っています。また、本人の収入は生活介護作業工賃月平均約5000円と、障害基礎年金2級（月額約6万5000円）となっています。不足分は両親からの仕送りを受けています。

2　利用のニーズ

大貴さんは、当事業所を卒業した友人のように就労継続支援事業所に行き、今よりもたくさんお金を稼げるようになりたいと話しています。ですが、就労経験のない大貴さんは就きたい仕事（作業）のイメージがあまり明確ではありません。当事業所で行っている作業と同じような作業で収入を増やしたいと話しています。現状としては、「お金をたくさん稼ぎたい」という気持ちはあるものの、自分にはどんな仕事ができるのかというイメージはまだまだ具体的ではありません。加えて、両親としては現在の生活介護で安定しているので、就労にステップアップすることに反対こそしていませんが、現状からの変化はあまり望んでおらず、これからも生活介護で変わらずに過ごしてほしいという意見をもっています。

> **POINT**　「重度の障がい＝就労は難しい」ととらえがちな両親と、「収入をもっと得たい」「就労継続支援事業にステップアップしたい」という大貴さんの思いにギャップがあります。生活介護の活動のなかで、本人と両親の間にあるギャップを埋めながら、大貴さんの就労へのステップアップをどのように応援していけるかが焦点となります。

3　サービス等利用計画

大貴さんがGHに入居して以降は、基本的には大きな変化はなく、家族も現状維持を希望していたこともあり、これまで更新してきたサービス等利用計画も、いわゆるサービスの利用契約を更新するための計画となっていましたが、大貴さんのステップアップの意向をくんで、就労継続支援事業の利用に向けて進んでいく計画としました（様式1-1・様式1-2）。

様式1-1

サービス等利用計画（計画様式1）

利用者氏名	松田 大貴 さん	作成日	年 月 日	利用者同意署名欄
		障害支援区分	区分3	相談室○○
受給者番号	0000000000	利用者負担上限額	0円	相談支援事業者名
				計画作成担当者名
				電話 000-0000

◎サービス担当者会議（会議を開催していない場合は、専門的意見を聴取した事業者名称と担当者名を記入します）

会議実施日	年 月 日		
会議出席者	事業者等名称	GH○○	生活介護○○	移動支援○○
	担当者名			母親

◎生活に対する意向、援助方針

利用者及びその家族の生活に対する意向	（大貴さん） 事業所を卒業してもっとお金を稼げるようになりたい。休みの日は好きな歌手のライブにも行ってみたいし、ダンス活動も続けていきたい。 （母親） 本当に大貴が就労継続支援事業所でやっていけるかは正直心配です。応援したい気持ちもありますが…、無理なくできる仕事をしてほしい。
総合的な援助の方針	「もっと稼ぎたい」という思いの実現と、本人に合った仕事のあり方を関係機関が連携して考えていきます。
長期目標	1年後には新しい職場に通い始めている。
短期目標	どんな職場（就労継続支援B型）があるのかを知る。

◎モニタリングの期間

モニタリング期間	□毎月実施 □ か月ごとに1回実施
モニタリング開始月と終期月	年 月 ～ 年 月まで

◎モニタリング実施月（毎月実施しない場合、実施月を記入）

年 月	年 月	年 月	年 月
年 月	年 月	年 月	年 月

様式1-2

サービス等利用計画（計画様式2）

◎解決すべき課題、提供される福祉サービスの目標及びその達成時期など

優先順位	解決すべき課題・本人のニーズ	支援目標	達成時期	福祉サービス等の種類・内容・量	提供事業者名（担当者名・電話）	課題解決のための本人の役割	評価時期	その他留意事項
1	（大貴さん）今よりもお金を稼げるようになりたい。（母親）無理なくできる事業所があればと思う。	・本人にとって今よりも給料をもらいつつ、これまでの経験を活かせるような仕事の仕方を一緒に考えます。	1年	・生活介護　各月日数　8日・相談支援事業所　随時　モニタリング6か月に1回	生活介護○○担当：相談室○○担当：	・就労継続支援B型事業所の見学に行く。・体験利用をしてみる。	6か月	・給料を上げたいという気持ちはあるが、実際の就労継続支援B型事業所のイメージがついていない。家族理解を得るためにも、じっくり進めていく。
2	（大貴さん）自分の気持ちを上手に伝えられるようになりたい。（母親）安定した生活リズムで暮らしてほしい。	・自分の気持ちを伝えて、安心した暮らしが続けられる。	6か月	・共同生活援助　月31日	GH○○担当：	気になることや、困ったときは世話人や職員に話してみる。	6か月	・自室で夜遅くまで、ゲームやDVDを見って、朝起きられないときがある。
3	（大貴さん）好きな歌手のライブに行きたい。（母親）健康のためにもダンスを続けてほしい。	・行きたい場所などを自分で調べられるようになる。・健康な身体を維持していく。	6か月	・移動支援　月30時間	移動支援○○担当：	スマートフォンを使ってライブの情報を調べてみる。	6か月	・ダンスは健康のために続けている定期的な運動となっている。

090　Part1　基礎編

> **POINT** サービス等利用計画には、本人が希望しているステップアップ（就労継続支援B型事業所への通所）に向けた情報収集、見学調整、見学同行なども生活介護の役割として明記されています。生活介護であっても、就労移行支援のように「次のステージへ進むための支援」も重要だと考えます。

4 生活介護計画の作成

1 就労に向けて進んでいく計画更新のための面談（母親同席）

・面談前の準備

　大貴さんが生活介護で行っている仕事の様子や工賃額などをまとめた資料を用意し、同席する母親に大貴さんの生活介護における活躍を知ってもらうことも面談目的の一つとしました。また、大貴さんにも、母親にも、就労継続支援B型事業所のイメージをもってもらうため、大貴さんが入居しているGHから通うことが可能な就労継続支援B型事業所のパンフレットをいくつか用意しました。

・面談の様子

　大貴さん本人はパンフレットを見て「見学に行ってみたい」と、母親の前で「自分の意思」をしっかりと口にしていました。また、生活介護での日々の様子や月額工賃額、作業活動の頻度などを母親にも説明したところ、母親も生活介護のなかでは作業活動がメインとなっており、工賃が最も多いことに驚いている様子でした。

・家族の思い

　面談後、本人は生活介護の活動に戻っていき、母親とは少し立ち話をしたなかで、ここ数年、大貴さんが仕事に一生懸命取り組んでいることには感心し理解を示しつつも、やはり重度の知的障がいのある大貴さんが就労継続支援B型事業所でうまくやっていけるかという不安はぬぐえない様子でした。慣れた生活介護のなかでは、自分の意思を自分の言葉で伝えることができても、慣れない環境では自分の気持ちをうまく表現できないかもしれないという不安がかなり大きいことを話しています。

2 生活介護の卒業を見据えた生活介護計画の作成

　生活介護を利用してから8年が経過し、これまでは生活介護の"なかの活動に焦点を当てた"計画でしたが、今回はサービス等利用計画のなかでも記載があっ

たように"卒業（ステップアップ）に焦点を当てた"計画となります（様式1-3）。

> **POINT** 計画には落とし込めていませんが、実際の支援のなかでは母親の心情理解も重要です。生活介護を利用する安定した日々から、就労を目的とする事業所へ進もうとするわけですから、家族支援も重要な場面になっていきます。家族にも本人を応援するチームの一員となってもらうことが重要です。また、計画を進めていくうえで、本人の強みにも着目しています。

事例の続きは、2-2のp.134を参照ください。

様式1-3

「わたし」の計画（生活介護計画）

氏名	松田 大貴さん	作成年月日	△△　△△	計画実施期間	□□　□□ ～
作成者 サービス管理責任者				担当スタッフ①	担当スタッフ②

「わたし」の気持ち（家族の思い）100字要約

僕はもっとたくさんお給料をもらえる仕事に就きたいです！　これまで、生活介護で清掃の仕事や、和紙作りを頑張ってきたけど、友達のように卒業し、新しく働く場所をみつけたい！　僕に合った職場がみつかるといいな。（本人）
慣れた生活介護を辞めて、就労継続支援に進むことには応援したいですが…。スタッフの方や利用者の方、新しい環境やコミュニケーションがとっていけるか不安があります…。（母親）

「わたし」の計画の方針

大貴さんにとってやりがいがあり、家族も応援できるステップアップを関係者を交え一緒に考えていきます。

具体的な到達目標	目標を叶えるために活かせる「わたし」のストレングス	「わたし」が頑張ること（本人の役割）	「まわり」がお手伝いすること（支援内容・留意点）	期間	優先順位
新しい職場（就労継続支援事業所）を探していく。	・収入を増やしたいという思いがある。 ・目標に向けて進む意欲がある。 ・仕事をするうえでの体力がある。 ・モデルとなる友人がいる。 ・不安はあるが応援してきた家族がいる。 ・生活介護で働いてきた経験がある。 ・清掃作業はとても得意。	就労継続支援事業所の見学や体験を通じて、大貴さん自身が新しい職場で働いていくイメージをつくる。	生活介護は大貴さんが「気になる」「やりたい」仕事ができる就労継続支援事業所の見学同行や、体験利用の振り返りなどを相談室を交えて進めていきます。	6か月	1
初めての作業にも挑戦してみる。		生活介護でも新しい仕事に取り組んでみる（ガーデニング、畑仕事など）。	生活介護でもまだ経験していない作業を一緒に考えます。作業手順を一緒に考え（大貴さんが使う作業手順書などをつくります）。	6か月	2

〇算定する加算

食事提供体制加算	〇
訪問支援特別加算	-
延長支援加算	-

〇送迎利用（加算）

迎え	〇
迎え先	実家又はGH
送り先	実家又はGH

〇モニタリング予定月

年　　月
年　　月
年　　月

〇行動制限及び身体拘束に関する留意事項

なし

〇支援の標準的な提供時間等（利用曜日、時間）※配慮規定の該当有無

月	火	水	木	金	土
✓	✓	✓	✓	✓	✓
9:30～15:35	9:30～15:35	9:30～15:35	9:30～15:35	9:30～15:35	9:30～13:30

※上記時間がサービス提供時間となっており、配慮規定（送迎に係る配慮、障がい特性に係る配慮、移乗）に該当する時間は無し

上記の計画の内容の説明を受け、同意します。

　　　　年　　　月　　　日　　　　　利用者署名　　　　　　　　　　　　代筆者署名

column 12

過去の反省から笑顔へ

佐藤直樹
社会福祉法人栗山ゆりの会　指定障がい福祉サービス事業所　ハロー ENJOY つぎたて 5

　サビ管が事業所で個別支援計画を作成するときには、利用者の心身の状況、利用者本人を取り巻く環境、希望する生活等、利用者の情報を総合的に把握し、利用者の精神面や身体面、環境等多角的な面からの情報をくみ取り、現状に加えて生活歴や将来像を見据えて「アセスメント」を行います。このアセスメントを行った後に、よく耳にするのが、利用者の「課題」を整理するという言葉です。

　「障害者の日常生活及び社会生活を総合的に支援するための法律に基づく指定障害福祉サービスの事業等の人員、設備及び運営に関する基準」第58条（療養介護計画の作成等）の中にも「生活全般の質を向上させるための課題」といった言葉が出てきます。私は以前までこの「課題」という言葉に影響され、利用者のニーズを達成するために、利用者自身が課題を達成するような「○○ができていないため○○ができるようになる」といった内容ばかりを整理表にまとめ、個別支援計画に盛り込んでいました。そんな折、今でも計画等の策定時期には思い出す「ある出来事」が起きました。

　事業所で、いつものように利用者に個別支援計画の説明・同意を得て、一部を本人に渡し、持ち帰ってもらいました。次の日、送迎時間に何気なく「昨日、（個別支援）計画を見て保護者の方は何か言っていたかな」と利用者本人に尋ねてみると、「お前はこんなに課題があるのか、うちの子は何もできないんだなと笑いながら言われた」とのことです。私のなかでは我に返る瞬間でした。自分では違和感のなかった個別支援計画が、「課題」という言葉に引っ張られ、できないこと、弱点と感じられることを取り上げ、本人に努力ばかり押し付けていたのかも、もしかしたら言葉にすることで、よりきつく感じる文言があったのかも等々と反省したことは忘れられません。それからは、自分でも知らず知らずのうちに言葉に影響されないよう、今まで雛形として使用していた書類に出てくる文言を「課題」から「ニーズ（課題）」、「要望実現のための具体的課題」を「要望実現のための具体的目標や課題」といったようにできるだけ「課題」という言葉に影響されない工夫をしています。

　個別支援計画は「本人のための計画」でなければなりません。支援者が単にサービス調整や課題に対応する取組だけを組み込んだ個別支援計画だと、利用者本人が「楽しめない、やらされている」という感覚のまま終わってしまい、「頑張ろう、やってみよう」と思えないようになってしまいます。今では、普段の雑談の場面や本人の言葉やアセスメントの際に出てくる「○○を頑張りたい」と利用者自身が使った言葉をできるだけそのまま活用するようにしています。利用者からは「わかりやすい」「なんか楽しい」といった言葉が聞かれるようになり、笑顔で面談をしてくれるようになりました。利用者本人が課題を解決することももちろん大切だとは思いますが、本人が楽しんで「笑顔」で目標に向かっていけるようになることが何より大切だと思います。

2 地域生活系 共同生活援助 の例

1 共同生活援助事業所の概要

今回の事例の共同生活援助事業所（グループホーム）は、一戸建ての女性専用住居です。下記に事業所の概要をまとめました。

[事業所概要]

サービス種別	共同生活援助　外部サービス利用型
入居利用者の障害支援区分	区分なし～区分5
入居対象障がい種別	知的障がい・精神障がい・発達障がい
定員	6名（女性専用住居）
世話人配置	6：1（常勤2名：専従1名兼務1名　非常勤：1名）人員配置体制加算XII（12：1）
サービス提供時間	平　日：10：00～19：00　夜間配置：なし 土日祝：9：00～12：00
サービス内容	食事提供（朝・夕）、金銭管理、服薬管理、通院同行 他生活全般のサポート、レクリエーションの実施

2 事例

1 花代さんとの出会い

2019（令和元）年9月、お昼過ぎに一本の電話がありました。
「今、部屋空いていますか？」

電話をくれたのは、いつもお世話になっている相談支援専門員です。電話を受けた私は、「お部屋、空いていますよ」と伝えると、「少し込み入ったケースで、本日中の入居は可能ですか？」と返答がありました。詳しく聞かせてほしいと伝えると、以下の情報提供のうえ、グループホーム（以下、GH）で受け入れることとなりました。

名前　年齢	高田　花代さん（55歳・女性）
主たる障がい	知的障がい・療育手帳B
障害支援区分	区分3
身体状況	脳性まひ（軽い不随意運動が見られる）・てんかん（2か月に1度くらい） 自立歩行可（雪道は一部介助を必要とする）。金銭管理などは苦手

概　要 支援経過	出生時より身体的な不自由が本人にありながらも、両親の意向で福祉に関する手続きはせず、普通中学校・普通高校（私立）を卒業している。高校を卒業し、洋裁学校へ進学、卒業するが、仕事に就くことはなく、親戚の美容室を手伝う程度だった。花代さんが28歳のときに母親は他界。以後、父親と花代さんの二人暮らし。家事や父親の支度などすべて花代さんが行っていた。父親の介護が必要になり、ホームヘルパーが出入りしていた。ホームヘルパーが入ったときに、父親が花代さんを罵倒していた。以前から父親は花代さんに暴言を吐いたりしていたが、花代さんは「なんともない、大丈夫」と訴えはなかった。 ホームヘルパーが地域包括支援センターのケアマネジャーに報告・相談をした。後日、ケアマネジャーが花代さんに話を聞いたところ、何十年も前から暴言があったり、殴られたりしたこともあったと話してくれた。ケアマネジャーから相談支援事業所に連絡が入り、初めて福祉の利用が開始となる（手帳・年金の申請等）。父親と一緒にいる時間を減らす対策を講じ、3か月前から就労継続支援B型の通所・移動支援のサービスを利用している。花代さんと離れている時間ができたためか、父親の暴言・暴力がエスカレートし、あざなどが見られるようになった。移動支援のヘルパーから相談支援事業所へ連絡が入り、相談支援専門員は本人と相談室で面談をした。本人より「父と離れて暮らしたい」と申し出があった。本人は、「もう家に帰りたくない」と涙ながらに話していた。

　GHの入居の際、多くは相談支援事業所からの問い合わせから始まります。私のGHでは、相談支援事業所は「利用者の人生において大きな要」であると同時に「客観的意見をもらうのに最良の相手」と考えています。このため、相談支援事業所の相談支援専門員の人々とたくさんのつながりがあります。相談支援専門員とサービス管理責任者は、「利用者にとってよい支援は何か？」というテーマを共有し、互いに意見を言い合える大事な存在と考えています。方向性が違ったものを持ち合っても、互いに妥協点を見出していける存在です。「利用者の生活を支えるチーム」として、サビ管にとっても利用者にとっても相談支援専門員は大事な存在です。

> **POINT**　相談支援事業所からの電話での問い合わせのときは、ケースの大まかな概要（本人の特徴）などが話されることが多くあり、入居につながったときに役立ちます。箇条書きでもいいので、メモに残しておきましょう。家族からの入居について電話があったときも同様です。

2　はじめまして花代さん

その日の夕方、相談支援専門員に連れられて高田花代さん（仮名）がGHに来ました。

「よろしくお願いします」と小さな声でしたが、すぐ挨拶をしてくれた花代さん。笑顔を見せていましたが、とても疲れ切っている印象でした。ズボンから見えている足首にはあざがあり、整えられていない髪型、シミの付いている洋服、かかとのすり減った靴など、現在の生活が垣間見えました。

まずは夕食をとってもらい、GHの生活がスタートしました。相談支援専門員と打ち合わせをし、翌日あらためて関係者が集まり話し合うことになりました。

> **POINT**　多くの場合、GHの入居は、①見学、②体験利用、③申込み、④入居のプロセスをたどります（②の体験利用がないところもあります）。本人のアセスメントは見学のときからすでに始まっています。本人の最初の印象や話した内容などを記録しておくと、実際の入居が始まったときに印象の違いなどがはっきりし、支援計画に反映しやすくなります。

3　支援者会議とサービス等利用計画

花代さんと父親の介護にかかわる関係機関が集まり、今までの経過や今後の支援方針、花代さんの希望などを共有し、花代さんの生活について話がなされました。

また、関係機関の間では、今後の役割分担や各関係機関に望むこと（支援のオーダー）など、多くのことが話し合われました。

> **POINT**　初めての支援会議では初対面の人も多く、緊張していることが多いです。聞きたいことや話しておきたいことなどメモを持参するとよいと思います。受け入れるGHとして支援できること・できないことなど伝えておくとよいでしょう。
> 助けがあればできそうなことは伝えて、知恵を借りることも大切です。

相談支援事業所から、「申請者の現状」（様式2-1）、「サービス等利用計画」（様式2-2・様式2-3・様式2-4）の資料の提示がありました。

様式2-1

申請者の現状（基本情報）（別紙1）

| 作成日 | 2019年9月 | 相談支援事業者名 | 相談室 | 計画作成担当者 | |

1. 概要（支援経過・現状と課題等）

分娩異常にて出生。成長するに従い、膝のこわばりや右腕の拘縮が目立つようになる。脳性まひによる後遺症を疑われたが、判断がつかず、脳性まひの可能性を残しつつ、「発育不全」との判断がなされた。成長の遅れを認め、小学校は遅らせて入学、養護学校などを勧められるも、両親の強い意向で普通学級に通うことになる。勉強はついていけず、家庭教師をつけるなどしたが、効果はなかった。中学校は普通学級に通ったが、いじめを受けていた。高校は父親の尽力で私立高校へ進学し、なんとか卒業はできた。高校卒業以後は、親の勧めで洋裁学校に進学・卒業したが就職することはなかった。24歳～26歳頃に親戚の経営する美容室でアルバイトをしたのみで、ほかは就労していない。本人が28歳のときに母親が他界。この年に初めててんかん発作を起こしている。以後父親と二人暮らし。2010年頃から父親のホームヘルパー利用が始まり、2015年4月、父親から本人を罵倒する場面を確認。ケアマネジャーが本人に確認すると、数十年前から暴言と暴力があったことが発覚。ケアマネジャーから相談室さっぽろにつながっている。同年療育手帳・障害年金・障害福祉サービス申請を済ませ、2015年6月より作業所あぽろへの通所と移動支援サービスを開始。作業所通所以降、父親からの暴言・暴力がエスカレートし、あざが見られるようになる。移動支援ヘルパーが気づき、相談室へ連絡があり、本人へ確認。本人より「父と離れて暮らしたい」との意向があり現在に至っている。

2. 利用者の状況

氏名	高田 花代 様	生年月日	昭和39年7月12日	年齢	55歳
住所	札幌市 （持ち家）			電話番号	
障がいまたは疾病名	精神遅滞・てんかん	障害支援区分	区分3	性別	女
生活財源	障害年金2級・工賃				

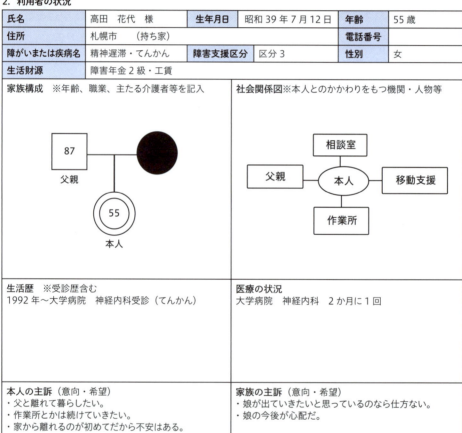

生活歴 ※受診歴含む	医療の状況
1992年～大学病院 神経内科受診（てんかん）	大学病院 神経内科 2か月に1回

本人の主訴（意向・希望）	家族の主訴（意向・希望）
・父と離れて暮らしたい。 ・作業所とかは続けていきたい。 ・家から離れるのが初めてだから不安はある。	・娘が出ていきたいと思っているのなら仕方ない。 ・娘の今後が心配だ。

3. 支援の状況

	名称	提供機関	支援内容	頻度	備考
公的支援 （障害福祉 サービス等）	①移動支援 ②就労継続支援B型 ③計画相談支援	①ヘルパーセンター ②作業所 ③相談室	①余暇・買い物 ②編み物など作品制作 ③訪問	①週1回 ②週3回 ③	
その他の 支援					

様式2-2

サービス等利用計画（計画様式1）

利用者氏名	高田 花代 様	作成日	2019年9月1日	相談支援事業者名	高田 花代
受給者番号	1018172885	障害支援区分	区分3	計画作成担当者名	相談室
		利用者負担上限額	0円		電話
				利用者同意署名欄	

◎サービス担当者会議（会議をしていない場合は、専門的意見を聴取した事業者名と担当者名を記入します）

会議実施日	2019年9月1日			
会議出席者	事業者等名称	ヘルパーセンター	地域包括支援センター	グループホーム	相談支援事業所
	担当者名	管理者	ケアマネジャー	サビ管	作業所
					管理者

◎生活に対する意向、援助方針

利用者及びその家族の生活に対する意向	グループホームに入居して、これからも頑張っていきたいと思う。お父さんのことは気になるけど、自分で選んだ道だからここで暮らしたい。
総合的な援助の方針	安心感をもって生活できることを目標とする。そのために関係機関で協力し、家族関係にも配慮した支援体制を維持していく。
長期目標	作業所に通うことで、楽しみをもちながら生活することができる。
短期目標	グループホームでの生活に慣れ、自分でできることを増やしていく。

◎モニタリングの期間

モニタリング期間	□毎月実施 ☑6か月ごとに1回実施
モニタリング開始月と終期月	2019年9月～2021年8月まで

◎モニタリング実施月（毎月実施の場合以外に記入）

2020年2月	2021年8月
2020年8月	
2021年2月	

様式2-3

サービス等利用計画（計画様式2）

◎解決すべき課題、提供される福祉サービス等の目標及びその達成時期など

優先順位	解決すべき課題・本人のニーズ	支援目標	達成時期	福祉サービス等の種類・内容・量	提供事業者名（担当者名・電話）	課題解決のための本人の役割	評価時期	その他留意事項
1	一人暮らしは夢だったからうれしい。グループホームで頑張って生活していきたい。	グループホームでの生活に慣れ、自分でできることを増やしていく。	1年	・共同生活援助 生活支援・服薬管理等	・グループホーム（サビ管・世話人）	・生活するうえで困ったことがあれば世話人に相談する。・夜間・休日に何かあれば、非常ボタンを押す。・シャワーを浴びたり着替えを行う。	6か月	
2	作業所の仕事が好き。やりこれからも続けたい。	作業所に通所し、やりがいをもちながらお金を稼ぐ。	1年	・就労継続支援B型 週4回通所 作業内容：編み物など	・作業所（管理者）	・自分の特技を活かして作品を制作していく。・わからないことがあれば職員に相談する。	6か月	
3	お父さんのことで不安に思うことがある。	本人を守る支援体制を構築し、悩み事や困りごとに対応していく。	1年	・計画相談支援 6か月に1回モニタリング 適宜訪問相談 家族との連絡や関係機関との調整	・相談室（相談支援専門員）・地域包括支援センター（ケアマネジャー）・ヘルパーセンター（管理者）	・困ったら一人で抱え込まず誰かに相談する。・自分のやりたいことに挑戦してみる。	6か月	

様式2-4

サービス等利用計画（計画様式3）

◎週間計画表

	月	火	水	木	金	土	日	主な日常生活上の行動
4:00								
6:00								・服薬管理・金銭管理はグループホーム型。
8:00	起床 朝食	起床 朝食	起床 朝食	起床 朝食	起床 朝食	起床 朝食	起床 朝食	・親元から離れての生活が初めてなので、掃除・洗濯・入浴などの家事や日常生活で一人で行えないことは世話人と相談する。
10:00	就労継続支援B型 作業所	就労継続支援B型 作業所		就労継続支援B型 作業所	就労継続支援B型 作業所			
12:00			昼食			昼食	昼食	
14:00								
16:00								週単位以外のサービス
18:00	夕食	夕食	夕食	夕食	夕食	夕食	夕食	・大学病院の受診（2か月に1回）
20:00								・移動支援で買い物に行く。（主に土曜日）
22:00	就寝	就寝	就寝	就寝	就寝	就寝	就寝	
0:00								
2:00								
4:00								

サービス提供によって実現する生活の全体像	①就労継続支援B型の利用により、自分ができる作業を通じて工賃を得て、他者との交流により楽しみをもつことができる。 ②移動支援の利用により、外出時のサポートを受けることができる。 ③共同生活援助の利用により必要な生活支援を受け、安心して生活することができる。

4　共同生活援助計画の作成

1　花代さんと初めての面談

　入居してから数日経ち、花代さんと面談することになりました。予告をしておいた面談だったので、花代さんは朝から緊張気味でした。緊張していると話したいことも話せないので「事務所で面談」という形ではなく、「リビングでお喋り」という形でお茶も用意して話を聞きました。花代さんは、今までのことや自分のやりたかったこと、お父さんのことなど落ち着いて話をしていました。

　初回の面談時は、本人は緊張がありながらも希望をもっている時期でもあり、「未来の希望」は聞きやすい状況にあります。本人から話される「〜したい」という初回の言葉はかなり貴重です。これからどのような生活を望んでいるのか、希望を抱いているのかなど「未来」のことを聞いていくことが中心です。過去に起こった出来事や家族のことなど、ケースによっては聞かなければならないこともありますが、なるべく最小限に収めることを心がけます。初回の面談で本人と信頼関係がない状態では形式的なことしか聞けない場合も多くあるため、私は過去に起こった出来事は、相談支援事業所に大まかなことを聞き、時間をかけて、生活をしていくなかで話を聞くことにしています。これは今回のケースだけではなく、どのようなケースにおいても基本的なこととしています。

　まれに本人から希望がでない面談もあります。精神障がいの人にみられますが、「特にありません」や「病院から出たいからGHに来ただけだし」と話す人もいます。それはそのまま受け止め、記録に残しておきましょう。

> **POINT**　面談を受ける利用者がなるべくリラックスして話せるよう、話を聞く環境に十分配慮をしましょう。面談形式よりも、一緒に食事をしながら、お茶をしながら、テレビを見ながらなどのシチュエーションを活用するのも効果的です。対面式の面談をしたいときには、事前に利用者に目的を伝え、利用者が理解・納得したうえで行うとスムーズです。話を聞くときは、傾聴を基本とし、うなずいたりして、「黙っているけれどちゃんと聞いているよ」と伝わるようにしましょう。時折、要約して「〜だったんですね」と返すと、より安心すると思います。メモをとってばかりいると利用者は何を書かれているのか気になる人もいるので気を付けましょう。

2　初回の共同生活援助計画の作成

　初回の共同生活援助計画は支援を始めたばかりで、本人のこともあまりわからないまま計画を立てることになりますが、本人との面談で得た希望や期待を入れながら計画を作ります。

　ここで資料として使っていくのは「サービス等利用計画」（様式 2-2・様式 2-3・様式 2-4）、「初回の面談記録」（様式 2-5）、「アセスメントシート」（様式 2-6）です。まずは、書けるだけ書いていきます。パソコンで入力もいいですが、まずは手書きで下地を作るのもいいと思います。

　この計画は、花代さんが希望をもって GH に来てくれたので、前向きに・楽しめるようにという気持ちを込めました。しばらくは不慣れで不安なことも多い生活になると思われたため、まずは「慣れる」より「安心して楽しんで生活できるように」ということに重きをおきました。

> **POINT**　個別支援計画を作成するときは、本人を思い浮かべながら書くと書きやすいです。
> どのような表現なら本人に伝わるのか、前向きにとらえてくれるのか、使う漢字の量やルビの必要性などを考えながら作成しましょう。

事例の続きは、2-2 の p.138 を参照ください。

様式 2-5

面談記録

面談の目的	㊀・モニタリング・他（　　）	面接スタッフ	
面談対象者	高田　花代　さん	面接日	2019 年 9 月
面談場所	事務所・居室・㊉（リビング　）	同席者	有⦅無⦆（　　　　）

<面談の内容>
◎家庭での生活についての受け止め
・お母さんが早くに死んじゃったから、いろいろと大変だった。
・お父さんに服を着せたり、食事の支度をしたり、買い物に行ったりして毎日クタクタだった。
・お父さんが寝ているときに編み物をしているときが一番楽しかった。
・作業所に行ってからは、ほかの利用者さんともお話できるし楽しみが増えたし、ヘルパーさんとの外出も楽しいよ。家に帰ると大変だったけど…。

◎お父さんに対する気持ち
・一応親だから、自分の心配とかもしてくれるのはわかってる。
・お母さんが生きてた頃は、お母さんが大好きだったし、いろいろ教えてくれたからよかった。
・お父さんには長生きしてほしいと思っているし、介護してくれるところに入ってほしい。
　大事な家族だしね。

◎これからの生活について
・グループホームに入れてよかったって思ってる。
・自分一人じゃないし、おしゃべりを楽しめる人もいる。自分が不自由しているときにみんなが助けてくれたりして、親切にしてくれてるよ。
・ご飯も自分で作らなくていいから助かってる。あったかいご飯って美味しいよね。
・ここはレクとかあるから、遠くに行ってみたいし、楽しみなことがたくさんある。
・一つ気づいたけど、私、耳悪いのかなって。みんなが見ているテレビの音が聞こえないことあってさ。家にいたときはそんなことなかったから。
・家においてある自分の荷物、いつ取りに行ったらいい？　誰かついてきてくれる？
　私一人だと不安だよ。
・自分の部屋にお気に入りの家具とか置いて、グループホームの生活を楽しみたいと思ってる。

様式2-6

アセスメントシート（状態の確認）

氏　名：　高田　花代　　　　　　　　　　　　　　　　　　　　　　　　　　2019年9月現在

区分	項目	できる	見守り等	一部介助	全介助	特記事項
移動・動作関連事項	寝返り（体位交換）	●				
	起き上がり	●				
	座位維持	●				
	両足での立位維持	●				
	歩行		●			右傾で不安定
	移動（室内間）	●				
	立ち上がり	●				
	片足での立位維持				●	脳性まひのため
身辺関連項目	嚥下	●				
	食事摂取	●				
	飲水	●				
	排尿	●				
	排便	●				
	口腔清潔		●			衛生保持が全般的に難しい 特に洗髪には介助が必要
	洗顔		●			
	整髪			●		
	爪きり		●			
	上着の着脱	●				
	ズボン・パンツの着脱	●				
生活関連項目	調理（献立を含む）			●		
	食事の配膳・下膳		●			物を持って歩くと歩行不安定
	入浴準備・後片付け	●				
	調理以外の家事			●		
	買い物	●				
	交通手段の利用			●		以前はほぼタクシー利用
	薬の服用		●			
	電話の利用			●		聴こえが悪いため
	金銭の管理			●		
社会生活関連項目	社会性・協調性	●				
	活動参加	●				
	時間管理（遅刻等）	●				
	計算能力			●		・お金の構成は苦手（100円10枚で1000円など） ・足し算以外はできない ・簡単な漢字は読める。書くことは手の突っ張りが見られ難しい ・楽観的で、予測が難しい
	金銭理解			●		
	読み書き			●		
	情報利用			●		
	状況判断			●		
コミュニケーション関連項目	関係づくり		●			積極性はあるが、周囲の状況を考えることができない
	コミュニケーションの理解		●			あいまいな表現の理解が難しい
	コミュニケーションの表出	●				感情はストレートにだしている
その他 行動記述	・脳性まひのため歩行が全体的に不安定 ・父から暴言等あったが、優しくされると心が傾いてしまう ・どのような状況でも「大丈夫」と口癖のように言う					

様式2-7

共同生活援助計画

作成日：2019年9月

利用者氏名： 高田 花代 様

事業者名	合同会社 AID ONE
サービス管理責任者氏名	
世話人 確認	

<支援計画実施期間（最短）>
2019年9月初日～2020年2月末日
次回見直し：2020年 2月を予定

<個別支援会議>
開催日：2019年9月
参加者：GHサビ管・世話人

<本人の想い・希望>
・レクに行きたい。
・自分の買物を取りに行きたい。
・お気に入りの家具を置いて生活したい。

<総合的な支援方針>
関係機関と連携を図りながら、グループホームで安心した生活ができるよう支援していく。

<支援目標>

長期目標	まちかどで安心した生活をしていく。
計画実施期間	2019年9月～2021年8月
短期目標	花代さんがやってみたいことをやってみよう。
計画実施期間	2019年9月～2020年8月

<本人の希望と支援内容など>

記号	具体的目標	本人の役割	支援期間	担当者	優先順位
A	グループホームの生活を楽しもう！	・やってみたいことをスタッフに教えよう！ ・不安に思うことがあったらスタッフにお話ししよう。	いつでも 2019年9月～ 6か月	グループホームスタッフ	1
B	レクに参加していろんなことを体験しよう！	・レクに参加しよう！ ・行きたいところがあったらグループホームのみんなに提案しよう。	レクのとき 2019年9月～ 6か月	グループホームスタッフ	2
C		<その他の事項> ①生活での困りごとの相談にのります。 ②必要に応じて相談室など関係機関とやり取りをします。花代さんのグループホームの生活の様子について共有します。			

スタッフ支援内容	①不安や心配なことなどのお話を聞きます。 ②お薬のセットをします。 ③お金の管理のお手伝いをします。 ④病院に一緒に行き、先生のお話を聞きます。 ⑤花代さんの生活に必要なサポートをします。

算定する加算	支援目標	具体的な支援内容	支援期間	担当者
日中支援加算（Ⅱ）	日中活動ができるよう体調の回復に努める	①体調に応じてサポート　②必要時病院同行　③医療機関等関係機関連携	2019年9月～ 6か月	グループホーム世話人・サビ管
入院時支援特別加算 長期入院時支援特別加算	体調回復に努めること	①被服等のお届け　②訪問時・電話などの相談に応じます　③病院および支援関係者・ご家族との連絡　④各種届出代行（金銭支払い等含む）		
帰宅時支援加算 長期帰宅時支援加算		①ご家族との連絡調整　②帰省中の電話相談（心配や不安・生活のことなど）		
夜間緊急時	速やかに避難	①緊急時に備え、警備会社による警備および対応を行います。　②火災が起きたときには速やかに避難してください。　③非常時には、スタッフもかけつけます。　④スタッフ不在時に急病などあった場合は、スタッフの携帯までご連絡ください。		

上記の個別支援計画の説明を受け、同意をします。　　同意日：2019年9月　　利用者氏名：高田　花代

第2章　サービス（支援）提供プロセスの管理を実践してみる　　107

3 就労系 就労移行支援 の例

1 就労移行支援事業所の概要

　就労移行支援事業所では、様々な人との出会いがあります。もちろんほかの障がい福祉サービスにも出会いはあるはずなのですが、標準利用期間が2年間と有期限になっている事業のため（自立訓練も有期限です）、毎年のように利用者が次々と入れ替わっていく事業形態は就労移行支援ならではではないかと思います。就労経験の有無や、障がい種別、年齢なども異なり、バラエティに富んだ利用者たちが、働くために活動しています。就労移行支援事業所を自分で探して利用する人もいれば、ハローワークからの紹介、障害者就業・生活支援センター（地域によっては「ナカポツ」と呼ばれています）や相談支援事業所、行政の生活保護課や医療機関の地域連携室などから紹介されて利用に至る場合もあります。

2 事例

　今回、紹介する事例は、相談支援事業所からの問い合わせでした。

　特別支援学校高等部に在籍していますが、現在は不登校の後藤健大さん（仮名、当時17歳・男性）。小学生の頃から不登校はたびたびあったものの放課後等デイサービスには毎日通っており、お金がほしいから学校には行かずに働きたいと考えているそうです。診断は自閉スペクトラム症。母親はシングルマザーで、健大さんには自閉スペクトラム症の兄がいるとのことでした。相談支援専門員としては就労のアセスメントや働くにあたっての現実検討の機会も必要だろうと考え、働くための準備や就職後の支援もできるところがあるので、一緒に見学して話だけでも聞きに行かないかと健大さんに提案してみたところ、どんなところなのか行ってみようという話になったそうです。健大さん自身は、自分は何でも質問できるし問題なく働けるのでアルバイトや就労継続支援A型でお金を稼ぎたいと思っていたようです。

　相談支援専門員とは健大さんが小学生の頃からかかわっているらしく、放課後等デイサービスもいくつか変更したり、家で暴れて入院するときなども相談してきたそうなので、関係機関との情報共有ができお互いに言いたいことは話せる関係となっていました。

　打ち合わせをしていた見学の日に、相談支援専門員と一緒に健大さんが事業所へ来所しました。後から聞いた話によると、実は数日前から緊張していたらしく、放課後等デイサービスでも落ち着かない様子だったそうです。挨拶はハキハキと

することができて、思っていることもしっかりと話せていました。放課後等デイサービスには毎日通っており、スタッフとお喋りしたり勉強したり、友達と自由に遊んで過ごしているとのことでした。学校がどんなところだったのかを尋ねると、周りの人がボソボソと悪口を言っていた。学校には行かなきゃと思っていたけれど誰も相手にしてくれなかった。高校ではクラスメイトと揉めたことがあり、どう考えても自分には非がないと思うのに一方的に自分が悪者になった。先生からも謝るように言われて信用できないと思った。つらい思いをするなら学校に行く必要はないと考えたと話していました。

　面談では、自分が話すよりもなるべく相手が自分のことを語れるように、あいづちをうち、場を和ませるような話題や雰囲気をつくることなどを心がけています。初対面の人から根掘り葉掘り尋ねられると、人によって話しづらい内容かもしれないし、どのように答えたらよいか困ってしまう場合もあるので、「話せる範囲でよいですよ」であったり、「言いたくないですと断っても大丈夫ですよ」と言って常に安全と安心を確認して緊張感を和らげるようにしています。

　今回の健大さんの場合はハッキリと自分の考えを話してくれたので、「みんなと違う生き方を選ぶことができるのは健大さんの強みだよね」と伝えました。肯定する表現も相手の話を引き出すためのスキルになります。

　これからどんな仕事を目指していきたいのかを健大さんに尋ねると、今の自分の状態だと体力に自信がないので力仕事以外で考えたい。毎日、朝から夕方まで働けると思っている。お小遣いが毎月2500円なので自由に使えるお金がほしい。1年以内には働けたらと思っていると話してくれました。そして、就労移行支援事業所の役割を説明し、ハローワークに一緒に行って求人票を閲覧したり、履歴書の書き方や面接の練習をしたりするなど、具体的な就職活動の内容について説明すると、「いろいろと大変なのですね…」との感想から未体験の就職活動に対しての不安な気持ちが感じられました。「自分一人ではなくて、ここを利用している人たちそれぞれが目標に向かって就職活動に取り組んでいる仲間なんだよ」と伝えると、「そうですよね」と顔を上げて返事をしました。自分がこれから何をしなければならないのかをイメージしていたように見えました。ここの事業所を利用するかどうかはほかの事業所も見学して、体験利用してから検討してもらうことになりました。

　見学から少し時間が経過して、体験利用の後に相談支援専門員と話し合った結果、契約することとなり利用がスタートしました。

> **POINT** 健大さんの場合は相談支援事業所と一緒に福祉サービス事業所を検討していたので、サービス等利用計画が作成されていました。市町村によっては相談支援事業所が少なかったり、計画策定までに時間がかかったりするためにセルフプランで訓練等給付費（就労支援系や自立訓練などの障害福祉サービス）が支給決定される場合もあります。役所の手続きに不安がある人や、どのように手続きしたらよいかわからない人もいるため、事業所から役所に連絡して手続きを手伝う場合もあります。役所の担当者と連絡調整することも大事な役割になります。

3　サービス等利用計画

　就労移行支援の利用スタートにあたって、これからどのように活動していくのか健大さんの話を聞かせてもらいながら、サービス等利用計画（様式3-1）を基に就労移行支援計画案を作成していくことになります。就労移行支援は有期限のサービスのため、少なくとも3か月に1度は支援計画の作成と見直しが必要となります。支援による効果や変化を求められることになるのですが、大事なことは利用者本人とかかわる日々が常にアセスメントになっていること、支援者による見立てと手立てを繰り返していきながら利用者と一緒に取り組んでいくことです。

　健大さんは、「働いてお金を稼ぎたい！」と強く願っています。この漠然とした希望から、健大さん自身が働くためにどんなことが必要になっていくのかを確認していくためにも、具体的な取り組みを健大さんと一緒に考えていきます。

　支援計画を考えるためにはアセスメントが大事です。健大さんはアルバイトや就労経験がないため、「働くこと」や「仕事」についてどのように理解しているのかも気になります。

　利用者がイメージしている「働く」のモデルは誰なのか。人によって親や兄弟、親戚、友人、TVドラマやコマーシャルの俳優、漫画やアニメのキャラクター、ゲームの世界や歴史上の人物なのかもしれません。そのためにも利用者が興味のあること、趣味や得意なこと、家族関係、成育歴、現在の生活の様子、休日の過ごし方、自分が大事にしていること、何のために働きたいのかなどを探っていきます。利用者同士のかかわりのなかから見えることもありますし、いろんな支援者がかかわることで見る視点が異なり、利用者のとらえ方のバリエーションが増えていきます。

様式3-1

本人中心支援計画（サービス等利用計画）

氏名	後藤 健大 さん	障害支援区分	なし	相談支援事業者名	相談室○○
障害福祉サービス受給者証番号	○○○○○○	利用者負担上限額		計画作成担当者	
地域相談支援受給者証番号		通所受給者証番号		計画作成日	○年○月
モニタリング期間（開始年月）とその根拠	3か月ごと （根拠）生活状況や進路の方向性を確認していくために3か月ごとのモニタリングが必要			利用者同意署名欄	

私の希望するくらし 100文字要約 （生活に対する意向）	ぼくは学校に行かなかったけれどデイサービスには行っていた。お小遣いが少ないので、働いてお金を稼ぎたいと思っている。就労移行支援を利用して就職できることを証明して、早く働いて一人暮らしがしたい。	総合的な援助方針と計画のポイント	健大さんは高校卒業を迎える年に、学校に行くことを辞めてしまいました。学校には行きませんでしたがデイサービスには通うことができて自分の進路を考えてきました。就労継続支援A型の選択肢もまだありません。就労移行支援を利用して働くための知識を身につけて、健大さんが希望する生活に近づくことができるように計画を作成しています。
私の大きな目標（長期目標）	自分で働いたお金を自由に使って、一人暮らしができるようになりたい。		
私の短期目標	働くことについて知識や技術を身に付けて、早く働きたい。		

優先順位	私の小さな目標・課題	私の役割	福祉サービス等				その他留意事項
			役割	種類・内容・量（頻度・時間）	提供事業者名（担当者名・電話）	達成時期	評価時期	
1	新しい生活のリズムを確立しましょう。	規則正しい生活リズムを心がけましょう。	定期的な状況確認を行います	相談室 ・随時 ・必要時の相談など	相談員 相談室 TEL： 就労移行支援事業所サビ管 TEL：	1年	3か月	利用開始当初は短い間隔での状況確認や面談等をお願いします。
2	就労へ向けての準備をしましょう。	休まずに事業所に通所しましょう。	休まず通える雰囲気を配慮します	就労移行支援事業 ・当該月の日数−8日 ・就労に関する知識の提供など	就労移行支援事業所サビ管 TEL：	1年	3か月	
3								
4								

私の抱負	早く就労してお金を稼ぎたい。

健大さんは不登校の経験もあったため、どんな環境に安心感をもち活動することができるのか知りたいと思いました。
　慣れない環境や未知の世界に対して不安や恐れを感じたり、過去の経験からネガティブな思考に陥ってしまったりすることは、誰でもあると思います。安心感を得られることで、勇気をもつことや平常心でいられることにつながります。平常心でいることができると活動していくための準備ができます。安心感のための材料を見つけていくことで、環境の変化や急な予定の変更などに対しても影響を小さくすることができるのではないかと思います。

> **POINT**　就労移行支援や自立訓練などの有期限のサービスにおいては支援期間の終わりを見据えながらサービス等利用計画を基に個別支援計画を作成していきます。3か月に1回以上は見直しが必要となっているため、アセスメントが重要になります。面談だけがアセスメントではありませんし、日々の様子やかかわりのなかから情報収集することができます。本人の表出している言葉だけではなく、言葉にできない気持ちや背景などにも思いを巡らせてみることも大事だと思います。

4　就労移行支援計画の作成

　アセスメントしながら作る最初の支援計画になるのですが、利用者の状況によって計画の内容もいろいろな形になると思います。例えば、就労の経験がある場合や急いで働く必要がある場合などは目標の立て方や項目が多くなるかもしれません。人によってはたくさん目標があるとモチベーションにつながる人もいるでしょう。一方で、目標が自分の課題のように感じてしまうと、こんなにやらなければいけないことがあるのかと負担に感じてしまう人もいるかもしれません。なるべく達成しやすい具体的な目標設定を意識してスモールステップを増やしていくこともモチベーションの向上につながると思いますし、もし自分が相手の立場だったらという感覚も大事だと思います。この先に目標や課題がどれだけ増えていくのだろうかと不安になるような計画だとため息が出てしまいますよね。
　利用者の性格や計画作成時の状況にもよると思いますが、健大さんの場合は目標や課題のボリュームを控えめにして気持ちの負担が大きくならないように心がけて計画を作成しました（様式3-2）。
　働きたいけれど何からどうしていいのかわからない、環境にも不安がある健大

さんにとって就職活動を始める最初の一歩を踏み出すこと、そして継続していけるように緩やかにステップアップしていくイメージで支援計画を作りました。今後の健大さん次第で自分で歩くペースを上げてみたり、いろいろな道を試してみたりすることができる支援計画になれば、なんとなく漠然とした「働く」から徐々に具体的な「働く」に近づいていけるのではないかと考えました。個別支援計画はこれから利用者が変化していくことを前提に、支援者も一緒に未来を描いていくツールになります。

> **POINT** アセスメントをもとに支援者と利用者との共同作業で個別支援計画を作成していきます。個別支援計画の内容については適度なボリュームや具体的な表現を意識することで利用者のモチベーションにもつながります。個別支援計画が支援者からの一方的な押し付けにならないように、支援者も一緒にステップアップしていくことをイメージしていきます。

事例の続きは、2-2 の p.145 を参照ください。

様式3-2

就労移行支援計画

計画作成日：	○年○月○日	同意日：	○年○月○日	利用契約者	後藤　健大さん
初回計画作成日：	○年○月○日			サービス管理責任者	
利用登録日：	○年○月○日	利用 ○ か月経過		支援担当者	

長期目標

- 自分がやりたい仕事を見つけていくために、興味がある活動を見つける。
- 自分の活動の場で居場所をつくっていくために必要なことを整理する。

本人の意向・取り組みたい希望や課題	短期目標	健大さんが取り組むこと/支援内容	使えそうな資源/コツ	達成予定日
・事業所の活動に慣れる。 ・就職することを考えて、どのような仕事があるのかを知りたい。	なるべく休まずに通所して、プログラムに参加してみる	健大さんは仕事を意識していきます。今後の目標やこれからのイメージはこれからなので、自分が好きなこと・得意なこと・苦手なこと・嫌いなこと、自分に参加してほしいと思うためにもプログラムに参加してみましょう。施設外就労の見学もしてみませんか？参加した感想も教えてください。	・各プログラム （作業・SSTなど） ・担当スタッフと振り返り ・施設外就労	○年○月
	自分がやりたいことを伝えていく	これからは自分で判断して決めることが多くなると思います。活動を通して自分の興味があることを探してみましょう。どのように伝えられたらよいかコミュニケーションの練習もできます。	・各プログラム （作業・SSTなど）	○年○月
ご家族・医療機関・相談支援機関からの意見 【相談室】 環境に慣れるまでは頻度を多く状況確認をお願いします。情報共有しながら役割分担していていきます。	自分の居場所に必要なことについて考える	健大さんが安心して就職活動していくために事業所が居場所として安心して活動できるために必要なコミュニケーションやヒント、コツについて一緒に考えていきましょう。将来の職場探しにも役立ちます。	・各プログラム （WRAPやアサーションなど）	○年○月

総合的な支援の方針

仕事はしたいけれど目標ややってみたい仕事についてはイメージがついていないようです。事業所の活動に慣れてどのような仕事に興味があるのか一緒に考えていきたいです。施設外就労もあるので見学からでもよいので参加してみましょう。自分で考えて行動していくことが多くなると思う、自分のタイミングを大事にしてほしいです。

支援に基づく加算

| 食事提供体制加算 |
| 訪問支援特別加算 |
| 移行準備支援体制加算 |
| 地域連携会議実施加算 |

※支援者は各種加算などがどのようなものかを説明します。また、明確にしても種加算が紹介されているのでご確認をお願いします。重要事項説明書にも支援とする支援加算について説明を受け、加算を希望とする場合には支援計画を利用することに同意されたときは支援計画書への署名をお願いします。署名をいただきます。
※署名と併せて支援計画書のコピーをお渡しします。
※同日が支援計画書の交付日になります。

column 13

これからの就労支援を考える

吉田志信
社会福祉法人はるにれの里
就労移行支援事業所あるば
石狩障がい者就業・生活支援センターのいける

　いわゆる新体系移行期（2006（平成18）年10月）より、就労系サービスの事業（A型、B型、就労移行支援等）が始まりましたが、当時を振り返ると画期的な事業だったことを思い出します。そのなかでも、就労移行支援事業に関しては、サービス利用に期限を設定し、一般就労を後押しする事業となり、不安を抱えながらも、その役割と機能については、期待感をもった記憶があります。それから18年が経過し、この間、様々な変遷がありました。行政による障害者雇用数の水増し、福祉サービス事業所の不正、新たな障害者雇用のビジネスモデルなど、少しずつ記憶が薄れるなかで、このような執筆の機会で思い出すことも多々あります。そんななかで、「私たちが求められる役割を考える」機会も増えてきたように感じます。

　地域を見渡すと、就労支援にかかわる社会資源の変化も（質・量ともに）顕著であり、"就労支援"をどのようにとらえ、将来を見据えて何をやるべきなのか、様々な課題が山積しています。これを「やることが多い」ととらえるのか、「やれることがある」ととらえるかで、やりがいや醍醐味、モチベーションにも影響するはずです。「どのように解決に向けるべきか？」「どこの誰と協同すべきなのか？」「どのような機会が必要なのか？」といった視点で、課題に対して前向きにとらえる力も必要であると考えます。

　テレビCMのなかで某社社長の「肩書ではなく役割で仕事をする」というメッセージが流れていますが、まさに就労支援の現場においても同様のことがいえると思います。地域の実情や当事者ニーズに合わせて、求められる役割は変化し、その変化を敏感にとらえ、その業務を全うする。当たり前のことであり、これを真摯にこなすことで、地域から必要とされる社会資源となり、その価値も上がってくると考えます。時に目先の何かにあらがうこともあるかと思いますが、「それぞれの役割を今一度考える」、今そんな時期になっているのではないでしょうか。

　今後も、様々な変化が生じるなかで、求められる役割を認識し、それを全うする。このシンプルなプロセスから、付随する事柄を整理することもでき、ひいては、支援の質の向上に加え、地域から期待される事業所としての価値の向上などにも期待できるのではと考えます。あらためて、「これからの就労支援を見据えた、それぞれの求められる役割」を考えてみませんか？

4 児童系 児童発達支援 の例

1 児童発達支援事業所の概要

今回の事例の児童発達支援事業所の概要は次のとおりです。

サービスの概要	発達に心配のある子どもたちの育ちを小集団のなかでアプローチし、その子らしさを引き出すことを目指す。 一定の時間を通して、安定した生活リズムを整え安心して過ごせる環境をつくる。 関係機関との連携や定期的な保護者との懇談の実施により子育ちを一緒に考えサポートしていく。		
営業日	月曜日～金曜日 　9：00～15：30 土曜日（第1・3週目） 　9：00～15：30	対象	幼稚園・保育所入園前の幼児 幼稚園・保育所就園児
定員	10名	その他 実施している事業	保育所等訪問支援

2 事例

大谷 豊さん（仮名）は知的な遅れはなく、4歳のときにASD（自閉スペクトラム症）、ADHD（注意欠陥・多動症）の診断を受けています。

1歳を過ぎてから豊さんの発達に不安を感じていた母親は、保健師から児童デイサービスの存在をなんとなく聞いて知っていましたが、最初から療育の場を求めることにも不安があり、まずは子どもの遊びの場を求めて法人開催の子育てサロンに来所したことが児童発達支援事業所につながるきっかけでした。そこでの豊さんは遊具で遊ぶ様子もなく、母親のそばをうろうろしながら周囲の様子を遠巻きに見ている状況で、突然ほかの子を押したり、叩いたりする衝動的な行動が目立っていました。一語文の表出はあり、職員と1対1のかかわりになると手短なやりとりは可能でしたが、母親以外の接近や抱っこは嫌がり表情もこわばって周囲を警戒している様子でした。

子育てサロンと療育担当職員が母親とやりとりをしていくなかで、本人が自分で動けるようになると、友達に手が出る、水遊びやぐるぐる回るものが好きでじっとしていられないことが主訴で、市で運営している療育支援の場に2歳から通っていることや、子育てに不安を感じていることを把握。児童デイサービスはどんなところか具体的なイメージをもってもらうために、まずは法人内の事業所を見

学してみてはどうかと提案をしました。見学をきっかけに、すぐに法人系列の児童発達支援事業所に通所することを決断したため、受給者証の申請と障害児支援利用計画が必要であることを伝え、相談支援事業所の利用を勧めました。

家族構成と家族の状況	母親（一人親世帯） 　児童扶養手当とコンビニエンスストアでアルバイトをして生計を立てていますが、今後もう少し仕事を増やし生活の安定を図りたいと考えている。 祖父母 　親子の近隣に住んでいる。子育てを全面的に協力してくれているが、祖父母ともに働いているためサポートできる時間は限られている。
主な生育歴	普通分娩 四つ這い　　1歳1か月 始歩　　　　1歳2か月 始語　　　　2歳1か月 後追い　　　1歳2か月 ※母親が気になったこと　表情が乏しく、自分で動けるようになるとじっとしていられない。
健診・相談歴	平成30年10月　○○市にて出生 　　　　　　　——0～1歳までの乳幼児健診での指摘はなし。 令和2年4月　1歳半健診（衝動性による他害とじっとしていられない状況について母親が相談） 　　　10月　発達に心配のある子どもが通う療育支援事業（○○市で運営）に通い始める。 令和3年8月　法人で運営している子育てサロン（週1回）に通い始める。 令和3年10月　相談支援事業所と契約。 令和4年10月　○○クリニックにて、知的な遅れはなくASD（自閉スペクトラム症）、ADHD（注意欠陥・多動症）の診断を受ける。

> **POINT**　事例の概要から子どもの状態を把握し、全体像をとらえながら保護者のニーズを整理していくことが大切です。
> 事業所として、親子にどんなサービスを提供し支援していくことが可能なのか、またはどのような療育を提案することができるのか、今後の具体的なイメージをもちます。

3　障害児支援利用計画

　豊さんへの障害児支援利用計画は**様式 4-1** のとおりです。相談支援事業所は、制度的な手続きに加え、活用できる資源の情報提供や関係機関との連携調整、モ

ニタリングを通して家庭訪問をしてくれる、フットワークに優れた事業です。一つの事業所で問題を抱え込まないようにアシストしてくれるため、私たちにとっても相談支援専門員は頼れる存在です。

> **POINT** 関係機関との連携会議の調整や、訪問を通した情報を関係者に提供してくれるのが相談支援専門員です。
> 障害児支援利用計画は、本人・家族の希望や関係者がどのような役割で支援していくのかをまとめた計画書です。公的なサービスだけではなく、本人や家族がどのような願いや夢をもって、関係者がどのように支援するか整理されているため、支援者もスタートの時点で見通しをもちやすくなります。

4　見学から児童発達支援計画の作成準備まで

　初めての事業所見学では、豊さんが好きだと聞いていた小麦粉粘土遊びをして、少しでも楽しいことができる場所と感じてもらうことや、室内を一通り案内して、ここがどんなところで、何があるのかを確認しながら不安を和らげ、衝動性からくる他害が起きないよう環境設定に配慮しました。

　保護者との面談では、現状の確認と不安や思いを受け止めながら共感することを大切にし、一つずつ状況を整理していくお手伝いをしていきます。

　受給者証はすでに申請済みで手元に届いていたため、本人がこれまで家族から離れて過ごしたことがないことや不安の強さからくると思われる他害行動を考慮し、まずは週3回の通所で様子を見ていくことにしました。また、通所開始前に個別支援計画を作成しなければならないため、保護者への聞き取りと見学時の行動観察をもとにアセスメントを実施し、乳児からの生育歴をたどりながら、幼児期ならではの身辺自立・コミュニケーション・対人関係・行動・運動・感覚など発達に視点をおいた特性をとらえるアセスメントを丁寧に行っていきます。

> **POINT** 事業所見学のときには、多様な視点から行動観察ができるよう環境設定や職員配置に配慮します。支援者全員で振り返りを行い、アセスメントを行いながら記録に残しておきましょう。
> 幼児期は保護者が不安を抱えているケースが多いため、面談では保護者の気持ちに寄り添い、共感しながら、状況を一緒に整理していくことが大切です。

様式4-1

障害児支援利用計画（計画様式1）

作成日 ○年○月○日

利用者氏名	大谷 豊 様	障害支援区分		利用者負担上限額	0円	相談支援事業者名		利用者同意署名欄	大谷 ○○（母）
受給者番号	○○○○○○○					計画作成担当者名	○○○○	相談室 ○○ 電話 ○○○○○	

◎サービス担当者会議（会議を開催していない場合は、専門的意見を聴取した事業者名と担当者名を記入します）

会議実施日	○年○月○日		
会議出席者	事業者等名称	児童発達支援事業所○○○	
	担当者名	○○○○	

◎生活に対する意向、援助方針

利用者及びその家族の生活に対する意向	豊さん・お友達と楽しく遊びたい。 ご家族・お友達と仲よく遊べるようになってほしい。 ・将来のことを考え、できれば仕事を増やしたい。 ・次年度、幼稚園か保育所に入れたい。
総合的な援助の方針	ご家族に福祉サービスや幼稚園、保育所の情報提供をしながら、今後の方向に具体的な見通しをもって生活することができるようにサポートします。
長期目標	豊さん・いろいろな遊びを通して、お友達とかかわりをもって遊べるようになりたい。 ご家族・今後について考えながら、活用できる支援などの情報を得て今後に見通しをもちたい。
短期目標	豊さん・お母さんと離れて、先生やお友達と遊べるようになりたい。 ご家族・今後について考えながら、活用できる支援などの情報を得たい。

◎モニタリングの期間

モニタリング期間	□毎月実施 ☑6か月ごとに1回実施
モニタリング開始月と終期月	2021年10月〜2023年9月まで

◎モニタリング実施月（毎月実施の場合以外に記入）

2022年3月	
2022年9月	

5　児童発達支援計画の作成

　計画を作成していくうえで、幼児期は本人が自分で気持ちや思いを表現できないぶん、保護者からの聞き取りに大きく影響を受けます。特に初回の計画書は、保護者が現状に困っていることの解決や、「こんなふうになってほしい」という思いが多く組み込まれやすいため、ストレングス視点が抜け落ちてしまいがちです。そのため、短い期間での見直しも十分考えられます。

● 計画を作成するうえでの留意点

　次の①から⑤までの内容では、支援を必要とする側にも、支援する側にも非常にわかりにくい計画書になります。
① 専門用語だらけである
② 「〜させる」などの命令形になっている
③ 抽象的で曖昧な表現が多い
④ 支援内容が特定のことがらに偏っている
⑤ 目標設定が高すぎる（実態に即していない）

　個別支援計画は、手に取るみんなにわかりやすく、具体的に支援のイメージがもちやすいことが第一前提になります。

　また、相談支援事業所で作成している「障害児支援利用計画（サービス等利用計画）」と連動し、本人や保護者の意向をしっかり反映しながらチームで支える方向性を示していくことが理想的です。

　児童発達支援計画は一人で作成するものではありません。支援者みんなで多様な視点からアセスメントを行い、現状を把握し、スモールステップをふんで本人や家族が前向きになれる計画であることが大切です。

　初めは聞き取りと短期間でのアセスメントをもとに優先順位を何にするかを丁寧に整理し、一つずつ目標を設定していくと、支援の方向性が整理され、児童発達支援計画の内容も見えやすくなってくるかもしれません。

> **POINT** 初回の児童発達支援計画は障害児支援利用計画等と連動するため、総合的な支援方針は保護者の主訴をもとに考えていくと立てやすくなります。
> 幼児期は発達の側面からの視点も大切になります。通所回数や発達課題によっても異なりますが、本人支援の目標は5領域の視点をふまえ3〜5項目になることが多く、そこに家族支援と地域支援が必ず加わってきます。
> 達成時期や優先順位は最後に設定されるため、期間や順位の並びにばらつきがでても構いません。

事例の続きは、2-2 の p.151 を参照ください。

様式4-2

児童発達支援計画

氏名　大谷　豊さん　　　　　　　　　　　　　　　　　　　　　　　　　　　　　　　　　作成年月日　〇年〇月〇日

達成目標	長期目標	経験を積みながら興味や関心のある遊びを見つけてお友達とかかわりをもとう。
	短期目標	新しい環境に慣れて安心して過ごせるようになろう。

保護者・本人の意向	
本人：お友達と一緒に遊びたい。 保護者：お友達と一緒に遊んだり、楽しい経験をたくさん積んでほしい。次年度は幼稚園か保育所に入れたい。	

項目		内容	具体的な到達目標	支援内容（具体的内容）	利用時間	期間	優先順位
本人支援	健康・生活	情緒の安定	児童発達支援事業〇〇での生活に慣れ、安心になろう。	新しい環境に慣れ安心して過ごすことができるように、手短でわかりやすい言葉がけでかかわっていきます。身の回りのことや活動に大人と一緒に取り組みながら、小さなことでもできたことをほめ、またやってみようとする気持ちをもてるようにかかわっていきます。	月・水・金曜日／9:00〜14:00（延長支援時間14:00〜15:30）	3か月	1
	認知・行動	行動の手がかり	周囲の様子を大人と一緒に確認しながら、発達に共通行動に移そう。	活動の流れに見通しをもつことができるように、写真や教材など視覚的な提示を通してわかりやすい環境設定に配慮します。大人が個別でかかわりながら、豊さんが周囲の状況を見て確認したり、次は何をするのか見通しをもって行動ができるようにかかわっていきます。	土曜日（隔週利用で月2回）／9:00〜14:00（延長支援時間14:00〜15:30）	6か月	2
	言語・コミュニケーション	場面での人との相互作用	自分の気持ちや要求を態度や言葉で表現し大人やお友達とやり取りしてみよう。	豊さんの気持ちをくみ取りながら大人がお友達と「代わって」「貸して」「ちょうだい」「やめて」などの簡単な言葉やり取りにつなげていきます。相手に自分の気持ちが伝わる喜びを感じ取ったり、かかわる経験を積むことができるように支援していきます。		6か月	3
	運動・感覚	体幹の向上	全身を使った運動を通してバランス感覚の向上を図ろう。	トランポリンやサーキット運動、戸外活動を通して、体の中心を使う運動を経験し、身体を支える力を伸ばしながらバランス感覚や体幹の向上につなげることができるように支援します。		6か月	4
家族支援			保護者の思いを十分に受け止めながら、豊さんの様子を伝えあい、発達に共通理解をもちます。	送迎時間や月に1回の個別懇談を通して、家庭の様子を聞く等情報交換をしたり、豊さんの状態について共通理解をもちながら、困りごとの解決方法を発達特性に応じて一緒に考え提案していきます。		適宜	
地域連携			関係機関との連絡や6か月後のモニタリングを図り、豊さんや家庭の状態について共通理解をもってかかわっていきます。	関係機関との電話連絡や6か月後のモニタリングを通して、豊さんや保護者の状態について情報を共有していきます。支援や対応の内容に、統一性をもってかかわることができるように配慮します。		適宜	

※5領域＝「健康・生活」「運動・感覚」「言語・コミュニケーション」「認知・行動」「人間関係・社会性」

総合的な支援方針

大人との個別のかかわりを基本に、お友達や新しい環境に慣れ安心して過ごすことができるように配慮していきます。
大人が豊さんの気持ちをくみ取り、適切な言葉に置き換えて気持ちを表現したり、場面や状況に応じた行動に一緒に取り組みながら、お友達とのやり取りにつながることができるように支援していきます。

※留意事項

ご本人に身体的なケガを伴う危険性がある飛び出しや、自傷、他害行為等の行動について、緊急性、一時性、非代替性の視点により、やむを得ない場合に、行動の停止、制限によりご本人の安全を確保させていただく場合があります。

送迎加算	事業所から自宅等までの送迎にかかる体制や支援を実施した場合に加算の対象となります。また、保育所や幼稚園等の活動を優先しているため、保育所、幼稚園等と保護者、児童発達支援事業所と調整し送迎した場合に加算となります。	○
児童指導員等加配加算	児童指導員等を配置し、常勤・非常勤等の勤務形態や経験年数に応じて評価された加算になります。	○
専門的支援体制加算	専門的な支援の強化を図るため、基準の人員に加えて理学療法士等を配置している場合に加算対象になります。	○
専門的支援実施加算	理学療法士などにより、個別・集中的な専門的支援を計画的に行った場合（最大月6回を限度）に加算対象になります。	○
個別サポート加算Ⅰ～Ⅱ	通所受給者証に個別サポートⅠ、Ⅱの記載がある場合のみ加算対象になります。	
関係機関連携加算Ⅰ～Ⅳ	保育所、幼稚園、学校、児童相談所、医療機関など関係機関先と会議や連絡調整を行った場合に加算対象になります。	○
事業所間連携加算	セルフプランで複数の事業所を併用する場合に事業所間で連携や情報の共有を行った場合に算定対象になります。	○
家族支援加算Ⅰ～Ⅱ	家庭訪問、事業所内、オンラインで個別相談やグループ面談などを実施した場合の加算の対象になります。	
保育・教育等移行支援加算	退所前に保育所等への移行に向けた取組みや退所後に保育所等を訪問して助言・指導を行った場合に算定対象になります。	○
欠席時対応加算	利用を予定していた日に、急病等により欠席した場合に加算の対象となります。	○

同意欄
この計画の内容でご了解しました。
　　　　　　　　　　　〇年　〇月　〇日

保護者氏名　〇〇　〇〇〇

児童発達支援管理責任者　〇〇〇　〇〇

5 児童系 放課後等デイサービス の例

1 放課後等デイサービス事業所の概要

利用児1人、職員3人から始まった事業所です。地域に療育をメインとした同法人の放課後等デイサービスが1か所ありましたが、放課後の活動メインの事業所はありませんでした。保護者からの声もあり、放課後活動メインの事業所を職員3人（うち1人福祉未経験）で立ち上げました。

2 事例

開所からすぐに最初の見学依頼の問い合わせが地元の相談支援センターから入りました。対象者の基本情報、特徴、ニーズなどを聞き取り、見学の依頼を受けました。

1 誠也さんの基本情報

特別支援学級在籍の坂倉誠也さん（仮名）は、小学校4年生の10歳の男児で、知的には遅れはなく、自閉スペクトラム症、ADHDの診断を受けています。祖父母、父親、母親、姉、弟の7人暮らしで、両親は農業を営んでいます。

幼少期より、落ち着きのなさや他人にあまり興味を示さないなどの心配はありましたが、母親に困り感はそれほどありませんでした。保育所に入り、担任から落ち着きのなさや突発的な行動が指摘され、就学前に巡回教育相談を受けた際に、発達に心配があることが告げられました。その後、小児精神科を受診して、診断を受けました。

小学校入学後も保育所時代と同様の指摘や、周囲とのかかわりでトラブルになることが目立ちました。両親は仕事で忙しく、学童保育を利用していました。そこでも周囲とのトラブルがあり、ときには友達にけがをさせてしまうこともありました。

2 利用のニーズ

学童保育の利用は小学3年生までと決められていました。4年生になってからの放課後は友達と遊ぶことは少なく、自宅で過ごすことが多いようです。自宅では祖父母が誠也さんのことを見ていましたが、片づけや宿題などをするように促すと祖父母に対して暴言や苛立ちをぶつけるようになり、祖父母では手がつけられない状態となっていました。そこで、母親が放課後に誠也さんが活動できる場

所や使える資源はないか保健師に相談したところ、保健師から新しく開所する放課後等デイサービスの紹介がありました。母親が興味を示したため、保健師から相談支援センターに情報提供があり、見学調整、見学の後、利用希望に至りました。

> **POINT** ニーズや困り感を、保護者（あるいは家族）や本人それぞれの視点でとらえましょう。また、保護者がサービス利用の相談に至るまでの経緯や障がい受容の程度について押さえておきましょう。

3 障害児支援利用計画

　相談支援専門員が、誠也さんの母親や保健師から聞き取った情報を基に作成した障害児支援利用計画は **様式5-1** のとおりです。保護者や本人のニーズ、これから利用する事業所の役割などがまとまっています。
　担当の相談支援専門員は、児童の発達についての専門知識が豊富で、保護者や関係者からの信頼も厚い方でした。今回利用に至った際も、情報を細かく伝えてもらえたため、利用前に本人や家族のことなどをイメージしやすかったです。

> **POINT** 保護者（本人）のニーズは「放課後に誠也さんが安心して活動できる場所がほしい」「支援を受けながら、適切なコミュニケーションや相手の気持ちを考えて行動できるようになってほしい」。
> それを受けて支援の方向性としては、「誠也さんの障がい特性に合わせたかかわりを行い、他者との適切なかかわり方を少しずつ身に付けてもらう」、「ご家庭、関係者と情報共有をして連携した支援を行う」ことに決まりました。

4 放課後等デイサービス計画の作成

1 初回面談

・聞き取り前の準備
　利用や見学に至るまで、保護者はこれまでの成育歴や本人の様子などの聞き取りを受けています。そのため、面談時に同じような内容を一から話してもらう必

様式 5-1

障害児支援利用計画（計画様式 1）

利用者氏名	坂倉 誠也 さん	障害支援区分	—	相談支援事業者名	—
保護者氏名	坂倉 ○○	本人との続柄	父	計画作成担当者	
障害福祉サービス受給者証番号	0000000000	利用者負担上限額	4,600円		
地域相談支援受給者証番号	—				
計画作成日	令和6年6月20日	モニタリング期間（開始年月）	1年 （令和○年○月）	利用者同意署名欄	坂倉 ○○（父）

利用者及びその家族の生活に対する意向（希望する生活）	保護者 ・放課後や長期休暇中、祖父母に預けるのは心配なのでサービスを利用していきたい。 ・相手の気持ちを考えて行動をしてほしい。 ・支援を受けながら、適切な方法でのコミュニケーションの方法を少しずつ身に付けていってほしい。
総合的な援助の方針	誠也さんの特性に合わせたかかわりを受けるなかで、他者との適切なかかわり方を学び、そこでの経験を誠也さんが家庭や学校でも活かせるように、保護者、関係者間で連携を取りながら支援していく。
長期目標	周りの状況や相手の様子を見ながら他者と上手にかかわれることが増える。
短期目標	うまく他者とやりとりができたり、少しでも我慢できたときに評価されて、成功体験を増やし自信につなげていく。

優先順位	解決すべき課題（本人のニーズ）	支援目標	達成時期	福祉サービス等 種類・内容・量（頻度・時間）	課題解決のための本人の役割	評価時期	その他留意事項
1	誠也さんの特性から、他者とうまくかかわれることが難しい。（母）	必要な場面で適切な言動のモデルを示し、他者と上手にやりとりをする経験を積む。	1年	・放課後等デイサービス （月23日 月～金・長期休暇時） ・小学校 （5日/週）	放課後等デイサービスへ通う。（保護者・本人）	1年	
2	イライラしたときに適切ではない言動をとってしまう。（母）	少しでも我慢ができたときにはほめられ経験を積む。	1年	・放課後等デイサービス （月23日 月～金・長期休暇時） ・小学校 （5日/週）	放課後等デイサービスへ通う。（保護者・本人）	1年	
3	子どもとのかかわりで、困りごとがあったときに相談したい。	保護者や関係者で状況を共有していきながら、支援方法を検討していく。	1年	・放課後等デイサービス ・小学校 ・町役場 ・相談支援センター ・病院	心配や困りごとがあったときに関係機関へ相談する。（保護者）	1年	

要がないように、相談支援専門員からの情報を事前にまとめて、事業所利用に必要なことを中心に聞き取れるように準備をしました。具体的には、誠也さんの好きなこと（支援を組み立てるうえで、本人のモチベーションにつながる重要な情報）、配慮が必要なこと、保護者が事業所に望むことを中心に聞き取るようにしました。

・気を付けたこと

　これから自分の子どもを預ける事業所が、どんな支援をしてくれるのか、スタッフはどんな人なのかなど、不安をもつ保護者もいます。そのため、保護者の困り感に寄り添うことや、事業所の特徴などをしっかりと伝えることを心がけました。

・面談の様子

　当日は、誠也さんと母親が来所してくれました。最初に誠也さんへ好きなことや学校のことなどを聞きました。遊びたい気持ちが強く、5分ほどで誠也さんは別スタッフと退出し、母親と管理者、児童発達支援管理責任者の3者で面談を行いました。事前に準備した情報を中心に聞き取りを行いました。

2　初めての放課後等デイサービス計画

　初回の放課後等デイサービス計画は、実際に対象児とほとんどかかわっていない状態で作成することとなります。そのため、初回面談の様子や障害児支援利用計画や保護者からの情報を基に、事業所での見立てが必要となり、とても難しい作業です。障害児支援利用計画で示されている「総合的な支援の方針」や事業所が役割となっている「支援目標」、面談時に聞き取ったニーズを基本として個別支援計画を作成します。

　今回作成した放課後等デイサービス計画では、ニーズにあがっていた対人関係について「総合的な支援の方針」や「長期目標」に盛り込みました。「短期目標」には、他児とのなかで経験を積んでいくのではなく、誠也さんの特性に配慮した環境のなかで対人関係を学んでいけるよう、まずはスタッフとのかかわりのなかでの目標にしました。また、サッカーが好きとの情報があり、「支援目標」には、誠也さんが興味をもちやすいサッカーに取り組める目標を設定しました（様式5-2）。

様式5-2

放課後等デイサービス計画

《令和6年7月〜12月》

作成年月日：令和6年6月20日

利用児氏名：坂倉 誠也 様

利用児及び家族の生活に対する意向	・相手の気持ちを考えて行動したり、相手と上手にやりとりができるようになってほしい。(母) ・サッカー選手になりたい。友達とサッカーをして遊びたい。(誠也さん)
総合的な支援の方針	誠也さんの特性に合わせたかかわりをしていき、相手と適切なかかわり方を身に付けていけるように支援していく。
長期目標 (内容・期間等)	決められた順番やルールを守って、友達と遊べる経験を増やしていく。(1年)
短期目標 (内容・期間等)	スタッフと1対1の場面で、順番やルールを守って遊ぶことを覚えていく。(6か月)
支援の標準的な提供時間等 (曜日・頻度、時間)	平日：毎週月曜日〜金曜日 14:30〜17:00 休日：毎週月曜日〜金曜日 9:00〜17:00 長期休暇：毎週月曜日〜金曜日 9:00〜17:00

● 支援目標及び具体的な支援内容等

項目	支援目標 (具体的な到達目標)	支援内容 (内容・支援の提供上のポイント・5領域)	5領域（※）との関連等	達成時期	担当者 提供機関	留意事項 (本人の役割を含む)	優先順位
本人支援	PK戦のときに、スタッフと交代でボールを蹴る。	・誠也さんに順番がわかりやすいようボードを用意して視覚的に伝える。 ・順番を守れたときはほめていく。	人間関係・社会性 運動・感覚	6か月後	児童指導員	誠也さんが自ら順番が書かれたボードを見るように、スタッフは促していく。	1
本人支援	適切な表現でスタッフに要求を伝える。	・誠也さんに言ってほしい表現を、視覚的に伝えたり、スタッフが見本を提示する。	認知・行動 言語・コミュニケーション	6か月後	保育士	誠也さんからスタッフに「〜したいです」「〜ください」など と言う。	2
本人支援	おやつの前にせっけんをつけて手を洗う。	・手洗い場に、手順表を掲示して視覚的に伝える。 ・個別スケジュールに手洗いの予定を入れておく。	健康・生活	6か月後	保育士 児童指導員	せっけんが視覚に入り、ルーティンになるよう構造化する。	3
家族支援	トラブルの際に、誠也さんの気持ちを聞き、一緒に整理していく。	・「何があったか」「何が嫌だったか」など、項目分けをして聞いていく。 ・聞き取ったことを紙に書き整理していく。		6か月後	保護者 保育士	気持ちが落ち着くまでクールダウンしてもらったうえで、気持ちを聞き取る。	ー
移行支援	地元のサッカー少年団から情報を聞く場をもつ。	・見学や交流機会がもてるように、少年団と連携していく。		6か月後	児童発達支援管理責任者 保護者	まずは児童発達支援責任者が少年団に問い合わせる。その後、保護者との見学日程を調整する。	ー

※5領域の視点「健康・生活」、「運動・感覚」、「認知・行動」、「言語・コミュニケーション」、「人間関係・社会性」

提供する支援内容について、本計画書に基づき説明しました。本計画書に基づく支援の説明を受け、内容に同意しました。
児童発達支援管理責任者氏名：○○ ○○　　　　　　　　　　　　　　　　　令和　年　月　日　坂倉 ○○

Part1 基礎編

●週別支援計画別表

利用児氏名	坂倉 誠也 様						作成日 令和6年6月20日	
		月	火	水	木	金	土	日・祝日
提供時間	利用開始・終了時間	14時30分～17時00分	14時30分～17時00分	14時30分～17時00分	14時30分～17時00分	14時30分～17時00分	利用開始・終了時間 ～ 0時00分	利用開始・終了時間 ～ 0時00分
		2時30分	2時30分	2時30分	2時30分	2時30分		
延長支援時間 ※延長支援時間は 支援前・支援後 それぞれ1時間以上から	[支援前] 延長支援時間	～	[支援前] 延長支援時間 ～	[支援前] 延長支援時間 ～	[支援前] 延長支援時間 ～	[支援前] 延長支援時間 ～	[支援後] 延長支援時間 ～	[支援後] 延長支援時間 ～
	[支援後] 延長支援時間	17時00分～18時00分	17時00分～18時00分	17時00分～18時00分	17時00分～18時00分	17時00分～18時00分	[支援後] 延長支援時間 ～ 0時00分	[支援後] 延長支援時間 ～ 0時00分
		1時00分	1時00分	1時00分	1時00分	1時00分		
延長を必要と する理由	・保護者の仕事の終わり時間が延びた場合、18時までの延長が必要なため。							
特記事項	・学校が短縮日課になった場合、13:30からの利用となる場合がある。 ・学校休業日（長期休暇を含む）は、9:00～17:00の利用となる。							

> **POINT**　「本人の好きなこと、得意なこと」は、支援の組み立てや本人との関係性の形成につながるので、事前情報を聞き取るうえでは重要です。
> 保護者との信頼関係の構築は、支援を行っていくうえでとても重要になってくるため、初回面談時には、寄り添いの姿勢や、事業所の特徴をしっかりと伝えましょう。
> 初回の個別支援計画を作成するときは、初回面談と障害児支援利用計画の情報を基に作成しましょう。

事例の続きは、2-2 の p.157 を参照ください。

2-2 サービス提供のモニタリングをしてみよう

はじめに

2-1（p.87）で個別支援計画の作成について五つのサービスにおける具体例を見てきましたが、計画は作ることが目的ではありません。計画は「どんなことを意図して」「何のために」支援をするのか指針を示したものですから、その計画のもとで「どのような支援をしたのか？」「その結果、どのような変化や気づきがあったか？」という振り返りがとても重要です。その振り返りの機会がサービス提供プロセスにおける「モニタリング」です。

> 障害者の日常生活及び社会生活を総合的に支援するための法律に基づく指定障害福祉サービスの事業等の人員、設備及び運営に関する基準（平成18年9月29日厚生労働省令第171号）第58条より抜粋
> 9　サービス管理責任者は、療養介護計画の作成後、療養介護計画の実施状況の把握（利用者についての継続的なアセスメントを含む。以下「モニタリング」という。）を行うとともに、少なくとも6月に1回以上、療養介護計画の見直しを行い、必要に応じて療養介護計画の変更を行うものとする。
> 10　サービス管理責任者は、モニタリングに当たっては、利用者及びその家族等との連絡を継続的に行うこととし、特段の事情のない限り、次に定めるところにより行わなければならない。
> 　一　定期的に利用者に面接すること。
> 　二　定期的にモニタリングの結果を記録すること。

モニタリングは基準省令において少なくとも6か月に1度行うとされています（自立訓練、就労移行支援は3か月に1度のモニタリングが必要です）。個別支援計画で立てた「目標」と「支援内容」に即して「目標は達成されたかどうか」、そして、

評価した要因を探っていきます。

代表的な記載書式（図2-1）を用いて、モニタリングの考え方（図2-2）と記録の付け方について確認しましょう。

モニタリングする際のポイントは3点あります。

図2-1　個別支援計画の修正・変更記録の記載のポイント

支援目標	達成状況の評価	達成状況の評価の要因	今後の対応（支援内容・方法の変更等）	担当者
1	達成　ほぼ達成　未達成　わからない			
2		「達成した要因」も分析する ①目標に要因がある ②方法に要因がある ③両方に要因がある	目標や支援方法が具体的になる 個別性が高くなる	
3	達成　ほぼ達成　未達成　わからない			
4	達成　ほぼ達成　未達成　わからない			
5	達成　ほぼ達成　未達成　わからない	「達成」をよいことと思い過ぎない 結果を客観的にとらえて分析する 目標が具体的でないと評価しにくい		
6	達成　ほぼ達成　未達成　わからない			

図2-2　モニタリングの考え方

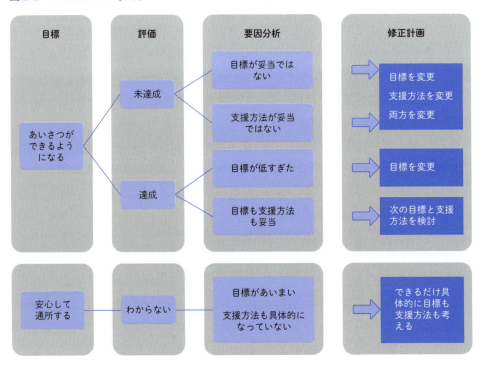

1　客観的な評価

目標に対して「達成したか、しなかったか？」と問われると、ついつい「達成した」ほうがよいと考えてしまいがちですが、モニタリングの評価はできるだけ客観的に振り返ることがポイントです。達成しても、しなくてもどちらでもいいのです。大切なのは達成してもしなくても「その結果となった要因は何か？」という分析の妥当性です。立てた目標に対して、振り返ってみて、「達成」「ほぼ達成」「未達成」「わからない」の４択から選択します。

2　要因の分析

評価をしたら、「なぜ、その評価項目を選んだのか？」ということを明確にします。それが「要因の分析」です。要因の分析は「目標」と「支援方法」の二つの視点で行います。例えば「あいさつができるようになる」という目標に対して、結果が「できていなかった＝未達成」となったときに、そもそも「あいさつができるようになる」という目標が本人の希望ではなかった、あるいはまだそこまで要求することが難しかったなど、目標として妥当ではないこともあります。また、「達成」であっても、そもそもあいさつはできていた、あいさつすることは本人の希望ではなかったなど、あるかもしれません。また、モニタリングをしようとしても、うまくできないときもあります。それは、目標や支援内容があいまいで、達成したかどうかを判断できないなどの要因が考えられます。いずれにしても、評価結果に関係なく、要因の分析をすることが重要です。

3　修正計画に活用する

モニタリングは次の計画や支援に向けて実施するものです。分析の結果は次の計画や支援に活用します。個別支援計画は最初のうち、誰でも同じようなものになりがちですが、モニタリングを繰り返すうちに、一人ひとりの希望や特性に応じて個別性が高まり、「その人らしい」計画になっていきます。そのためにも、要因分析の内容が重要になります。同じ目標や同じ評価結果でもその背景や要因は様々です。画一的や思い込みのモニタリングにならないために複数で行うことがポイントです。本人と話をするのはもちろんのこと、事業所内のスタッフからの聞き取りや、相談支援専門員が行うモニタリングを参考にする方法もありますし、家族や連携している関係機関からの情報も役に立ちます。必要に応じて、様々な視点でモニタリングをするよう心がけましょう。

1 介護系 生活介護 のモニタリング

1 就労継続支援B型事業所の見学を進めていった大貴さん

　大貴さんの「もっと稼ぎたい。ステップアップしたい」との意向をふまえて立案した個別支援計画の同意を得て、早速、就労継続支援B型事業所の見学を進めていきました。計画更新時の面談の際に提示した事業所2か所（一つは公園や病院などの施設清掃がメインの事業所。もう一つは封入作業など軽作業がメインの事業所）の見学に行くことができました。どちらも1か月の工賃が平均2万円前後ということでした。作業内容としても、大貴さんの経験とスキルを活かせそうな事業所でした。

　しかし、本人から「いいね！」と一見好印象ともとれる感想はあるものの、二言目には「ほかのところも見学してみたいよね」と2か所とも体験利用にはつながらず、3か所目の見学調整を進めていくことになりました。

2 モニタリング（中間評価：3か月目）

　生活介護のモニタリングは、制度上は6か月に1回実施となっています。稼ぐこともできて（生活介護工賃の4倍）、本人が獲得してきた作業スキルを活かせそうな就労継続支援B型でしたが、体験利用につながっていきませんでした。事業所内で見学後に本人が話していることや、そのときの様子について共有を行い、あらためて大貴さんがいつも話している「もっと稼ぎたい。ステップアップしたい」ということについて見立て直してみました。

　見学に同行したスタッフから、事業所の仕事の様子は見ているし説明も受けているが、それだけでは働くイメージをもつことができていないのかもしれないとの報告がありました。また、実際は生活介護を辞めて就労継続支援に行くこと（通所先を変えること）への不安もあるのではないかとの見立てもありました。そのほかにも、生活介護の余暇活動に参加しているほかの利用者を見て「みんないいなぁ、遊ぶことができてさ」と、つぶやいている場面を見たスタッフからは、余暇活動にも本当はもっと参加したいのかもしれないとの見立ても出てきました。

　そこから、大貴さんは言葉では「もっと稼ぎたい」と話しているし、「友達のように生活介護を卒業して仕事（就労継続支援B型）に就きたい」とも言うが、稼ぎたいのは何のためなのかということが明確ではなく、ぼんやりとしたイメージだけで話しているのかもしれないという見立てに至りました（様式1-4）。しかし、生活介護計画の内容は基本的に継続しつつ、あらためて本人の言う「稼ぐ」を、「稼いで〇〇をしたい」というところまで掘り下げて整理する必要を感じました。

様式1-4

「わたし」の計画【モニタリング票】

氏名	松田 大貴 さん	作成年月日		計画実施期間	～

叶えるための目標 （内容・期間など）	大貴さんにとってやりがいがあり、家族も応援できるステップアップを関係者も交え一緒に考えていきます。

優先順位	具体的な到達目標	達成状況の確認	達成できた及び達成されない原因の分析・理由	今後の対応（支援内容・方法の変更・見直し点など）
1	新しい職場（就労継続支援事業所）を探していく。	達成　維持　**未達成**	①2か所の見学に行くことができたが、体験利用するまでには至らずでした。新しい環境への挑戦に不安があるのかも。 ②「稼ぎたい」の裏に隠れている、環境を変えることへの不安もあるのかも。 ③見学した事業所で、活動するイメージがもてないのかも。	あらためて、本人の目標工賃の設定を行う。 稼いだお金で何がしたいのかを確認する。 3か所目の見学後に、いずれかの事業所の体験利用を行う。 体験＝通所先を変えるのではなく、納得ができないときは、生活介護の利用を継続できることもしっかりと伝える。
2	初めての作業にも挑戦してみる。	達成　**維持**　未達成	ボランティアの仕事はこれまであまり手をつけてこなかったが、スタッフが提案すると、快く引き受けてくれた。また、物販の売り子も提案すると、「やってみたい」とも話している。	生活介護でこれまで手を付けてこなかった作業活動にも了解し、新しい仕事も楽しんでいるので、今後も継続。また、余暇活動についてもあらたかで参加意思の確認をしてみる。

モニタリング実施方法

本人との面談と活動の様子観察から

計画変更の有無	変更あり	次回モニタリング	年　　月

作成者　　　　　　　　　　　　　　担当スタッフ

サービス管理責任者

上記モニタリング内容の説明を受けました。

年　　月　　日

利用者署名　　　　　　　　　　　　　

代筆者署名

> **POINT** 就労継続支援事業所の見学はすぐに進められたものの、体験につながっていかない"想定外"のことが起きました。よって、生活介護のモニタリングは法定上は6か月に1回ですが、早めの3か月目で行いました。大貴さんの変化（本人の変化）に合わせてモニタリングを行っています。モニタリングを行うことで、計画の修正点が見えてきます。

3　生活介護計画の見直し

前述したモニタリング（中間評価）を基に、**様式1-5**のように生活介護計画を見直しました。

- 就労継続支援B型に通うイメージをつくるために、やはり体験利用をしてみないことには、辞めることも、進むこともできないため継続します。
- 大貴さんの気持ちの変化があり、生活介護を継続していく可能性も考え8年間利用しているマンネリ化対策としても生活介護でできるほかの作業活動の機会をつくっていくことも継続します。
- 目標を叶えるために取り組むことに三つ目を追加してみました。「お金を稼ぐ」から「お金を稼いで〇〇をしたい」という、頑張った対価をお金ではなく、大貴さんの好きなことにつながることをイメージし、モチベーションにつながるよう、ほしいものリストを作ってみることにしました。

> **POINT** 当初は、「稼ぐためにステップアップする」という本人の揺るがないと思えた目標でしたが、計画を進めていくことで、生活介護を継続利用する可能性や、時間をかけて本人の成長にお付き合いさせてもらうことがあるかもしれないという、新たな気づきにもなりました。計画は立てて終わりではなく、本人の成長や気持ちの変化によって、変わっていくものだとあらためて思います。

事例の続きは、3-1のp.170を参照ください。

様式1-5

「わたし」の計画（生活介護計画）＜見直し後＞

氏名	松田 大貴さん	作成年月日		計画実施期間		～
作成者 サービス管理責任者	△△ △△	担当スタッフ①	□□ □□	担当スタッフ②		

「わたし」の気持ち（家族の思い）100字要約

僕はもっとたくさんお給料をもらえる仕事に就きたいです！ これまで、生活介護で清掃の仕事や、和紙作りを頑張ってきたけど、友達のように卒業し、新しく働く場所をみつけたい！ 僕に合った職場がみつかるといいな。（本人）
不安はあるけれど、目標に向けて進むことは応援したいですが…。スタッフの方たちとコミュニケーションがとっていけるか不安があります…。（母親）

「わたし」の計画の方針

大貴さんにとってやりがいがあり、家族も応援できるスタッフアップを関係者を交え一緒に考えていきます。

具体的な到達目標	目標を叶えるために活かせる 「わたし」のストレングス	「わたし」が頑張ること （本人の役割）	「まわり」がお手伝いすること （支援内容・留意点）	期間	優先 順位
新しい職場（就労継続支援事業所）を体験してみる。	・収入を増やしたいという思いがある。 ・目標に向けて進める意欲がある。 ・仕事をするうえでの体力がある。 ・モデルとなる友人がいる。	就労継続支援事業所の見学や体験を通じて、大貴さん自身が新しい職場で働いていくイメージをつくる。	生活介護は大貴さんが「やりたい」「気になる」仕事ができる就労継続支援事業所の見学同行や、体験利用の振り返りなどを相談室も交えて進めていきます。	6か月	1
初めての作業にも挑戦してみる。	・不安はあるが応援してくれる家族がいる。 ・生活介護で働いてきた経験がある。 ・清掃作業はとても得意。	生活介護でまだ経験していない仕事に取り組んでみる（ポスティング、畑仕事など）。	生活介護でまだ経験していない作業を一緒に考える機会をつくり、作業手順を一緒に考えます（大貴さんが使う作業手順書などをつくります）。	6か月	2
ほしいものリストの作成。	・好きな歌手がいる。 ・ライブに行きたいという希望がある。	大貴さんがほしいものをスタッフと一緒にリストにしてみる。	大貴さんが好きな歌手のDVDや、CD、ライブチケットの値段などを調べ、情報提供します。	6か月	3

○行動制限服及び身体拘束に関する留意事項
なし

○算定する加算		○送迎利用（加算）		○モニタリング予定月	
食事提供体制加算		迎え	○		年 月
訪問支援特別加算		迎え先	実家又はGH		年 月
延長支援加算		送り先	実家又はGH		年 月

○支援の標準的な提供時間等（利用曜日、時間）※配慮規定の該当有無					
月 ✓	火 ✓	水 ✓	木 ✓	金 ✓	土 ✓
9:30～15:35	9:30～15:35	9:30～15:35	9:30～15:35	9:30～15:35	9:30～13:30

※上記時間がサービス提供時間となっており、配慮規定（送迎に係る配慮、障がい特性に係る配慮、移乗）に該当する時間は無し。

上記の計画の内容の説明を受け、同意します。

　　　　年　　　月　　　日

利用者署名　　　　　　　　　　　　　代筆者署名

> 見直し前の計画は、2-1のp.93を参照してください。

2 地域生活系 共同生活援助 のモニタリング

1 花代さんのその後（入居〜6か月）

1 生活の様子

　グループホーム（以下、GH）入居後、すぐに生活保護の申請をして、現在の生活財源は障害年金と生活保護になりました。積極的でお喋りが好きな花代さんは、あっという間に同居する利用者とも仲よくなり、日中は毎日作業所へ通い、夕方「ただいま！」と元気に帰宅し、その日にあったことを世話人に報告するなど、今まで家庭でできなかったことを実践する毎日を過ごしていました。

　炊事等の家事をやっていたこともあり、GHでの生活で困ることはありませんでしたが、整髪や衣類の管理などは苦手な様子で、世話人の手を借りることが多くありました。居室の整理を世話人と一緒にしていたときに「お金のことはわからないけど、お金を貯めてほしいものを買えるようになりたい。お父さんはいつも買っちゃだめだと言っていたから何もできなかった」と花代さんは世話人に話しています。

　雪の降る季節となり、足元が悪く一人での外出が難しくなりました。世話人が不在のときにコンビニエンスストアまで一人で行くこともありましたが、途中滑って転倒してしまいました。幸い大事には至りませんでしたが、世話人が外出するときには一緒に行きましょうと伝えても、「大丈夫、転んでも自分で行けるよ」と困っている様子はありません。

　身体的に不自由なことがありながらも、人の手伝いは大好きで、世話好きな一面があります。編み物が得意で、同居する利用者に手袋などを編んでプレゼントすることもありました。

　日帰り温泉などのレクリエーションにも参加し、楽しむ様子がうかがえます。楽しいあまりにテンションが上がってしまい、静かにしなければいけない場面でも興奮ぎみに大きな声で話してしまったりすることがありました。

　以前から聞こえの悪さがありましたが、最近は相手の話が聞き取れず、花代さんも苦労していることが多くなりました。

　移動支援はとても楽しい様子で、毎週土曜日に利用し、同じヘルパーを利用している利用者と情報交換するなど活発に過ごしていました。ヘルパーから、「外出時につまずくことが多い」との話がありました。GHでもちょっとした段差につまずくことがありますが、「大丈夫、なんともない」と花代さんは口癖のように言い、困っている様子はありませんでした。

　就労継続支援B型事業所では編み物をして、製作活動に勤しんでいます。事

業所のスタッフから「自分が作った物が売れたとき、うれしそうにスタッフに「やったー！」と喜んで話しているのが印象的でした」との言葉をいただきました。ただ、編み物一筋で、それ以外の作業（タオルたたみ・封入作業など）をお願いしても「編み物をする」と言って応じることがないとのことでした。

　花代さんの唯一の気がかりは父親のことです。入居以降、父親がデイサービスに行っているときに相談支援専門員と荷物を取りに行っているだけで父親には会っていません。父親は何度もGHに電話をしてきています。花代さんは携帯電話を持っていないため、世話人からGHに電話があったことを伝えますが、花代さんは「電話に出たくない」と一度も電話には出ていません。父親からは「花代に少しでいいから家に帰って来いと伝えてください」と伝言を頼まれます。しかし、その伝言も聞きたくないと花代さんからの申し出もあり、一切伝えていません。花代さんは、面談に来た相談支援専門員から間接的に父親の生活の様子は聞いていました。花代さんは「お父さんも介護が必要だから、早くGHとかに入ってほしい」と相談支援専門員に伝えていました。

> **POINT**　GHにおいて、相談支援事業所との連携は必須です。入居以降生活がある程度落ち着くまでは相談支援事業所へ連絡をする場面がとても多いです。生活の様子、本人の気持ちの変化、サービスの追加、変更などあらゆることで連絡を入れ、状況の共有と生活環境の整備を図っていきます。共有が多ければ多いほど、利用者に関するイメージなどの相違が少なく、何事もスムーズにいきます。それとともに、本人の生活支援の質の担保にもなります。また、GHでの支援に困ったときなど、相談支援事業所に支援について提案を図ることもあります。日頃から連携をしておくこと、情報共有を図ること、これがとても大切です。

2　世話人からの情報

- ほかの利用者とも早くに慣れて安心している。
- 歩行が不安定だから、心配が尽きない。この間も雪の中一人でコンビニに行き、転んでしまって。打ち身だけでよかったけれど、もう少し花代さん自身が自分のできること・できないことをわかるといいと思っている。
- 耳の聞こえがあまりよくなくて、特に周囲の音があるときには声をかけても気づかない。テレビのボリュームも大きくて、ほかの利用者も困っている。
- 整髪など整容については、本人なりに気にするようになってきている。鏡を見

て髪をくしで整えるようになった。
- 花代さんはほかの利用者に編んだ手袋などをプレゼントしているけれど、それをどうしたらいいかともらった利用者から相談があった。ほしいと言ってもらったわけではないと話していて、また持って来たらどうしようとその利用者は不安な様子で話している。

2　モニタリング（中間評価）

入居して6か月が経ち、GHに入居以降生活をしていくなかで、花代さんの気持ちや考え方の変化があるかどうか確認をします。**様式2-8**は花代さんとの面談内容をまとめたものです。面談は今回もお茶をしながらリビングで行っています。

> **POINT**　生活をしていると、毎日どこかで本人の変化や気づき・迷いなどが起こります。このため、「毎日がモニタリング」が基本と考えています。サビ管だけでなく、本人にかかわる支援者全員の視点が必要となるため、毎日の記録、観察など参考にすることが多々出てきます。面談形式のモニタリングは、「今までの確認を含めたまとめ」と考えていいと思います。本人が思っていること・困っていること・今後どうしていきたいのかなど、振り返りをしながら確認をしましょう。モニタリングの記録の際に本人から出た言葉は、そのままの話し言葉で書きとめると臨場感があってよいです。

3　共同生活援助計画の見直し

モニタリングを受けて、共同生活援助計画の見直しを行います。作成の要領は初回の支援計画のときと同じです。本人との信頼関係が築けている頃なので、本人のキャラクター（個性）を取り入れながら計画作成を工夫してもいいと思います。

様式2-8

モニタリング票（本人評価）	モニタリング実施者：
氏名　高田花代様　事業所　グループホーム	モニタリング実施日：2020年2月

	支援計画の目標	本人コメント
長期目標	グループホームで安心した生活をしていこう。	・生活にも慣れて、ここにいるととても楽だよ。みんなとも仲よくなった。 ・雪のないときは一人で行けたけど、雪でこの間転んでからは行かないほうがいいのかなって思った。GHの世話人さんにも心配されちゃったし。 ・小さいときに転んで骨を折ったことがあった。あのときは大変だったから、骨折はしたくないと思ってるけど、外行くと楽しくてさ、気を付けること忘れちゃう。 ・部屋で過ごすときは、テレビ見ながら編み物してるよ。テレビの音が大きいって、みんなに言われるから一度検査に行きたい。 ・手袋編んだから、映子さん（同居の利用者）にプレゼントしたんだ。ありがとうって言われてとってもうれしかった。 ・家にいたときは感じなかったけど、眠る時間がここに来てから増えたよ。前が短かったのかな。今は6時間くらいかな。前は4時間とかで目が覚めてたからね。 ・もともと寝る時間が遅いんだ。夜の11時くらいにならないと眠くならない。 ・レクにみんなで行って楽しかったよ。あのときは疲れたのか、ぐっすり寝られたわ。ほかのところにもレク行きたいって、この間みんなと話してたんだ。 ・家から荷物も持ってきたし、気に入ってた物も持ってこられた。あとはお父さんのことだけかな。一応心配はしてるんだよ。だけど自分ができることでもないし、会ったらまた何言われるかわからないから、相談支援専門員さんにお願いしてるんだ。
短期目標	花代さんがやってみたいことをやってみよう。	
具体的目標	グループホームの生活を楽しもう！ 本人の役割 ・やってみたいことをスタッフに教えよう。 ・不安に思うことがあったらスタッフにお話ししよう。 レクに参加していろいろなことを経験しよう！ 本人の役割 ・レクに参加しよう。 ・行きたいところがあったらグループホームのみんなに提案してみよう。	
本人の希望	・耳の検査に行きたい。 ・歩くときに気を付けたい。骨折したくないし、心配もかけたくない。 ・レクでほかのところにも行きたい。	

様式2-9

共同生活援助計画＜見直し後＞

作成日：2020年2月

利用者氏名： 高田 花代 様

事業者名	合同会社ＡＩＤ ＯＮＥ
サービス管理責任者 氏名	
世話人 確認	

＜支援計画実施期間（最短）＞
2020年3月初日～2020年8月末日
次回見直し：2020年 8月を予定

＜個別支援会議＞
開催日：2020年2月
参加者：GHサビ管・世話人

＜本人の想い・希望＞
・耳の検査に行きたい。
・歩くときは気を付けたい。
・骨折したくないし、心配もかけたくない。
・レクでほかのところにも行きたい。

＜総合的な支援方針＞
関係機関と連携を図りながら、グループホームで安心した生活ができるよう支援していく。

＜支援目標＞

長期目標	まちかどで安心した生活をしていく。
計画実施期間	2019年9月～2021年8月
短期目標	花代さんがやってみたいことをやってみよう。
計画実施期間	2019年9月～2020年8月

<本人の希望と支援内容など>

記号	具体的内容	本人の役割	支援期間	担当者	優先順位
A	ケガをしないように歩くとき足元に注意しよう。	・外で歩くときは転ばないように足元に気を付けよう。 ・転ぶのが心配なときはスタッフと一緒に出かけよう。車も使いましょう。	いつでも 2020年3月～ 6か月	・グループホームスタッフ ・ヘルパーセンター	1
B	聴こえる生活を楽しもう！	・耳の検査にいこう。 ・耳のほかにも健康で心配なところはスタッフに教えましょう。	耳の検査のときほかいつでも 2020年3月～ 6か月	グループホームスタッフ	2
C					

	支援目標	具体的支援内容
スタッフ支援内容	①花代さんが必要とするときは一緒に外出して、歩行をサポートします。 ②ヘルパーさんにも協力してもらえるように努めます。 ③耳の検査など、病院に同行して、先生のお話を聞きます。 ④不安なことや心配なことなど花代さんのお話を聞きます。	①体調に応じて受診同行 ②必要時病院同行 ①破損等のお届け ②訪問時・電話などの相談に応じます ③医療機関等関係機関連携 ①各種届出代行（金銭支払い等含む） ①ご家族との連絡調整 ②帰省中の電話相談（心配や不安・生活のことなど） ①緊急時に備え、警備会社による警備および対応を行います。 ②火災が起きたときには速やかに避難してください。 ③非常時には、スタッフが声をかけつけます。 ④スタッフ不在時に急病などあった場合は、スタッフの携帯までご連絡ください。 <その他の事項> ①お金の管理サポート ②お薬のセット ③生活での困りごとの相談にのります。 ④必要に応じて相談室など関係機関とやり取りをします。花代さんのグループホームの生活の様子について共有します。

算定する加算				支援期間	担当者
日中支援加算（II）	入院時支援特別加算 長期入院時支援特別加算	帰宅時支援加算 長期帰宅時支援加算	夜間緊急時	2020年3月～ 6か月	グループホーム 世話人・サビ管

上記の個別支援計画の説明を受け、同意をします。　同意日：2020年2月　　　利用者氏名：　高田　花代

> 見直し前の計画は、2-1のp.106を参照ください。

> **POINT** 本人の気にしていること、こうなりたいと思っていることを中心に変更をしています。生活が落ち着いてくると、あやふやだった本人の理解の範囲、生活の力量などがわかってくるので、支援計画のボリュームを本人の力量に合わせていきましょう。計画を実施する本人が負担にならずにできる内容がベストです。

事例の続きは、3-1 の p.174 を参照ください。

3　就労系 就労移行支援 のモニタリング

1　その後の様子

　就労移行支援事業所を利用するようになった健大さんは、利用予定を支援者と一緒に確認しながら毎日通所することができるようになりました。その日の気分によってグループのなかに入れる日もあれば、表情が硬くあまり人とかかわりたくない様子のときもあり、無理に活動のなかに参加してもらうのではなく、一人の時間も大事にするようなかかわりをつくるようにしました。健大さんの様子を見ながら声をかけると、最近つくったプラモデルについて説明してくれたり、小さい頃に習っていた空手の帯の色について教えてくれたりと少しずつ自分のことを話すようになりました。家では兄が不穏になって母親がずっと付き添っていたり、母親の体調もよくないことなど家族の話もできるようになりました。

　就職についての希望を聞いてみると、ここで無駄な時間を過ごしたくない、自分はほかの利用者たちとは違う、いつでも働くことができるんだと、そのときの気持ちを教えてくれました。しかし、具体的にどんな仕事を目指していくのかについてはイメージができないため本人のタイミングを確認しながらハローワークに行って求人票の情報を理解していくことから始めていくことになりました。

　時間が経つにつれてアニメなどの共通の話題で一緒に過ごす利用者とも仲よくなり、休憩時間などにちょっとしたグループができている場面が増えてきました。しかし、仲よく話ができる人とあからさまに距離をおいて健大さんが避けようとする人もいました。声が大きかったり、賑やかだったりする人に対しては不快感を表すようになりました。事業所内の集団のなかで様々な刺激を受けるようになってきたので、次のステップとして施設外就労にトライしてみることで、健大さんにどのような変化が起きるのかを検証してみようと考えました。健大さんも事業所の活動には慣れて物足りなさも感じ始めていたので、実際に施設外の会社にほかのメンバーと一緒に行き、会社の人から作業の指示をもらって取り組んでみる機会を提案しました。支援者も一緒に作業の様子を見守ることで、健大さんの安心感を担保しました。

> **POINT** 不登校の経験があったり、集団が苦手な利用者の対応もあると思います。自分の安心や安全をどうすれば感じることができるのか、自分も相手も大事にできるコミュニケーションや距離感も大事になります。本人だけではなく、環境のアセスメントも意識していくことで、就労であれば職場で必要となる配慮について本人と一緒に整理していくことにつながります。

2 モニタリング（中間評価）

　日中の活動については、就労移行支援計画で一緒に確認していたので、コミュニケーションの練習の場として生活技能訓練（SST）などのプログラムを見てみようと話し合いました。活動に慣れていくまでの間、プログラムにはほかの利用者と一緒に参加していましたが、少しずつ個人的な活動も始めていきました。人とかかわるよりもパソコンの画面を相手にするような仕事が希望だと教えてくれて、Wordを使ったタイピングやチラシ作成など自分で工夫しながらパソコンのスキルを身に付けられるように練習に取り組んでいました。事業所にもWordやExcelのテキストがあり、支援者と一緒にパソコンの学習の時間もつくっていきました。

　ここでの施設外就労は、米の卸会社の精米加工場での作業補助業務でした。いろいろな銘柄や重さの違うお米を運ぶ。崩れないようにお米を積む。精米したお米を計量し、袋に詰めてシーラーで閉じる。清掃。それらの作業に利用者2～3人で取り組む内容でした。施設外就労に入ることで自分に足りなかった体力的な部分や、今まで経験したことのない緊張感、会社でのマナーなどにふれることができる機会となりました。参加する時間も増えていき、ときにはミスしたり注意されたりすることで落ち込んだり引きずってしまう場面もありましたが、失敗ではなく経験を積んで、同じことを繰り返さないために何ができるかを一緒に整理していくことで、充実感のある表情に変化していきました。会社の人も熱心に作業を指導してくれて、職場での基本となる挨拶や返事、仕事に対する責任について学ぶ機会となり、自然と他者と一緒に働くことや体力をつけていくことなど意識していくようになりました。

　施設外就労などの活動に取り組みながらハローワークなどでの求職活動も行い、初めて企業の面接会に参加してみることになりました。今まで希望していた事務職に応募することにしました。健大さんとしては、自分はパソコンもできるし、施設外就労でも頑張っているので自信をもって臨んだ面接会でした。複数の

企業が集まる合同の面接会だったため、自分と同じようにスーツを着た人たちが大勢集まっている会場でした。表情はいつもどおりで、緊張しているのか確認すると「普通です」と答えていましたが、明らかに落ち着かない様子でした。この日の面接会のために文句を言いながら履歴書を何度も書き直し、面接の練習も自分なりに答えられるように繰り返しました。事業所でも就職が決まっていく利用者が出てきているのを見て、次は自分の番だと思っていたはずです。実際の面接では特に大きな失敗もなく、手ごたえのようなものを感じていた様子でした。給料をもらって、ほしいプラモデルを手に入れられると思っていました。結果は不採用でした……。

　この後から健大さんは少しふてくされます。応募した企業に対して恨み節も出てきます。採用されなかったことで悶々と引きずる気持ちを切り替えなければなりません。施設外就労先の社員からも励ましとありがたいお言葉をいただきました。こういうときは支援者からの言葉よりも客観的に話せる人の言葉のほうが健大さんに響いているように感じます。立場の違いによって言葉の届き方が違うので、役割分担は大事なのだと実感させられます。時間はかかるかもしれませんが、次に向かって歩こうとしています。

　この頃のモニタリングを見ると、ずいぶんと健大さんも変化していることがわかります（様式3-3）。

> **POINT**　支援者が引っ張ってハローワークに連れていくよりも、働こうとしている本人が仕事を探したいという気持ちをもつことが大事だと考えています。支援者から言われて仕事をするのではなく、自分ごととして就職活動を進めていけるように利用者の気持ちやタイミングを確認していきます。本人の動機をどのように引き出していけるのかを考えなければなりません。支援者が本人を変えるのではなく、本人にとって必要なことを一緒に探していこうというスタンスも大切だと思います。

様式3-3

モニタリングシート

モニタリング評価日　　〇年　〇月　〇日
モニタリング対象支援計画　〇年　〇月　〇日

利用契約者　　　　　後藤　健大さん
サービス管理責任者
支援担当者

健大さんが取り組んだこと	健大さん自身の評価	担当スタッフの視点	これからの取り組みで変更したいこと	備考
ハローワークに行く	ハローワークに行ったが、求人を見るだけだった。	一度ハローワークに行っていました。気になる求人はないようでした。こんな求人もあるねと紹介しましたが、興味がなかったみたいですね。	最近はハローワークに行く気持ちではない。	
合同面接会の求人を見る	合同企業面接会に参加した。面接練習、書類作成をして採用されると思っていた。結果を聞いてショックだった。	合同企業面接会の求人一覧の中から自分で受けたいと思う会社を探し、書類の準備、面接練習をして面接に参加するために頑張っていました。	今のところは面接会に参加する予定はない。	
施設外就労に参加する	頑張って精米作業補助業務に参加している。お米をこぼしたときは、こぼした自分にイライラして、気分が悪くなると感じることができている。	自分でシフトを入れて、シフトがある日には通所できていると感じています。シートや計量の手際がよくなり作業に慣れている印象があります。	これからも参加する。作業指示のときにメモをとることを忘れないようにする。	
Excelのワークを進める	Excelの学習はしていない。最近は、リサイクル服の商品化のパソコンの作業をしている。作業はAさんやBさんから説明してもらいながら進めている。もう少しして作業に慣れる気がする。	利用者同士で教え合いながら作業をしている様子があります。作業をしていてわからなくなったら作業に詳しい利用者やスタッフに確認していきましょう。	今後もリサイクル服の商品化のパソコンの作業に参加していく。	

3　モニタリングに基づく就労移行支援計画の見直し

本人とのモニタリングを基に、これからの支援計画を考えていきます（様式3-4）。

合同面接会で少しつらい経験をしたので、施設外就労先の会社が健大さんにとっては大きな居場所になっていたようです。仕事にも慣れて体力的にも自信がつきました。社員や社長ともコミュニケーションができるようになっていました。最初は戸惑いながら接してくれていた社員も健大さんの変化や成長を喜んでくれていました。

健大さんとしては、とりあえずハローワークに行って求職活動もしていくけれど、施設外就労先で求人を出してくれないかなと期待と願望が入り交じった気持ちを話してくれました。就労移行支援事業所に通所ができているので通勤は問題ないし、勤務時間が長くなってもイメージができる。自分が働くならこの会社で。きっと自分ならこの会社の役に立てる。健大さんの想いは強くなっていくのでした。

> **POINT**　本人の想いを現実的な目標にすることで、そのために必要なことを具体的に考えていけるようになりました。当初の計画の内容よりも目的がはっきりとしており、本人が取り組むことや役割が明確になっていきます。モニタリングを行い、自分の視点と支援者からの視点をすり合わせることでこれからの活動を考えていくことができますし、新しくプログラムとしてほかの利用者にとっても活かせる活動にもつながります。

事例の続きは、3-1 の p.181 を参照ください。

様式3-4

就労移行支援計画〈見直し後〉

計画作成日：	○年○月○日	同意日：	○年○月○日	利用契約者	後藤 健大さん
初回計画作成日：	○年○月○日			サービス管理責任者	
利用登録日：	○年○月○日	利用 18 か月経過		支援担当者	

本人の意向・取り組みたい希望や課題

- 就職したい
- 施設外就労に参加する
- 施設外就労先のお米の会社に就職したい

ご家族・医療機関・相談支援機関からの意見

【相談室】
健大さんのペースで就職活動ができるようにサポートします。

総合的な支援の方針

今は施設外就労先のお米の会社に就職したい気持ちが強いですが、施設外就労の活動を通して仕事をするときの決まりやマナーを一緒に考えていきましょう。スタッフと一緒に考えることができます。ハローワークで求人を見たくなったら教えてください。いつでも見に行きましょう。

長期目標

- 自分がやりたいと思った仕事を見つける。働く準備をする。
- 仕事の幅を広げるためにパソコンの学習や就労先で使った作業に参加する。

短期目標	健大さんが取り組むこと/支援内容	使えそうな資源/コツ	達成予定日
ミスのない作業を目指す	施設外の作業は焦らず冷静に行い、集中して作業に取り組んでいきましょう。また、作業指示のメモをとることを忘れずにしましょう。メモのとり方のコツについても一緒に確認することができます。	・施設外就労への参加 ・作業の振り返りを都度行い、次につながる活動を心がけてみる ・SSTなどのプログラム	○年○月
作業態度を意識する	作業中のルールやマナーを意識して作業していきましょう。施設外就労でペアを組んでいる方によって気分の変化があるかもしれませんが、周りの人は健大さんの様子を見ています。印象の悪くなりますが、気分がかわりや気分の変化について相談できるので一緒に考えていきましょう。		○年○月
パソコンの作業に取り組む	パソコンを使った作業にも今後も参加していきたい気持ちがあるので、作業方法などを習得していきましょう。仕事を探す視野が広がっていくのではないでしょうか。	・リサイクル服の商品化作業に参加 ・パソコン講習など	○年○月

支援に基づく加算

食事提供体制加算	訪問支援特別加算	移行準備支援体制加算	地域連携支援実施加算

重要事項説明書にて各種加算が紹介されているのでご確認をお願いします。また、各種加算について追加で説明を受け、支援をお願いすることに同意された方はご署名をお願いします。

※支援者は各種加算がどのようなものかを説明します。必要とする支援への署名をお願いします。署名をいただいた意をもって支援計画書のコピーをお渡しします。
※署名と併せて支援計画書の交付日になります。

> 見直し前の計画は、2-1のp.114を参照ください。

4　児童系 児童発達支援 のモニタリング

1　その後の様子

最初の1か月

　朝のお迎え時、豊さんは初回は母親から離れることに抵抗していましたが、すぐに慣れ、落ち着いて乗車していました。見学のときから一番かかわっていた職員が迎えに行ったことで、誰とどこに行くかがわかり安心した様子です。

　部屋に着くと、身支度は「できない」と言って取り組まないため、無理強いしないように大人が手を添えて一緒に取り組みました。体を動かすことが好きなので、トランポリンで個別活動を行った後、コーナー別で用意されている部屋へ行くと、遊具が気になりながらも、やはり距離をおいて遠巻きに友達の様子をうかがう時間が多く見られていました。

　また、友達の動きや声が刺激となり、すぐに興奮して衝動的な他害につながりやすい状態（一度興奮する状態）になると気持ちを切り替えるまでに時間がかかっていました。

[3か月頃]

	児童発達支援事業所での様子	職員の対応	家庭での様子
①	送迎車両に友達が一緒に乗ると手を伸ばしてちょっかいをかけたり、大声をあげたりする。	送迎時、豊さん一人のみで乗車できるように対応した。	朝は「○○に行く」と楽しみにしている様子が見られる。
②	玄関や部屋で豊さんのそばに友達が来ると、何が起こるかわからない不安とうれしさから興奮し、衝動的な行動が目立つ。	その都度言葉で気持ちを代弁し、適切なかかわり方を伝え、行動の修正をしている。	公園に友達がいると、一緒に遊びたいのに押したり叩いたりしてしまうことが多い。
③	身支度など「できない」と言ってあきらめてしまうことが多く、最後まで取り組むことが難しい様子。	手を添えて一緒に取り組みながら、自分でできた達成感を味わうことができるように配慮する。	体が大きいため、着替えなど自分でできないことが多く、ほとんど大人が手を貸している。
④	職員の名前を何人か覚え、「○○先生」と呼ぶことがある。	喜んで応答する。	
⑤	個別課題のトランポリンを続けて50回跳べるようになり、ほめられると「もう一回」と意欲を見せている。	事前に終わりの目安を提示したうえで取り組み始めている。できたことはみんなでたくさんほめる。	トランポリンをたくさん跳べたことを家庭でも報告している。
⑥	食べることが大好きで、食具の使い方がとても上手。	たくさんほめる。	給食が「おいしい」と言っている。

⑦	職員と1対1で過ごしているとみんなのことが気になり質問してくる。	約束を決めたうえで部屋に戻る。少しずつ個別の時間を短くしていく。	
⑧	周囲の様子に刺激を受けやすく、衝動的で突発的な行動が目立つ。目の前の環境を変えないと落ち着かない。	パーテーションを使って部屋を仕切る。活動する部屋を個室にするなどの変更をしている。	
⑨	思いどおりにならないと声をあげて泣き、玩具を投げたり、部屋の仕切りのパーテーションを倒したりする。	個別対応しながら環境を変えている。	気に入らないことがあったり、興奮状態になったりすると玩具を投げる。
⑩	シーツブランコや風船遊びなど、動きが予測しにくい感覚遊びを怖がる。	無理強いせず、友達の様子を一緒に見ている。	

①②③⑧⑨=行動面、④=理解、⑤=運動、⑥=食事、⑦=情緒、⑩=感覚を読み取ることができます。

> **POINT** 行動の記録は事実を客観的に書くことが大切です。気になる様子は記録に書き残し、スタッフが共有できるようにしておきましょう。職員の対応については、療育後にフィードバックを行い、支援を統一するため全員で対応を確認していきましょう。

2 モニタリング（中間評価）

　利用開始から6か月経過した豊さんの様子を振り返ります（様式4-3）。児童発達支援計画を基に評価すると同時に、新たな視点や課題が見えてくる時期となります。

　目標の達成状況の評価は次の目標設定の目安にもなります。評価が達成や未達成のみになるときには、アセスメントを行って、支援者でもう一度本人像を確認してみるとよいと思います。

> **POINT** その後の様子を適切に把握し、スタッフ全員のアセスメントを通して評価を行いましょう。達成状況の評価に偏りがでたときには、目標設定が実態に即していなかったことが予測されます。もう一度、行動観察やアセスメントを通して本人の状態を確認することが必要です。今後の対応（具体的な手立て）が次の支援計画につながっていきます。

様式4-3

児童発達支援計画　中間評価

氏名　大合　豊さん　　　　　　　　　　　　　　　　　　　　　　　　　　　○年　○月　○日

	到達目標	達成状況の評価	評価（現在の様子）	未達成な原因分析	今後の対応（具体的な手立て）
本人支援	児童発達支援事業所○○での生活に慣れ、安心して過ごせるようになろう。	達成・(ほぼ達成)・未達成	新しい環境にもだいぶ慣れ、自分の思いを言葉や態度で示すことが増えてきました。	環境の変化や、かかわりの少ない職員に対して不安を感じ、不安定になることがあります。	事前に伝えられることは視覚的に提示し、不安感を軽減することができるように配慮します。
本人支援	自分の気持ちや要求を態度や言葉で表現し、大人やお友達とやり取りしてみよう。	達成・(ほぼ達成)・未達成	大人が仲立ちとなることで、自分の気持ちを言葉や態度で表現し、相手に伝える場面が少しずつ見られてきました。	衝動的な行動が多く、相手に伝える方法が一方的になるケースがあります。気持ちが高揚していると落ち着かず、切り替えに時間がかかります。	場面や状況から、豊さんの気持ちをくみ取りながら、適切な言葉に置き換え、大人と一緒に言葉で伝える練習を積んでいきます。
本人支援	周囲の様子を大人と一緒に確認しながら行動に移そう。	達成・ほぼ達成・(未達成)	写真や教材などの視覚的な提示を通して、事前に活動を確認することで見通しをもち、落ち着いて次の活動に取り組める場面が増えてきました。	気持ちの高揚により行動が先走り、周囲の状況を見ずに行動してしまうことがあります。	視覚的な提示をもちいやすくし、活動に見通しをもちやすくしたり、パーテーションを使った空間づくりや、刺激の少ない環境づくりを工夫していきます。
本人支援	全身を使って運動を通してバランス感覚の向上を図ろう。	達成・(ほぼ達成)・未達成	トランポリンや滑り台などの教材や固定遊具に積極的に取り組み、全身を使った運動の経験を積んでいます。	セラピーボールやブランコなど、不安定な感覚刺激が入る活動は怖がることがあり取り組めずにいます。	無理強いはせず、お友達が挑戦している様子を見て確認したり、大人が一緒に取り組みながら感覚の不安を軽減することができるように配慮します。
家族支援	保護者の思いを十分に受け止めながら、豊さんの発達の様子を伝え合い、発達理解に共通理解をもちます。	達成・(ほぼ達成)・未達成	送迎時間を活用したり個別懇談を通して、児童発達支援事業所○○での様子やご家庭での豊さんの様子や状態について確認し合っています。	保護者との信頼関係は少しずつくらげれていますが、発達と特性要因が絡み、共通理解をもつことが難しい状況です。	定期的な懇談を通して、○○での支援事業所の様子を伝えたり、豊さんの発達や特性、今後の課題に共通理解をもっていきます。
地域連携	関係機関と情報を共有し同じ課題をもってかかわっていきます。	(達成)・ほぼ達成・未達成	相談室と電話連絡やモニタリングを通して、連携を図ることができています。		今後も継続して連携を図りながら、支援や対応の内容を統一し、見通しをもってかかわることができるように配慮します。

○年　○月　○日　保護者氏名　○○　○○○

児童発達支援管理責任者　○○○　○○

3　児童発達支援計画の見直し（再プラン）

　利用から6か月経った豊さんのモニタリングをもとに、児童発達支援計画を見直しました（様式4-4）。

> **POINT**　アセスメントをしっかり行ってから次の計画を立てましょう。
> 本人や保護者の願いが、ステップを踏みながら叶えることができる目標設定や具体的な支援内容になっているかを確認しましょう。ストレングス視点を計画に盛り込み、本人が自信をもって取り組める目標や内容設定を大切にしていきましょう。

事例の続きは、3-1のp.187を参照ください。

様式4-4

児童発達支援計画 ＜見直し後＞

氏名　大谷　豊さん　　　　　　　　　　　　　　　　　　　　　　　　　　　　　　　　　　　　　作成年月日　〇年〇月〇日

達成目標	長期目標	保護者・本人の意向
	経験を積みながら興味や関心のある遊びを見つけてお友達とかかわりをもとう。	本人：お友達と一緒に遊びたい。
	短期目標	保護者：お友達と一緒に遊べるようになってほしい。衝動的な行動が減ってほしい。
	活動が始まる前に何をするか大人と一緒に確認しよう。	

項目		内容	具体的な到達目標	支援内容（具体的内容）	利用時間	期間	優先順位
本人支援	健康・生活・運動・感覚	情緒の安定、体幹の向上	活動の始まりに体を動かして気持ちを発散しよう。	来所後、集団活動に入る前にトランポリンやすべり台かけっこ、セラピーボールなどの個別活動に取り組み、体の中心を使った運動に取り組みながら気持ちを発散できる時間を保障していきます。	月・水・金曜日／9:00～14:00（延長支援時間／14:00～15:30）	6か月	1
	認知・行動	行動の手がかり	次の活動を確認してから行動しよう。	豊さんの「～したい」気持ちによる衝動的な行動を受け止めながら、個別でかかわっていきます。次の活動に見通しをもって取り組めるように、事前にホワイトボードを使って活動内容を伝えたり、遊具や教材を視覚提示しながら「何をするか」わかりやすく伝えていきます。	土曜日（隔週利用で月2回）／9:00～14:00（延長支援時間／14:00～15:30）	6か月	2
	人間関係・社会性	集団参加	大人に手伝ってもらいながらお友達と遊具の貸し借りをしてみよう。	コーナー別遊びのなかから遊びを選択し、お友達と同じ空間で過ごすことができるように環境設定に配慮しています。大人が仲立ちとなり、遊具の貸し借りをきっかけに、場面を分かち合ったり、同じ遊具で遊ぶことでお友達とかかわる経験を積み重ねていくことができるように支援します。		6か月	3
	言語・コミュニケーション	コミュニケーション能力の獲得	自分の思いを大人に手伝ってもらいながら言葉にしてみよう。	豊さんの気持ちをくみ取り、場面や状況に応じた適切な言葉を換えながら言葉で表現することができるようにかかわります。自分の気持ちが相手に伝わる経験を通して、言葉で伝えようとする気持ちを高めていきます。		6か月	4
移行支援			保育所や幼稚園の内容についてイメージを共有します。	地域の保育所や幼稚園などの情報提供や見学の同行、受け入れ体制やかかわり方など、豊さんや家族が不安に思うことを一緒に整理しながら具体的なイメージをもつことができるように支援します。		適宜	
家族支援			事業所での様子を伝えたり、家庭の様子を聞く等の情報交換を行い、課題に共通理解をもちます。	送迎時間や個別相談を通して、発達支援事業所○○での様子を伝えたり、家庭の様子を聞く等情報交換を行い、豊さんの状態について共通理解をもちます。公園遊びの約束事や対応方法について親子で過ごす時間に充実感をもてるように提案し、支援しています。		適宜	
地域連携			関係機関との連携を図り、豊さんや家庭の状態について共通理解をもってかかわっています。	関係機関との電話連絡や面談を通して、豊さんや保護者の状態について情報を共有し、支援や対応の内容に、共通理解をもってかかわります。		適宜	

※5領域＝「健康・生活」「運動・感覚」「言語・コミュニケーション」「認知・行動」「人間関係・社会性」

総合的な支援方針

環境設定や活動の事前提示の仕方に配慮しながら、遊びや活動の経験を積み重ねていくことができるようにかかわっていきます。
不安になったり困ったりしたときには、大人がさんの気持ちをくみ取り、適切な言葉に置き換えて気持ちを表現したり、場面や状況に応じた行動に一緒に取り組みながら、お友達とのかかわりにつながることができるように支援していきます。

※留意事項

ご本人に身体的なケガを伴う危険性がある急な飛び出しや、自傷、他害行為等の行動について、緊急性、一時性、非代替性の視点により、やむを得ない場合に、行動の停止、制限により本人の安全を確保させていただく場合があります。

送迎加算	事業所から自宅等までの送迎にかかる体制や支援を実施した場合に加算の対象となります。また、保育所や幼稚園等の活動を優先しているため、保育所、幼稚園等と保護者、児童発達支援事業所と調整した送迎となります。	○
児童指導員等加配加算	児童指導員等を配置し、常勤・非常勤等の勤務形態や経験年数に応じて評価された加算になります。	○
専門的支援体制加算	専門的な支援の強化を図るため、基準の人員に加えて理学療法士等を配置している場合に加算対象になります。	○
専門的支援実施加算	理学療法士などにより、個別・集中的な専門的支援を計画的に行った場合（最大月6回を限度）に算定対象になります。	○
個別サポート加算～Ⅱ	通所受給者証に個別サポート加算Ⅰ、Ⅱの記載がある場合のみ加算対象になります。	
関係機関連携加算Ⅰ～Ⅳ	保育所、幼稚園、学校、児童相談所、医療機関など関係機関先と会議や連絡調整を行った場合に加算対象になります。	○
事業所間連携加算	セルフプランで複数の事業所を併用する場合に事業所間で連携や情報の共有などを実施した場合に算定対象になります。	○
家族支援加算Ⅰ～Ⅱ	家庭訪問、事業所内、オンラインで個別相談やグループ面談などを実施した場合の加算の対象になります。	
保育・教育等移行支援加算	退所前に保育所等への移行に向けた取組みや退所後に保育所等を訪問して助言・指導を行った場合に算定対象になります。	○
欠席時対応加算	利用を予定していた日に、急病等により欠席した場合に加算の対象となります。	○

児童発達支援管理責任者　　○○　○○○

同意欄

この計画の内容で了解しました。

　　　　○年　○月　○日

保護者氏名　　○○　○○○

見直し前の計画は、2-1のp.122を参照ください。

5　児童系 放課後等デイサービス のモニタリング

1　通所後の誠也さんの様子

　開所したばかりの事業所ということと、誠也さんが1人目の利用児ということもあり、当初は誠也さんが好みそうな活動を中心に設定できていました。また、スタッフと誠也さんの2人でサッカーをしていたときは、ずっと蹴る役がよかったので、順番を飛ばそうとすることがありました。それでも順番を再度提示していくと意外にも受け入れはスムーズでした。しかし、次第に利用児が増えていき、他児とスタッフの複数で行うことが増えたり、集団活動の時間にはサッカーができない日があったりすると、周囲に行動や言動で苛立ちを表し、他児と衝突することもありました。

2　モニタリング（中間評価）

　事業所内で個別支援会議を開き、6か月に一度、放課後等デイサービス計画の振り返りを行います。担当職員とほかの職員の見立てを共有して、目標の振り返りと、次の6か月の支援の方向性を検討しました。そこで出た意見としては、

- スタッフと1対1の場面では、提示された順番に沿って遊べていた。しかし複数になると順番を待つことが難しい。でも、3人だと頑張って待とうとしている様子も見られている。
- 「適切な表現でスタッフに要求を伝える」という目標設定を行い、必要な場面で誠也さんに言葉でのモデル提示を行ってきた。しかし、目標の表現が抽象的過ぎたため、評価が難しく、また、声かけがつい多くなってしまっていた。また、要求場面は、工作道具やおもちゃを貸してほしいときに見られることが多いと感じた。
- 誠也さんの感想でも出ていたように、活動の区切りが悪いと帰りの切り替えがうまくいかない場面が多かった。切り替えがうまくいくような手立てが必要ではないか。

というものでした。

　モニタリングの結果は、様式5-3のとおりです。

様式5-3

放課後等デイサービス モニタリング票 （前期・後期）

坂倉 誠也 様

モニタリング実施日 ： 令和 6 年 12 月 20 日
次回モニタリング時期 ： 令和 7 年 6 月

●誠也さん（家族）の思い（夢・希望）・状況の変化

誠也さん（家族）の思い	・放課後等デイサービスに通うことで、放課後の祖父母の負担が減り、通所を継続したいとの保護者の思いをお聞きしています。 ・誠也さんは、放課後等デイサービスに来ることを毎日楽しみにしてくれているそうです。
誠也さんの心身の状況の変化	・利用当初に比べ、少しずつ順番やルールに沿って遊ぶ場面が増えてきていますが、自分の思いどおりにならないときにスタッフや友達にイライラをぶつけてしまうことがあります。
誠也さんを取り巻く環境の変化	・放課後は放課後等デイサービスに毎日通うようになりました。

●誠也さんの振り返り

誠也さん
・サッカーが一番楽しい。○○さん（スタッフ）に勝つとうれしい。でも、○○くんや×××くんも一緒にやると、たくさんできなくて嫌だ。○○さんと2人がいい。
・絵を描いたり工作をするのも好き。この前は大きな戦車ができた。作ってる途中に帰る時間になるから、できあがるまで帰りたくない。

母
・放課後等デイサービスに通い始め、祖父母に見てもらう時間が減ったので安心しています。今後も通い続けたいです。
・家では、放課後等デイサービスで遊んだことや、友達とケンカになったことを話してくれます。
・姉や弟に対して乱暴な言葉遣いやケンカになることは今でもありますが、少しだけそういった機会は減ったような印象があります。

●支援目標の評価

		達成状況の評価	達成できたおよび達成されない原因の分析・理由	今後の対応（支援内容・方法の変更・見直し点など）
長期目標	決められた順番やルールを守って、友達と遊べる経験を増やしていく。	達成できた／おおむね達成できた／達成できなかった	※評価時期ではないため、今回は評価しません。	同じ目標を継続して支援していきます。
短期目標	スタッフと1対1の場面で、順番やルールを守って遊ぶことを覚えていく。	達成できた（○）／おおむね達成できた／達成できなかった	ボードを確認してから遊びに入ることが少しずつ定着してきました。	新しい目標を立てます。

● 支援計画の評価

支援目標	達成状況の評価		達成できたおよび達成されない原因の分析・理由	今後の対応（支援内容・方法の変更・見直し点など）
PK戦のときに、スタッフと交代でボールを蹴る。	⦅達成できた⦆ おおむね達成できた	達成できなかった	遊ぶ前に必ずボードを見て順番を確認しました。始めの頃は最初に蹴りたい思いが強く、順番を飛ばしてしまうことがありました。しかし、次第に受け入れられるようになり、今では提示された順番で行えています。	目標が達成されたため、新しい目標を立てます。
適切な表現で、スタッフに要求を伝える。	達成できた ⦅おおむね達成できた⦆	達成できなかった	例えば、スタッフに出してほしいおもちゃがあるときに、何も言わずに取りに行こうとしてくるスタッフに声をかけられることがあります。そういったときに、「何で使わせてくれないんだ!!」と怒ってしまいます。取りに行く前に○○貸してくださいと言ってほしいことを伝えていきました。	目標はおおむね達成されていますが、場面によって誠也さんがどういった言葉にどんなことを言えばよいかわかりやすいような目標に改めます。
おやつ前にせっけんをつけて手を洗う。	達成できた ⦅おおむね達成できた⦆	達成できなかった	早くおやつを食べたい気持ちが強く、手を洗わないことや、水だけで洗うことが時々ありました。しかし、手順表やスケジュールを見るように促すことで気付いてできています。	目標がおおむね達成されたため、新しい目標を立てます。
トラブルの際に、誠也さんの気持ちを聞き、一緒に整理していく。	達成できた ⦅おおむね達成できた⦆	達成できなかった	トラブルになったときには、気持ちが落ち着くように時間を決めて別室で一人になる時間をつくりました。その後に誠也さんと話をして、話したことを文字にしていき、一つひとつ整理していきました。少しずつ理解している様子が見られます。	目標がおおむね達成されたため、新しい目標を立てます。
地元のサッカー少年団から情報を聞く場をもつ。	⦅達成できた⦆ おおむね達成できた	達成できなかった	サッカー少年団のコーチ、母、児童発達支援管理責任者の三者で話す機会を一度行うことができました。すぐにはなりませんでしたが、見学や体験を行えるということにはなりませんでしたが、将来的な入団の可能性も含め、今後も定期的に話す機会をもっていただけることになりました。	目標が達成されたため、新しい目標を立てます。

上記のモニタリングの説明を受け、同意します。　　　　　　　　上記のモニタリング票に基づき、説明しました。

説明（同意）日

令和　　年　　月　　日　　　　　保護者等氏名：　　　　　　　　　　サービス管理責任者：

> **POINT** 障がい特性に合わせたかかわりや環境のなかでは、順番やルールに沿って活動できているという評価です。誠也さんは、好きな活動をスタッフと2人で行いたいという希望がありますが、今後1対1の関係性から、どのようにして少しずつ他児とのかかわりに広げていくかを検討していく必要があります。場面を絞って誠也さんに適切な表現で相手に伝えらえるような支援を検討することが大切です。

3　個別支援計画の見直し

　個別支援会議での意見をふまえ、以下のようなことをポイントに誠也さんの個別支援計画を見直しました。
・3人であれば順番を守ろうとする様子が見られており、友達との活動のなかでの目標にすること。また、誠也さんの様子を見て増やせそうであれば、友達の数を増やしてみることも支援内容に盛り込む。
・誠也さんが要求を出すことが多い場面に絞って支援を行う。
・帰りの切り替えについては、工作を最後に行っているときに切り替えが難しいことが多いため、支援目標としてではなく支援者側の設定の工夫（終わりが見えにくい自由工作を最後の活動にしない等）を行い経過観察としたため、目標設定としなかった。

　見直し後のプランは**様式5-4**のとおりです。

> **POINT** 誠也さんの好きな活動を軸として、小集団活動の目標に取り組んでいきます。小集団を形成する際は、芽生えの様子が見られた3人から始めます。他者とのやりとりの目標は、場面と伝えてほしい言葉を絞り、引き続きスタッフとのかかわりのなかでの取組みとしました。

事例の続きは、3-1のp.193を参照ください。

様式5-4

放課後等デイサービス計画 ＜見直し後＞
《令和7年1月～6月》

作成年月日：令和6年12月21日

利用児氏名：坂倉 誠也 様

利用児及び家族の生活に対する意向	・相手の気持ちを考えて行動したり、相手と上手にやりとりができるようになってほしい。（母） ・サッカー選手になりたい。友達とサッカーをして遊びたい。（誠也さん）
総合的な支援の方針	誠也さんの特性に合わせたかかわりをしていき、相手と適切なかかわり方を身に付けていけるように支援していく。
長期目標（内容・期間等）	決められた順番やルールを守って、友達と遊べる経験を増やしていく。（1年）
短期目標（内容・期間等）	・小集団での活動において、提示されたルールに沿って遊ぶ。（6か月） ・スケジュールを見て次の活動に移る練習をする。（6か月）
支援の標準的な提供時間等（曜日・頻度、時間）	平日：毎週月曜日～金曜日 14:30～17:00 休日：毎週月曜日～金曜日 9:00～17:00 休日・長期休暇：毎週月曜日～金曜日 9:00～17:00

●支援目標及び具体的な支援内容等

項目	支援目標（具体的な到達目標）	支援内容（内容・支援の提供上のポイント・5領域（※）との関連性等）	達成時期	担当者提供機関	留意事項（本人の役割を含む）	優先順位
本人支援	友達と交代してサッカーをする。	・誠也さんに順番がわかりやすいようボードを用意して視覚的に伝える。 ・まずは友達2人とスタッフの3人の小集団から始めていき、様子を見て人数を少しずつ増やしていく。 ・順番を守れたときはほめていく。	人間関係・社会性 運動・感覚	6か月後	児童指導員	自分の番が来るまで待てるように、順番が書かれたボードを誠也さんが見やすい場所に置く。	1
本人支援	遊びたいおもちゃや使いたい工作道員があるときは、スタッフに言う。	・誠也さんに言ってほしい表現を、視覚的に伝えたり、スタッフが見本を提示する。	認知・行動 言語・コミュニケーション	6か月後	保育士	誠也さんはスタッフに「〇〇出してください」「〇〇貸してください」と伝える。	2
本人支援	シャツが出ていたときは、自分でズボンに入れる。	・イラストで書かれた身だしなみについてのポスターを事業所内に掲示する。 ・活動前に、誠也さんだけではなく全体に向けて身だしなみ確認の時間を設定する。	健康・生活	6か月後	保育士 児童指導員	後ろが見えにくいため、鏡の近くにポスターを掲示して誠也さんと一緒に確認する。	3
家族支援	友達をきょうだいに自分の気持ちを伝える練習をする。	・誠也さんの気持ちを、スタッフや保護者が文字にしながら聞き取る。 ・伝え方の見本を提示して、伝える場面に一緒に立ち会う。		6か月後	保護者 保育士	クールダウンが必要な場合は、時間をおいてから気持ちを聞き取る。	―
移行支援	地元のサッカー少年団との交流機会がもてるよう。	サッカーを通して、放課後等デイサービスと少年団が一緒に活動する機会をもてるよう、少年団と連携する。		6か月後	児童発達支援管理責任者 保護者	長期休暇に交流企画が実施できるように、話し合いの場を調整する。	―

※5領域の視点：「健康・生活」「運動・感覚」「認知・行動」「言語・コミュニケーション」「人間関係・社会性」

提供する支援内容について、本計画書に基づき説明しました。 〇〇 〇〇
児童発達支援管理責任者氏名：〇〇 〇〇

本計画書に基づき支援の実施に同意します。 坂倉 〇〇
令和　年　月　日

> 見直し前の計画は、2-1のp.128を参照ください。

第2章 サービス（支援）提供プロセスの管理を実践してみる　161

● 個別支援計画別表

利用児氏名	坂倉 誠也 様					作成日	令和 6 年 12 月 21 日
		月	火	水	木	金	土	日・祝日

	月	火	水	木	金	土	日・祝日
提供時間	利用開始・終了時間 14時30分〜17時00分 2時30分	利用開始・終了時間 14時30分〜17時00分 2時30分	利用開始・終了時間 14時30分〜17時00分 2時30分	利用開始・終了時間 14時30分〜17時00分 2時30分	利用開始・終了時間 14時30分〜17時00分 2時30分	利用開始・終了時間 〜 0時00分	利用開始・終了時間 〜 0時00分
延長支援時間 ※延長支援時間は、支援前・支援後それぞれ1時間以上から	[支援前] 延長支援時間 〜 [支援後] 延長支援時間 17時00分〜18時00分 1時00分	[支援前] 延長支援時間 〜 [支援後] 延長支援時間 17時00分〜18時00分 1時00分	[支援前] 延長支援時間 〜 [支援後] 延長支援時間 17時00分〜18時00分 1時00分	[支援前] 延長支援時間 〜 [支援後] 延長支援時間 17時00分〜18時00分 1時00分	[支援前] 延長支援時間 〜 [支援後] 延長支援時間 17時00分〜18時00分 1時00分	[支援前] 延長支援時間 〜 [支援後] 延長支援時間 〜 0時00分	[支援前] 延長支援時間 〜 [支援後] 延長支援時間 〜 0時00分
延長を必要とする理由	・保護者の仕事の終わり時間が延びた場合、18時までの延長が必要なため。						
特記事項	・学校が短縮日課になった場合、13:30からの利用となる場合がある。 ・学校休業日（長期休暇を含む）は、9:00〜17:00の利用となる。						

column 14

幼児期の記憶

金子　志
社会福祉法人楡の会　児童発達支援センターきらめきの里

　私は、児童発達支援センターきらめきの里で発達に心配のあるたくさんの重症心身障がい児とその家族と出会いました。わが子がどのように育っていくのか期待を抱きつつ、家事をしながら親子通園での療育、親仲間との出会いは、毎日仕事に行くような日々だったと思います。療育を提供する保育士としては、毎日が参観日。いろいろな汗をかきながら、毎日、親子に笑顔で帰ってもらいたいと必死でした。ですので、療育内容も親子で楽しめる活動を取り入れながら、保護者のはしゃぐ様子を子どもたちもたくさん見て、抱っこされている腕の中で肌で感じてほしいと思い、療育を提供してきました。そして日々の積み重ねを大人になってからも覚えていてほしいと願いながら、障がいがあるからと特別な活動をするのではなく、子ども時代だからこそできる子どもらしい経験をと思い工夫をしながら活動を行ってきました。子どもたちの喜怒哀楽が少しずつ表出されるようになり、積み重ねの毎日のなか、次第に好きなことや苦手なことの表現ができるようになると、保護者も子育てがもっと楽しくなり、今度はこうしたいなど保護者からアイデアが出て、毎日充実した療育でした。

　この仕事をして、26年目。法人の新たな事業展開で、共同生活援助を行うことになり、2歳からセンターに通っていたJさんが、共同生活援助に入居になりました。実際、当法人の生活介護はすでに利用はしており、当初より、センターがあるホールに自走で車いすを動かし帰りの会の歌を聞いて手をたたいて喜んで懐かしんでいる姿を見て、幼児期の記憶がしっかり残っているのだと大変感動し、長く勤めていてよかったと思いました。入居してからのJさんは、喜怒哀楽はもちろん、アピールや催促などを食事中の会話や入居者との話の合間に表現してくれます。特に、ピアノやエレクトーンなど音楽やリズムが大好きで、弾いてほしい、ピアノのある場所へ行きたいなどと声や車いすで誘導するのが上手になっています。当時担任をしていたこともあり、ついついJさんと昔話をし、好きだった手遊びの歌やお泊まり会の思い出や友達の話や家族の話などすることがあります。じっと考え、笑い声を出し共有できる時間が私自身も若き思い出として浸れる、大好きな時間です。Jさんの部屋には、センター卒園の記念品であるCD（朝の歌や帰りの会、手遊びや歌遊び）や懐かしい写真も飾ってあります。母親は当時、家事、きょうだいの育児とJさんの親子通園と多忙な日々でしたが、「CDはすごく大好きで、大人になっても好きだから持ってきた。私も親子通園が楽しかったし、友達もできた。この頃の思い出は今のJのベースだから、この写真も一緒に部屋に飾りたいと思って」と話してくれました。

　幼少期に好きなことや自分を表現する力の大事さを実感し、保護者もその姿を見ることができる子育てはいつまでも誇りだと確信した瞬間であり、児童発達支援の時期はその家族の人生の道のりとして、とても重要で責任のある時期だとあらためて感じています。

Part2
実践編

第 3 章
事業所内で
チームをつくる

NAVIGATION
第3章を学ぶ目的とポイント

　第3章は、「事業所内でチームをつくる」をテーマに、多様な視点や個性を活かして、チームで支援を行うことの重要性とポイントについて、第2章で紹介した事例のその後、事例検討の実践例、個別支援会議を含む会議の実施方法を通して学びます。

　サビ管・児発管実践研修の「サービス提供に関する講義及び演習（6.5時間）」にあたります。

本書の構成	科目名	内容・目的	時間
3-1　サービス提供、支援についてチームで見直す	モニタリングの方法（講義・演習）	・事業所のモニタリングについて、サービス等利用計画（障害児支援利用計画）との連動性を念頭におきながら、モニタリングの視点・目的・手法等について講義により理解する。事例を通じて、モニタリングの演習を行い、その手法を獲得する。	120分
3-2　有意義な会議をするために	個別支援会議の運営方法（講義・演習）	・個別支援会議の意義、進行方法、会議において行うべき事項（個別支援計画作成時、モニタリング時）等について講義により理解する。 ・個別支援会議における合意形成過程について、模擬個別支援会議の実施体験演習を通じて、サービス管理責任者（児童発達支援管理責任者）としての説明能力を獲得する。 ・模擬個別支援会議の体験を基に、個別支援会議におけるサービス管理責任者（児童発達支援管理責任者）の役割についてグループワーク等により討議し、まとめる。	270分

　3-1（p.167）では第2章で紹介した以下の五つの事例について、サービス提供や支援が進んだ後の経過を追い、新たな局面において事業所が中心となって関係機関と連携してモニタリングを行ったうえで、支援方針を再確認した経過を紹介しています。

サービス・事例	局面・チームの概要
生活介護 26歳男性	「ステップアップを目指すと言いながら、現状のまま8か月が経って」 相談支援事業所、共同生活援助、居宅介護、母親
共同生活援助 55歳女性	「本人は「大丈夫」と言うけれど…周囲は気になることも」 世話人、通所先、移動支援、相談支援事業所
就労移行支援 17歳男性	「施設外就労は順調だけれど、就職にはつながらない…」 障害者就業・生活支援センター、施設外就労の企業、相談支援事業所、母親
児童発達支援 3歳男児	「療育は順調ではあるけれど、衝動的な行動への対応に悩む支援者」 母親、保育園、相談支援専門員、医療機関
放課後等デイサービス 10歳男児	「小集団活動の成果はあるけれど、個別活動も必要なのでは？」 母親、学校（教頭、担任）、主治医、保健師、相談支援事業所、事業所管理者と児発管

3-1 サービス提供、支援についてチームで見直す

1 いろいろな視点でモニタリングをしてみよう

　モニタリングは、ケアマネジメントにおいて支援の質を発展させるためのカギを握るプロセスです。支援には絶対的な正しさはないため、いつも「これでよいのか？」「別の方法であればどうだろう？」「なぜ、こうなったのか？」と問い直す必要があり、その問い直すプロセスがモニタリングといえます。個別支援計画のモニタリングは立てた計画を見直す作業ですが、本来のモニタリングはもう少し広い視野、複数の視点で行う必要があります。

　広い視野で行うモニタリングは、複数の視点から物事を見直すことがポイントになります。言い方を変えると、立体的に物事をとらえる視点が必要になります。支援の基本「社会モデル」において、アプローチするのは利用者本人に対してだけではありません。むしろ、利用者を取り巻く環境へのアプローチのほうが重要です。本人だけを見るのではなく、本人を取り巻くという意味で、事業所においては「支援チーム」が最大の環境といえます。

　第3章では、第2章で立てたそれぞれの個別支援計画を基に支援がスタートした事例のその後を見ながら、支援者である「自分たちの環境」と「本人」という複数の視点でモニタリングを進めてみたいと思います。

　この視点はチーム支援を意識した事例検討や職員の育成につなげていくための土台になります。

1　モニタリングを見える化する「エンパワメントシート」の作成について

　通常のモニタリングは「計画」に対して見直しをしますが、支援そのもののモニタリングは現状をフラットにとらえるところから始めます。本人のニーズは何なのか、それは誰の希望なのか、困っているのは誰なのか、現状をあらためて整理していきます。そのために、視点を「本人を主語」にした見え方と、「支援者を主語」にした見え方に分けて整理し、同じシートを使って比べてみます。

内容と作成方法

❶本人のエンパワメントシート

　現状に対して、まずは本人のニーズを再確認し（①）、それに対して、本人の現状（②の2）と周囲の理解や支援の状況（②の1）を書きだし、それらを書いてみて気づいたことを書く（③）で構成されています。記載順は①→②→③です。②の1と②の2はどちらから書いても構いません。書きやすいほうから進めてください。大切なのは、①に何を書き入れるかです。スタートからずれてしまうと、その後の検討がうまくいきません。あらためて本人の希望やモチベーションについて見極めましょう。もしも動機が見つからないとしたら、「わからない」「○○かもしれない」などと支援者の推測であることや動機があいまいであることも明記します。

　このシートは「エンパワメント」のため、引き出すことができそうな力と引き出すことを阻んでいる要因を見つけることに意図があります。そもそも、本人の希望は何かと考えてみると、実はよくわからなかったり、前とは違っていたり、迷いが生じていたりするかもしれません。もしも迷うとしたら、それはモニタリングのチャンスです。大いに迷ってください。そして、迷ったときに一人で抱え込まずに、本人を含めた周囲の人たちの力を借りてください。

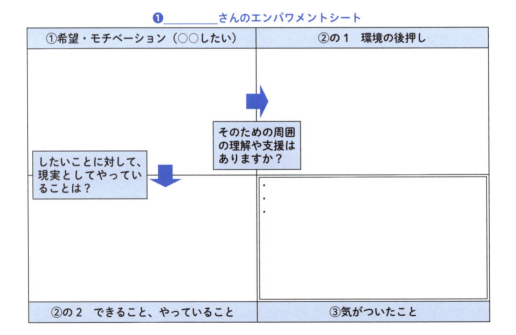

❷支援チームのエンパワメントシート

　次に同様のシートで「支援者自らのモニタリング」を行います。①と同様に支

援者側についても同じく分析をしていきます。
　タイトルは支援チームとなっていますが、事業所全体について書いてもいいですし、支援者個人（サビ管・児発管である自分）や悩んでいる職員個人でも活用できます。

❷支援チームのエンパワメントシート

①希望・モチベーション（○○したい）	②の1　環境の後押し
したいことに対して、現実としてやっていることは？	そのための周囲の理解や支援はありますか？
②の2　できること、やっていること	③気がついたこと

この様式はダウンロードが可能です。

2　「違い」や「課題」を活用する

　❶の本人、❷の支援チームの現状を把握したら、それらを見比べてみて、気づくことを書きだしましょう。同じシートを使って比べてみるので、本人から見えることと支援者から見えることのギャップがわかると思います。また、家族や専門機関など、本人の身近で影響力の大きな人の意向が強く、シートのなかにほとんど本人の思いが登場せずに、支援者側の思いばかりが強いことに気づくこともあるでしょう。
　そうした「違い」や「課題」はとても大切な学びや変化のきっかけになります。私たちはしばしば「違う」ことはよくない、「違う」ことは間違っていると評価しがちになります。また、「課題」は改善しなければならないこととして、ネガティ

ブな印象をもっているかもしれません。しかし、多角的なモニタリングにおいて「違い」は気づきを促すヒントになり、「課題」はこの先の可能性を見つけるきっかけになります。違いや課題を見つけ出すことで、今後の支援のために必要なポイントやアイデアやヒントが出てきます。

　支援に慣れてくると、見方や発想が固定化してしまい、視野が狭くなりがちです。また、行き詰まると「支援者の困っていること先行」「支援者主体」になりがちで、そのことが本人や家族、関係機関への批判やネガティブな評価に転嫁されることもあります。そもそも本人の願いをどれだけ意識できているのかという原点に戻りつつも、支援者自身も悩んでいることも受け止め、その悩みにも注目する必要があります。大切なのは、悩みや困りごとについて、支援者と本人の両者を混同しないことです。そのためにシートを分けて、本人も支援者もエンパワメントできるための方策を考えていくことを目指します。

2　介護系 生活介護 の多角的モニタリング

1　大貴さんのその後の様子

　当初、計画更新後すぐに生活介護を"卒業"し、ステップアップを踏むとみていました。しかし、体験利用に進んでいかない状況を受け、支援の方向性が「外（就労継続支援B型へ進む）→内（生活介護の活動内容の充実）」に意識が向いていきました。それでも大貴さんの新しいパンフレット（グループホーム（以下、GH）に投函される新規事業所のパンフレット）を持参するなどの行動は続き、三つ目の就労継続支援B型事業所の見学には相談室のスタッフが同行しました。そこでの大貴さんの「前見た2か所のほうがいいよね」という発言を受け、相談室も基本的には状況を静観するようになり、実質大貴さんの就労継続支援B型へのステップアップという計画は滞る時期が続きました。生活介護のスタッフのなかでも、その状況に疑問をもつスタッフもいれば、もたないスタッフもいて、チームとしての方向性が合致しない状況となっていきました。

2　生活介護のなかでも統一されない方向性

　ステップアップの計画を立ててから、9か月が経ちましたが、生活介護で不満を口にすることもなく、毎日を笑顔で過ごしている大貴さんの姿と、一方で、就労の話をするとこれも笑顔で「もっと稼げるようになりたいな」という大貴さんの言動にスタッフの間では、「"外"へ向けていくのか？」「現状維持なのか？」という二つの意見に割れていくようになりました。

むしろ、不満などがないぶん、「言葉ではそう言っているけど、本人はそこまでステップアップを望んでいないのではないか？」との見立てが主流になっていきました。一方で「本人があきらめていないのに、支援者側で勝手に終わりにしていいのか？」という疑問の声もあがり、大貴さんのステップアップに向けて、積極的に背中を押すことも必要だという話もでたため、あらためて事業所内で事例検討を行うことになりました。

3　スタッフ間の見立ての共有と方向性の再設定

スタッフの間で、以下の見立てを共有しました。
- 生活介護で取り組む仕事も増えて、大貴さんも満足しているのではないか？ このまま、生活介護の利用を継続していくことは悪いことではないのでは？
- パンフレットを持参するなど、ステップアップをあきらめるような行動や言動は見られないのに、終結に向かうのはどうなのだろうか？
- 9か月が経過して状況が進まないと思うのは支援者側の困りごとであって、大貴さん自身は今現在もステップアップに向けて進んでいると思っているのではないだろうか？
- 家族やGHでは、ステップアップに向けた話はされているのだろうか？
- 3か所目の見学に同行した相談室のスタッフには「前見た2か所のほうがいいね」と話していたようだが、その2か所のどちらかで体験利用を進める案はないのだろうか？

生活介護の職員としては、日々の活動が充実していることもあり、どうしても現状維持に意識が向かいがちです。しかし、8年間通い続けた大貴さんが、友人に影響を受けて「もっと稼げるようになりたい」と話してくれた言葉は、やはり大切にしていこうという話になりました。そのためにも、あらためて支援チームでも振り返りを行う必要があると感じ、相談室へ支援会議開催を提案することになりました。

4　支援チームによるモニタリング会議 （本人は参加せず）

モニタリング会議には生活介護、相談室、GH、居宅介護事業所、母親が出席しました。各事業所からみえる大貴さんのこの間の様子や見立てなどをすり合わせる会議のため、会議時間が長くなること、支援の方向性の調整会議でもあるため、本人は欠席とし、母親に参加してもらいました。相談室に会議調整依頼をかけましたが、会議開催の発信は生活介護から行いました。

会議のなかでは、就労継続支援へのステップアップは支援者側が考えるよりも時間がかかるであろうことが確認されました。やはり8年間通い続けた場所から、

環境を変えること自体が、大貴さんにとって不安でないわけがないこと。もともと、前向きな性格の大貴さんは、普段から弱音や困ったことなどを伝えることが苦手であることが共有されました。

GHでは、就労継続支援B型の見学を行った後に感想を聞くと、「緊張した。あれ、どんな感じだったかなぁ…」と話すなど、1回の見学だけでは、あまり大貴さんにイメージができていない様子だったことがわかりました。ただ、間違っていなかったのは、ステップアップしたい気持ちは変わらずにあるということでした。GHでも、実家帰省時にも、友達の名前を出し、「○○くんの次に、僕が生活介護を卒業するんだ」と大貴さんが話していることも知ることができました。会議を受けてステップアップを主とした計画は継続することになり、より丁寧で、大貴さんに無理のない計画を立てることになりました。

5　まとめ

生活介護の職員としては、本人の毎日の様子を見ていたので、ステップアップに時間を要することになるとは全く思ってもいませんでした。毎日本人と顔を合わせているからこそ「よく理解している」という感覚に陥り、本人のスピード感で事象をとらえることができませんでした。支援者の主観で事象をとらえ、なぜ就労に進まないのか？　というジレンマに陥りました。

ただ、後半のモニタリング会議では、GHや家族からの話を聞くことで、環境の変化はそれほど簡単ではないこと。そしてそれでも、本人が向き合っているのであれば、本人が運転する「人生」という車に我々支援者は同乗させてもらい、目的地へ向かうためのちょっとしたお手伝いをするという立場を忘れてはいけない、ということを学んだ事例でもありました。

また、「生活介護」という比較的重度の障がい者が通う事業所（所内の質の向上に目を向けがちな事業所）であっても、本人の成長や変化に目を向け、必要であれば少しだけ、事業所の枠を越えて他機関とも連携していく（外にもつながっていく）かかわりをすることも重要だと感じた事例でもありました。

❶　松田大貴　さんのエンパワメントシート

①希望・モチベーション（○○したい）	②の1　環境の後押し
・もっと稼げるようになりたい。 ・生活介護を卒業したい（ステップアップしたい）。	・8年間大貴さんの仕事ぶりを見てきた生活介護は大貴さんならすぐにもでもステップアップ可能だと考えた。 ・心配していた母親だが、焦らずゆっくりと、でも大貴さんが納得できる職場が見つかることを願うようになっている。 ・不安を話せるGHが存在する。
したいことに対して、現実としてやっていることは？	**そのための周囲の理解や支援はありますか？**
・就労継続支援B型の見学に行っている。 ・体験利用に進まない。 ・モチベーションアップのための、ほしいものリストの作成。 ・パンフレットを持参している。 ・目標となる友達がいる。 ・8年間通い続けた生活介護では一番の稼ぎ頭になっている。	・8年間という長い年月を通い続けた環境からの変化は簡単なことではない。 ・生活介護とGHで見せる大貴さんの姿にはギャップがあった。
②の2　できること、やっていること	③気がついたこと

❷支援チームのエンパワメントシート

①希望・モチベーション（○○したい）	②の1　環境の後押し
・卒業して、就労継続支援B型でバリバリ働いてもらいたい。	・ステップアップを進めていく方向性は統一できていたが、支援者主導で進めていく感覚になっていた。 ・家族を含め支援チームはステップアップを応援している。
したいことに対して、現実としてやっていることは？	**そのための周囲の理解や支援はありますか？**
・見学の同行などを生活介護の活動のなかで行っている。	・本人が進めていくステップアップと支援者が見立てた速度にギャップがあった。支援チーム全体での会議を経て、そのギャップに気づくことができた。
②の2　できること、やっていること	③気がついたこと

❶と❷のシートから気づいたこと

本人と支援チームのギャップについて
・8年間いた「職場」からの転職（生活介護→就労継続支援B型）を、生活介護では簡単に考えていたところがあった。本人は友達を目標にし、転職したいという意思があったにもかかわらず、転職までの速度を支援者側が遅いと判断していた。

今後の修正点、アイデア、ヒント
・8年間という背景を理解すること。8年いた職場を転職することは、障がいの有無にかかわらず簡単なことではないという認識が必要。
・体験利用予定の就労継続支援事業所と連携し、体験利用先の仕事（作業活動）を行い生活介護のなかでも、模擬的に取り組んでみる（生活介護と就労継続支援B型の連携）ことで、体験利用に向けて具体的なイメージを大貴さんにもってもらう。

3　地域生活系 共同生活援助 の多角的モニタリング

1　花代さんのその後

　花代さんが共同生活援助（グループホーム（以下、GH））に入居して1年を迎え、父親が介護保険サービスのGHに入居をした頃の話です。

　世話人に「なんだか最近眠れないんだよね」と話す花代さん。世話人は何かあったのかとたずねますが、花代さんは「なぜかはわからない」と言うばかりでした。同居する利用者にも花代さんの様子について話を聞きました。

同居する利用者から見た花代さんの様子

・結構夜遅くまでテレビの音がしているよ。補聴器つけたからうるさくないけど。
・編み物は変わりなくしているみたい。プレゼントを断ってからは、タイミングを見計らって誕生日とかにくれるようになったから、いいかなと思う。
・お喋り好きだね、花代さん。食事のときも一人で喋っているよ。
・うるさいとは思わないけど、食事食べるときくらいは食べることに集中したらいいのに。
・食べるのが一番遅いよね。

　同居する利用者からは否定的なことはあまり聞かれませんでした。サビ管（私）

はあらためて花代さんの生活全般を世話人とともに振り返りました。
　ここ数か月の様子を世話人は次のように話しています。

> **世話人から見た花代さんの様子**
> ・眠れないと言い出したのは1か月くらい前から。自室で寝る間際まで編み物をやっているみたいだったから、入浴後からはお休みしようと話しているが、たぶんできていない。
> ・誰も住んでいない実家のことを気にする話はしていたけど、お父さんが実家を処分することを決めたという話を相談室の佐藤から聞いて、少し大人しい時期があった。
> ・世話人としては夜眠れないことも心配だけど、最近足元のふらつきやつまずきが多くてそっちのほうが気になっている。何でも「大丈夫」と言ってやってしまうし。
> ・そろそろ夜間も職員がいて、バリアフリーの生活環境がいいんじゃないかと思っている。

　サビ管である私は世話人の話を聞いて、花代さんに対する気持ち（モチベーション）が下がっていることがとても気になりました。花代さんについてどのように思っているか世話人にあらためて聞くと、「花代さんの気持ちを確認したくていろいろ聞くけど、大体が「大丈夫」という返事しか返ってこない。注意しても花代さん自身が聞き入れてくれないので、困っています」という返事でした。
　一度全体で様子のまとめをしたいと思ったので、かかわっている支援者で集まり、会議を開きました。

2　支援者会議（支援者同士で利用者の様子を共有する）

　参加者は、相談支援事業所・就労継続支援B型事業所の管理者・移動支援事業所の管理者・GHのサビ管・世話人です。
　各支援先での様子を共有したところ、就労継続支援B型事業所の管理者から次の話がありました。

> **就労継続支援B型事業所からの情報提供**
> ・編み物以外の仕事も今はお願いしています。頼んだその場では「いい

よ」と言うものの、特定の支援員に「私、編み物したいんだけど」と言うなど、自分のやりたいこと中心の話が多いです。
- 作業所のランチのときに、配膳の準備をしていると、「私も手伝う」と言って手伝うが、茶碗を倒してしまったり、こぼしてしまったりすることが多いため、座って待つように伝えるものの「大丈夫」と言って聞き入れることがありません。
- 作業所にいるときは、ほとんど喋りっぱなしで、周りの利用者から「静かにして」と言われる場面がよく見られています。
- 眠い表情をしていることが見られています。特に午前中です。声をかけますが、いつも「大丈夫、何ともない」と返ってくるので、こちらで勝手に、眠れていないか、疲れているのかくらいしか感じていませんでした。

　管理者より、「花代さんがやりたいこともよくわかるし、楽しみたいことも理解できる。もう少し柔軟性があるともっといいと感じています」との意見をもらいました。
　移動支援事業所の管理者からは、次の情報提供がありました。

移動支援事業所からの情報提供
- 移動支援の外出は毎回楽しみなようで、行き先のリクエストは絶えずあります。
- 買い物中のつまずきが最近多くなってきたようです。歩くスピードも少し遅くなったような気がしています。
- 移動中の車内でのお喋りは絶えずあります。話の内容は、GHのこと、お父さんのこと、ニュースで見て気になったことが中心です。
- 階段や段差のあるところでは、手をつないで介助をしたいと思いますが、一人でやろうとすることが多々あります。せめて、手すりを使ってほしいので、手すりを使うよう促しますが、「大丈夫」と言って使わずに歩こうとすることもあります。ふらつきがあり転倒してしまうので、常に支えてはいますが。聞き入れてもらえないことが多いですね。

管理者より、「もう少し人に頼ることを知ってもらえたらと思う。甘えてもいいところで甘えていなくて。心配だよともっと伝えたほうがいいでしょうか?」との話がありました。
　最後に相談支援事業所の相談支援専門員から話を聞きました。

> **相談室さっぽろからの情報**
> ・GHでの生活は楽しく充実しているようで、モニタリングで伺うと楽しかったことをたくさんお話ししてくれます。
> ・世話人からいろいろ注意されることがあったことは花代さんから話があったので、理解していると思います。「心配してくれるのはうれしい」と話していました。
> ・ふらつきやつまずきについては、私も気になっていたので花代さんにお話を伺いましたが、「なにも変わっていない」との受け止めで、「昔からそうだ」と話していました。
> ・お父さんから「花代は我が強いところがある、よく口答えもするし」とケアマネジャーに話していたこともあり、本人の性格的なものだと受け止めています。
> ・実家の売却の話を前回のモニタリングのときにお話ししました。生まれ育った生家がなくなることをとても寂しく思うようで、「自分の思い出が消されるみたい」と表現していました。

　相談支援専門員より、「長い時間お父さんと二人暮らしで社会との接点も少ない環境だったこともあり、花代さんの第2の人生が始まったと思っていただけると助かります」との話がありました。
　この会議で各方面から花代さんの様子を確認し、共通課題とすること、各サービスでの課題をまとめました。

> **共通課題**
> ・ふらつきやつまずきが多い。
> ・なんでも「大丈夫」と返事をしている。
> ・できると思って一人で行動してしまう。

グループホームでの課題
- 〈本人へ〉夜遅くまで起きていて、寝不足になっている。
  →花代さんがどのくらい自覚しているかを再確認
- 〈GHスタッフへ〉花代さんの気持ちの確認の方法
  →支援者側の伝え方、関係性の構築

　支援者会議を経て、花代さんに振り返りを含めて話を聞きました。今回も、リビングでお茶をしながら話を聞いています。

生活全般について
- お父さんから初めて離れて生活するの不安だったけど、ほかの利用者さんも親切だし、生活も楽しい。一人じゃないっていいね。
- 編み物？　うん、続けてるよ。今はね、自分のカーディガン編んでる。編み物してると考えごとしなくてすむし、嫌なことも忘れられるから。おかげで夜更かししちゃうけど（笑）。
- 前に世話人さんにお風呂入った後、編み物やめたほうがいいって言われたんだけど、実家もなくなるしさ、なんだか嫌～な気持ちになるからやっちゃうんだ。1時くらいまでやってることもあるね。
- 寝ても途中で起きちゃって。3時か4時くらい？　トイレに行ってまた布団に入るけどね、今日やることとか考えると眠れなくなって、眠いまま作業所に行くんだ。
- 世話人さんには心配かけてると思う。それはわかってるんだ。でも、自分がしっかりしてなかったらだめだって思うし、頼ってばかりもいられないから。お父さんからなんでもできるようになれって小さいころから言われてるから。

身体状態について
- ヘルパーさんのときにね、つまずいたりするからって手を貸してもらうことがある。でも、自分でやりたいし、やれるって思うから、「大丈夫」って言っちゃう。
- 転ぶことも小さいころからよくあったし、慣れてるよ。骨折はもうしたくないけど、たぶん大丈夫だよ。

話を聞いているうちに花代さんから「サビ管さんも心配なの？」と聞かれたこともあり、サビ管の気持ちを伝えています。

> **花代さんに伝えたサビ管の思い**
> ・私も花代さんのことはとても心配しています。
> ・もっと甘えんぼしてもいいのにな〜って思っています。
> ・「できる」ことも大事だけど、「甘える」ことも大事にしてほしい。
> ・実家がなくなることは誰しも寂しいと思う。実家がない人は花代さんの周りにもいると思うから、その人にも話を聞いてみたらいいかなって思っています。

話の終わりに花代さんから「これからは少し甘えてみるわ。ちょっと恥ずかしいけど」と言葉をもらい、安心したことを覚えています。この後、世話人も交えてお茶をともにし、花代さんと世話人の間を取りもち、互いに考えていたこと、思っていたことの確認をして、終えています。

3 まとめ

　GHは今まで違う人生を歩んできた人たちが、様々な事情で人生のひとときをともにする場です。多種多様な生活観、価値観などをもち合わせ、衝突も多くあります。今回の事例は、同居する利用者との衝突もなく、スムーズに生活が落ち着いた事例です。本人が希望をもって生活を楽しむ、そして今後の人生をどうしていきたいかを考え、それに向かってまた進む。何気ない日常でもこの繰り返しが行われています。利用者の希望を見出せるか、希望をもち続けることができるかは、支援者のかかわりや環境でだいぶ違ってくると思います。

　利用者の生活を支えていくことは、GHのスタッフだけではできません。利用者を取り巻く環境でかかわる人たちと手を取り、協力し合ってこそGHの支援が成り立つと考えています。

　支援に困ったら相談できる人・場所を見つけてください。GHだけで抱え込まず、支援者であれど、「困ったら相談する」ことを忘れずにいてください。支援者は自分一人ではありません。

❶ 高田花代さんのエンパワメントシート

①希望・モチベーション（〇〇したい）	②の1　環境の後押し
・GHで生活していきたい。 ・編み物が楽しい。 ・みんなで外出したい。 ・骨折したくない。 ・耳の検査をしたい。	・GHに住み、共同生活をしている。 ・同居する利用者たちとお喋りなど楽しめる。 ・外出同行できるよう、生活支援者がいる。 ・GH以外にも支える支援者がいる。

したいことに対して、現実としてやっていることは？

そのための周囲の理解や支援はありますか？

・編み物を楽しみ、完成したものをプレゼントしたりしている。 ・同居する利用者と一緒に外出している。 ・耳が聞こえづらいので、大きめの声で話をしている。 ・雪道の外出の際は可能な限り同行している。	・花代さんがしたいことなどがはっきりしている。 ・周囲の状況を考え、自分と他者の違いを感じ取ることができる。 ・花代さん自身できると思っていることが困難だと思っても、実行するパワーがある。
②の2　できること、やっていること	③気がついたこと

❷ 支援チーム（GH全体）のエンパワメントシート

①希望・モチベーション（〇〇したい）	②の1　環境の後押し
・お父さんとの距離をとりつつ、生活の安定を図りたい。 ・なんでも「大丈夫」と返事をする花代さんに現実を知ってもらいたい。 ・生活を続けられるように、聞こえ等不便を感じているところを改善したい。	・GHのほかに、福祉サービスの支援者がいる。 ・困りごとを話し合う仲間がいる。 ・協力してくれる医療機関がある。

したいことに対して、現実としてやっていることは？

そのための周囲の理解や支援はありますか？

・相談事業所と強く連携を図り、花代さんの状況を共有している。 ・花代さんの意欲にスタッフがついていけないこともあり。 ・耳鼻科など医療機関で検査をすること。	・花代さんの身体状況を考えて、行動することを止めるようにしてしまうことがある。 ・医療・福祉ともに協力先がたくさんある。 ・関係先との連携が図れている。 ・困りごとの相談先がある。
②の2　できること、やっていること	③気がついたこと

❶と❷のシートから気づいたこと

本人と支援チームのギャップについて
・花代さんができると思ったことでも、職員が止めてしまったり、ついていけなかったりする状況がある。 ・職員としては、花代さんに提案したことに同意してもらいたいが、花代さんは納得しないことが多い。

今後の修正点、アイデア、ヒント
・関係機関で連携しながら、花代さんの支援にあたる。 ・医療機関にも協力してもらい、医師に客観的意見をもらう。 ・花代さんに、支援者に甘えてもよいことを学べるようにする。

4 就労系 就労移行支援 の多角的モニタリング

1 健大さんのその後

　先日、久しぶりに健大さんが就労移行支援事業所に現れました。あらかじめ来所の日時を伝えてくれて、サビ管にその日のスケジュールを空けておくようにと言わんばかりに1か月以上も前から設定して来所しました。職場での近況について、配置が変わって今までのフロアと別になってトイレが遠くなったことや、バスの時刻に間に合わなくなるので慌てて走って帰ったこと、土曜日に勤務する人が少ないから自分が出勤してやっていること、仲よくしてくれる社員さんがいることなど…。

　実家の近くではあるけれど、一人暮らしを始めたことも話してくれました。自炊することが楽しくて、自分で栄養のバランスも考えながら夕食を作っていることを自慢気に説明してくれました。携帯電話に保存された写真でこれまで作ってきたメニューを見せてくれました。

　「ほほう。自分の独身生活だったときには金平ゴボウなんて作ろうとも思わなかったぞ。スゴいな健大さん！　立派な定食になっているじゃないか!!　たまには手抜きの食事も大事だよ。疲れているときはちょっと楽をしようぜ」。自分のことが情けなくならないように健大さんと話していました。目の前には大人になっている雰囲気が半端でない健大さんが、落ち着いて話していました。そんな大人っぽい健大さんですが、やはりアニメの話は盛り上がります。最近のお気に入りについて情報交換します。一通り話したい内容が終わると、さっさと帰ろうとする態勢になります。この後の予定があるのかなと思い、健大さんのタイミングでよいのでまた事業所に顔を見せてとお願いしました。事業所のスタッフたち

もうれしそうです。後日になって施設外就労先だった会社の人たちも健大さんの話題になると表情が緩んでいました。

2　支援者の迷い

　そんな大人になった健大さんなのですが、当時の健大さんを担当していたスタッフは困っていました。サビ管は担当ばかりで悩むのではなくチームとして健大さんに何ができるのか考えてみることにしました。現状は就労移行支援事業所に通所しているというよりも、施設外就労先で作業するために来ているような状態になっていることを確認。このまま施設外就労で時間が過ぎていくことに担当スタッフは不安を感じていました。

　現実的に施設外就労先の会社で求人をつくることはできませんでした。社長や社員と相談してみましたが、会社として人を雇いたい部署は全く別の業務であって、健大さんの気持ちは理解するが作業量や担ってもらえる業務と会社運営としても考えていないとのことでした。

　スタッフミーティングでも、サビ管を中心に健大さんの支援計画について意見交換を行いました。これまでの健大さんの変化についてそれぞれのスタッフの視点から意見を出し合って、どのようなかかわりが必要になっていくのかを考えました。健大さんが施設外就労の活動を通して仕事のやりがいを感じることができたこと、働くことの大変さも経験できたこと、苦手な人とは嫌な顔や態度には出てしまうのだが耐えることや避けることが以前よりもできるようになっていること、これらの経験を活かせそうな仕事を探していくことなどを確認して、これからどのような手立てが可能かを話し合いました。施設外就労については、新しい利用者も参加できるように枠を調整していくこと、健大さんが先輩として作業を教えていけるようになることを目指すこと、ハローワークと連携をとって職場見学や実習の機会をつくっていくこと、事業所でも健大さんが役割をもてるプログラムを考えてみるなどの方法について取り組んでみることになりました。

　実は健大さん自身も焦りを感じていました。施設外就労先では求人が出てこない雰囲気だし、このまま気になる仕事が見つからなければ利用期限の2年が経ってしまう。親とも相談してみたけれど就労継続支援も考えたほうがよいものか、それともアルバイトを探してみようか……。自分には時間が残っていないと考えるようになっていました。イライラすることも増えて施設外就労で新しくペアになる利用者に対して口をきかなくなり、態度を見た社員から注意され、ムッとすることもありました。相手のリズムに合わせることに対してもおもしろくないと思ってしまい、自分でも何かうまくいかないと感じていました。

　健大さんの気持ちを整理していくために施設外就労後に個別の面談をとる機会

を増やしました。自分の気持ちと相手の気持ちについて確認したり、社員との関係についても話したりしました。最近は社員に対しても不満な気持ちになると話していました。

　施設外就労の社員には、健大さんの課題やこれからのステップに向けて、報告・連絡・相談の意識づけや、様々な利用者とペアを組み合わせてもらい、一緒に働くためのコミュニケーションをとることに協力してもらっていました。健大さんがいつまでもここの事業所に居ることができないことや、健大さんにとって新しい環境が必要になってくることについても理解をしてくれていました。

　健大さんが苦手になる人の理由についてもスタッフ間で話し合いました。生育歴について確認していきながら、家庭環境や学校での経験などが影響していることも推測できました。お兄さんが重い自閉スペクトラム症のため、自宅でもパニック発作が起きます。母親は兄に付き添わなくてはならないので健大さんはいつも我慢する立場になっていました。母親に甘えたい気持ちが兄に対しての怒りとなり、兄と同じようにうるさい人や気持ちをコントロールできない人に対しては厳しい視線や悪口が出ていました。

　どこかのタイミングで健大さんにとってストレスの少ない環境での生活も必要になること、障がいに対しての嫌悪感もあるためグループホームという形も現実的ではないこと、家族や相談支援事業所と連携していかなければならないことも確認できました。

3　関係機関とのかかわり

　そんなある日、就労移行支援事業所に連絡が入りました。障害者就労・生活相談支援センター（ナカポツ）からの紹介で、これから障がい者雇用を考えている企業が説明会を行いたいと考えているので、希望しそうな利用者がいればぜひ案内してほしいという内容でした。倉庫でのピッキング業務である程度の人数を雇いたいので、数か所の就労移行支援事業所やハローワークにも声をかけて見学者を募るということでした。健大さんにも案内すると、あまり気乗りしない様子でしたが、何も予定がないので行ってみることになりました。

　普段から研修や勉強会などで他事業所の人たちと情報交換していると、思いがけないところでお世話になることがあるものです。自分たちが地域のなかの一つの社会資源として機能していかなければいけないと、つくづく感じます。特に就労支援にとっては、相談機関やハローワーク、障害者職業センター、そして企業との連携は重要です。お互いが有機的に役割を担うことで利用者の利益につながっていきます。障がい者求人の開拓や就労の定着支援、休職後のリワーク支援などは、一つのところだけが頑張っても形になりにくいため、ネットワークと支

援の熱量が必要となります。連携することで信頼関係が構築されていきます。

　さて、健大さんですが、ほかの利用者たちと一緒に倉庫の職場を見学してきました。自宅から通いやすい場所にあり、印象はよさそうでした。とにかくやってみないとわからないので職場実習をお願いすることにしました。

　4日間の職場実習を行ってみると、働いてみたい気持ちは90％にまで高まっていました。一緒に実習した人たちは真面目な雰囲気だったし、やっていけそうだと思ったそうです。

　後は面接に備えての準備です。これまで面接では結果を出すことができなかったので、健大さん自身もプレッシャーに感じている様子でした。実習のなかで感じたこと、これまでの施設外就労で培ったことを自分の言葉で伝えられるように整理しました。

　面接の日は雨が降っていましたが、すべてを終えて外に出ると雨は止んでいました。面接の振り返りを行うと、「終わってホッとした。これでいつもの生活に戻れる。後は結果を待つだけ。今回の面接は達成感があった。話のやりとりでアニメの話をしたら面接官の人も好きだとわかったので気持ちが和んだ」とのことで、面接中に安心感を得ることができたそうです。スゴいよなぁアニメって。

　面接の結果は、予定よりも早く連絡がきて健大さんも動揺していました。採用の結果に、表情は固まってしまいましたが、周りの人からの「おめでとうございます！」の声に驚きと喜びの表情が出てきました。さっそく施設外就労先の会社にも報告に行き、お世話になった人たちに伝えに行きたい気持ちを抑えられませんでした。

　その後、就業がスタートするまでバタバタと時間が過ぎていくのですが、当初予定していた勤務時間が変更になるなど、急な予定変更に表情が暗くなったり不満を口にしたりすることもありましたが、なんとか新しいスタートを切ることができました。

　就職が決まり、サビ管は相談支援事業所と連携して健大さん、母親も含めての支援会議を行いました。仕事に慣れていくまでの役割分担について整理して母親が心配に思うところも確認しました。いつか自分で働いたお金で一人暮らしを目指していきたいと考えるようになったことについても、みんなで応援していきましょうと確認することができました。

　健大さんが事業所を利用する最後の日に、施設外就労先の会社にも挨拶に行きました。いつも熱心に指導してくれていた社員からは「最後までよく頑張った。たまに顔を出して」と言われ、社長やほかの従業員の人たちとも挨拶しました。「社長や従業員みんなを集めて挨拶するなんて大したヤツだな」とうれしそうに社員は言いました。精米加工場での仕事は力仕事だったので筋肉がついた。慎重に商

品を運ぶこと、フォークリフトに気を付けることなど、これからの職場に活かせそうなことがたくさんありました。

4　まとめ

　その後、1年6か月ほど経過して久しぶりに現れた健大さんが、冒頭の就労移行支援事業所の場面につながるわけですが、この間も様々なことが起きています。トラブルやアクシデントが起きるたびに職場の人や家族、相談支援事業所と一緒に乗り越えてきました。

　就労支援は、その人自身が自分で未来を切り開く場面に立ち会える仕事だと思います。少しでも希望を抱いて歩こうとしている瞬間を忘れないようにしていきたいと感じています。うまくいくことばかりではないですし、苦しい場面のほうがたくさん出てきます。現状より少しでもよくなるように、支援者がチームとして連携していくことを目指すのはサビ管の役目です。チームが機能すれば苦しいときに何かヒントを見つけ出せると考えましょう。

　障がいの程度や意思の表出の有無によって支援者は「よかれと思って」、場合によっては自分たちの思いを「押しつけて」いる可能性があると思います。その人自身の希望やニーズを把握すること、主体的に判断して行動できるように支えること、そのために考えや選択肢の幅を広げられるようなかかわりをもつことが意思決定支援につながります。健大さんの場合も納得して個別支援計画に記入されているので主体的に取り組むことができました。ハローワークに行きたくない意思も尊重しながら、気持ちや経験を整理したり、新たな気づきを促したりすることで、あまり気乗りしなかった倉庫の職場に見学に行くことができました。その人自身が単独で意思決定をするのではなく、その過程に至るまでにいろいろな側面からの支援者のアプローチがあります。

　支援者は障がい者を失敗させないように一生懸命になります。失敗しないように障害物を取り除いていこうとします。ある障がい当事者から言われたことがありました。「自分たちには失敗する権利もあるのだ……」と。もちろん取り返しのつかない失敗は回避しなければなりません。それは支援者の責務です。何をもって「失敗」と定義するかは考えなければいけませんが、失敗という経験から学びになることは多く、自分たちも経験を積んで成長してきました。障がいの有無に関係なく、経験の機会を奪ってはいけないのだと思うようになりました。健大さんの場合でも、面接で採用にならなかった経験、対人関係でうまくいかなかった経験を、その先の場面で活かすことができました。サビ管も一緒です。失敗を恐れずに経験を積んでいくことが大事なのだと思います。最初は障がい者と働くことに戸惑っていた社員も、時間や経験を重ねることでお互いが仕事をしていくた

めにかかわり方や指示の出し方などを考えるようになりました。社員を変化させたのは健大さんの力なのだとすると、支援者の役割は何なのだろうと考えてしまいます。成長させてもらっているのは自分たちなのでしょう。支援する側も支援される側も成長して変化するのだと思います。

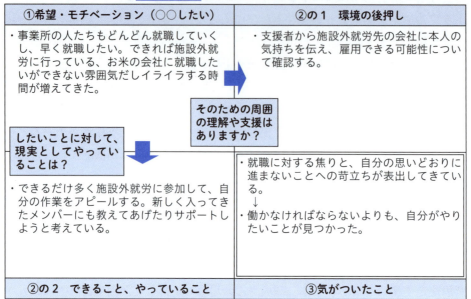

❶ 後藤健大 さんのエンパワメントシート

①希望・モチベーション（○○したい）	②の1　環境の後押し
・事業所の人たちもどんどん就職していくし、早く就職したい。できれば施設外就労に行っている、お米の会社に就職したいができない雰囲気だしイライラする時間が増えてきた。	・支援者から施設外就労先の会社に本人の気持ちを伝え、雇用できる可能性について確認する。

そのための周囲の理解や支援はありますか？

したいことに対して、現実としてやっていることは？

②の2　できること、やっていること	③気がついたこと
・できるだけ多く施設外就労に参加して、自分の作業をアピールする。新しく入ってきたメンバーにも教えてあげたりサポートしようと考えている。	・就職に対する焦りと、自分の思いどおりに進まないことへの苛立ちが表出してきている。 ↓ ・働かなければならないよりも、自分がやりたいことが見つかった。

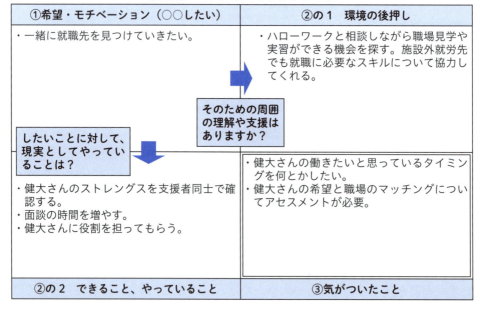

❷支援チームのエンパワメントシート

①希望・モチベーション（○○したい）	②の1　環境の後押し
・一緒に就職先を見つけていきたい。	・ハローワークと相談しながら職場見学や実習ができる機会を探す。施設外就労先でも就職に必要なスキルについて協力してくれる。

そのための周囲の理解や支援はありますか？

したいことに対して、現実としてやっていることは？

②の2　できること、やっていること	③気がついたこと
・健大さんのストレングスを支援者同士で確認する。 ・面談の時間を増やす。 ・健大さんに役割を担ってもらう。	・健大さんの働きたいと思っているタイミングを何とかしたい。 ・健大さんの希望と職場のマッチングについてアセスメントが必要。

🔵❶と❷のシートから気づいたこと

本人と支援チームのギャップについて
・健大さんの焦りもあり視野や選択肢が狭くなっているが、支援者は選択肢を広げようと考えている。 ・雇用されたい健大さんの希望と、雇用できない現実のもとで、支援チームで健大さんのモチベーションをどのように維持していくことができるか。

今後の修正点、アイデア、ヒント
・健大さんと一緒に情報収集を行い、職場見学や実習の機会を提供し成功体験を増やしていけるようにする。 ・自分らしいコミュニケーションや人間関係のつくり方を整理する。

5 児童系 児童発達支援 の多角的モニタリング

1 豊さんのその後（通所開始から2年）

　週3回だった通所回数は週5回に増え、ほぼ休むことなく児童発達支援事業所へ通所しています。4歳を迎えた春から、集団生活のなかでどこまでできるか様子を見たい、長時間労働の仕事に移りたいという母親の要望で、療育終了後に保育所へ送る方法で、保育所の併用利用も始まっています。

　児童発達支援事業所や相談支援事業所の勧めで医療機関にもつながり、そこで診断名（ASD、ADHD）が付いたこと、コミュニケーションや体が大きいことの影響により運動面に課題があることで、月2回ずつST（言語療法）とOT（作業療法）の訓練に通っています。また、衝動的な行動を抑制する目的で投薬を開始しましたが、状態が好転することはありませんでした。

　通所を始めた頃に比べると、この間の経験の積み重ねによって活動に見通しをもちながら行動できる場面が増え、自分から積極的に取り組める遊びが広がって、友達と遊具の貸し借りやブロックで一緒に作品づくりをするなど、確かな成長がみられます。しかし、周囲の刺激から受ける気持ちの高揚や、こだわりからくる気持ちの切り替えが難しくなると起こる行動面や対人面の課題は依然として残っていました。

　療育終了後のフィードバックでは必ず豊さんの様子が話題にのぼり、私たち支援者の間でも豊さんの支援については何度も話し合ってきました。

2 支援者の迷い

1 衝動的な行動への対応

　豊さんは、楽しいことでも不安なことでも、気持ちに大きな変化が起こると、部屋を仕切っているパーテーションを倒したり、友達を押したり叩いたり、物を投げたり、衝動的な行動につながってしまいます。豊さんの気持ちを受け止めながら、「どこまで受け止めて見守るか」「どれだけ待つか」、支援者一人ひとりが悩んでいました。

　周囲に危険が及ぶときには行動の抑制が必要ですが、支援者のアクションが大きいと、豊さんの興奮をエスカレートさせてしまい逆効果になってしまいます。受け入れることや待つことの難しさに直面しています。

2 環境の変え方

　豊さんは、周囲が刺激となって気持ちの切り替えに時間がかかり、さらに行動がエスカレートしていきます。このような一面から、環境整備にポイントがおかれました。部屋を移動して環境を変えるか、室内で居場所づくりを行うか、気持ちの切り替えを行ううえでどちらが望ましい環境になるのか、その都度迷います。

3 視覚提示の方法

　豊さんはわからないことへの不安から活動に取り組めない状態になるため、スケジュールボードを使って活動の順番を事前に伝えています。しかし、些細なことでうまくいかなくなると活動から逸脱し、作品や教材を投げる、ぐちゃぐちゃにしてしまうなど、最後まで取り組むことができません。一つひとつの活動に手順書を用意するか、視覚提示の方法はどうしたらよいか、悩みます。

　支援者の迷いや悩みはすぐに解決できないことから、「支援の問題」が徐々に「支援者個人の問題」にすり替わってしまいます。そのことから、支援にばらつきが出始めたり、支援者同士がお互いを比べたり、非難することにつながりやすい状態になりました。統一したかかわりをもてないと、結果として豊さんを混乱させてしまうことにもつながり、支援がうまくいかなくなってしまいます。

　問題を整理するとこうなります。

「支援者Aはうまくいくが、支援者Bはうまくいかない」
　→支援の統一性、または支援者の感情移入によるかかわりの違い
「会議で決めたはずなのに、やり方が違う」
　→支援者のとらえ方の違い
「うまくいくか不安、自信がないので積極的にかかわることができない」

→支援者の経験の違い

　そこで、もう一度みんなで、豊さんの特性をふまえたアセスメントを行うことから始めていきました。強度行動障害支援者養成研修で使用されているアセスメントシートは、コミュニケーション・社会性・想像力・感覚の障がい特性の四つの項目から特性が現れている行動を分析し、関連する情報処理の特性に整理していきながら、支援のアイデアを具体的に考えていきます。そのため支援者は、特性をふまえながら具体的でわかりやすい支援につなげることができます。

3　関係機関とのかかわり

1　個別支援会議の開催

　児発管が中心となり、豊さんを支えている各関係機関に声をかけて会議を行いました（表3-1）。各関係者の視点から豊さんや保護者の状況をみんなで確認し合い、今後も共通理解をもちながら連携を図っていくことが目的です。

表 3-1　個別支援会議で共有された情報

	母親	児童発達支援事業所の職員	保育所の先生	相談支援専門員
最近の豊さんの様子	・家に二人でいるときは比較的落ち着いて過ごしていることが多いが、自分の思いどおりにならないと泣き叫ぶときがある。 ・公園で特定の子と一緒に遊ぶ時間をもてるようになったが、些細なことでトラブルになる。	・一人でブロックやパズルができるようになり、自分だけで活動できる時間をもてるようになってきた。 ・周囲の刺激を受けやすく、一度スイッチが入ると落ち着くまでに時間がかかる。気持ちの高揚による衝動的な行動につながりやすい。 ・何をするか写真による視覚提示を事前に行うことで、見通しをもって活動に取り組めることが増えた。 ・困ったときに「手伝って」を言えるようになった。	・集団のなかに入ると他害によるトラブルを起こしやすいため、担当の先生と二人、別室で過ごしている。 ・何をしていいかわからず、日によって室内をうろうろしたり、大声を上げたりすることがある。 ・保育所のお迎えに来ていた他児の兄弟の頭を突然叩いた。 ・衝動的に植木鉢をひっくり返すことがあった。 ・好きな遊び（コマ回し）ができた。	・モニタリングで自宅を訪問すると、相談員が家に来たことで混乱し、泣いて怒っていた。
悩み・困っていること	・公園に行くと帰りたがらず、時間がかかることが多い。 ・保育所で友達とうまくかかわることができていない。	・衝動的な行動をどのように意味付けしてかかわるか。 ・豊さんにとってわかりやすい環境づくりや視覚提示を通して活動の経験や、友達とのかかわりをどのように保障していくか。	・衝動的な行動が予測できない。 ・ほかの子どもと一緒に活動できる時間を保障したいが、トラブルに発展しやすいためどうしてよいかわからない。 ・怒る・泣き叫ぶときにどのようにかかわるべきかわからない。	・本人がいるときに自宅を訪問できないため、家庭での豊さんの様子を見ることができない。
具体的な手立て	・公園に行く前に事前に約束事を伝える。 ・人の多い時間を避けて公園に行く。	・行動が起こる前後の様子を記録し、支援者で振り返り、仮説を立ててみる。	・お部屋に行くルートを固定する。 ・登園後、「今日は誰と何をするか」を伝え、行動の手順を明確にする。 ・活動するときには、事前にルールを提示しておく。	・保護者や関係機関からの情報を参考にしていく。

医療機関とはケースワーカーや訓練担当職員との電話連絡を通して情報を共有していました。そこで、投薬の量が体重と比較して少ないため効果が出にくかったことや、投薬量を増やすことを提案するも母親が拒否していることを知りました。また母親は、次年度の就学については普通学級を希望しており、そのためには少しでも集団生活に慣れてほしいという思いがあったようです。
　関係機関が情報を確認し合うことは、新たな発見につながり、本人や保護者支援に活かしていくこともできます。支援も行き詰まると、マンネリ化したり、方向性がずれたり、本人や保護者の思いを見落としたりなどしてしまいがちです。

2　支援の方向性

　保育所では、この連携会議をきっかけに保育所等訪問支援事業を使って、豊さんの保育所での様子や環境設定を実際に一緒に確認しながら支援を進めていくことにしました。
　また、児童発達支援事業所では支援の方法を一緒に考えてくれる市内の機関支援事業を活用し、実際に活動している豊さんの様子を見てもらいながら、事例検討を通して特性の理解を深め、事業所内の環境設定や視覚提示の仕方についても具体的に学んでいます。

4　まとめ

　豊さんは、見通しをもてないことに不安を感じやすく、その不安を言葉で表現することに課題がありました。相手を思い、気づかう優しさが根底にあるのに、不安からくる一方的な行動によって本来の姿がかき消され、結果として周囲からもその行動のみが注目されやすい状態でした。
　豊さんは人が好きで、友達と一緒に遊びたいという純粋な気持ちをもっています。自分から積極的に友達にかかわるけれど、うまくいかない。「どうして？」「なぜ？」という、自分の思いとは違う現状に何度も直面しています。
　支援者の本来の役割は、本人の思いや願いを叶える手伝いをすることで、課題を与えたり、何かを制限したりすることではありません。しかし、支援者の「こうなってほしい」という思いが表れたことで、支援の方向性にズレが生じ、結果として支援がうまくいかないことに焦りを感じてしまったのです。
　私たちは、目の前で起きている事柄にとらわれやすく、その状況を「問題」と受け止め、すぐに解決しなくてはならないという思い込みが先行していたことに気づくまで時間がかかってしまいました。
　支援とは、結果を求めるものではなく、「その人のペースに寄り添った本人主体の支援が基本」であることにあらためて立ち戻ることができました。

図 3-1　豊さんの思い

① 支援は個人ではなくチームで行う
② わからない・迷ったときこそ、みんなでアセスメント
③ 報告・連絡・相談を徹底する
④ 実際の支援を記録に残し、振り返りができるようにしておく
⑤ 関係機関とつながり広い視点をもってかかわる
⑥ 支援者も子どもと同じように、支援がうまくいったときにはほめ合う

　支援者も感情をもった一人の人間です。セルフケアは大事ですが、それだけで解決することは難しいため、悩みや困っていることを支援者同士で話し合い、一人ではなく仲間と一緒に支援をし、悩みや大変さや楽しさを共有できる関係づくりが大切だと思います。

　人と人とのつながりを大切にしながら、1日の終わりにみんなが「今日もいい日だった」と思える支援を目指していきましょう。

❶　大谷豊　さんのエンパワメントシート

①希望・モチベーション（○○したい）	②の1　環境の後押し
・友達と一緒に遊びたい。 ・友達に自分のことを好きになってもらいたい。 ・楽しいことは自分が満足するまでやりたい。 ・大人にほめられたい。 ・体をたくさん動かしたい。 ・ご飯をたくさん食べたい。	・友達の玩具を取ったり、押したりしなければ短時間一緒に遊ぶ時間をもてる。 ・順番を守ったり、遊具を譲ると相手が「ありがとう」と言ってくれる。 ・約束事を守れたり、些細なことでも成功体験につながることはほめる。 ・気持ちが高揚するときには環境を変えて全身を動かして発散する。
・友達に遊具を貸すことができる。 ・友達に順番を譲る。 ・誘ったり誘われたりしながら共有の遊具を用いて同じ遊び方でかかわる。 ・自分の失敗を大人に報告できる。 ・小集団活動の前にトランポリンで全身を動かし発散する時間を設けている。 ・給食を完食すればおかわりができる。	・相手が自分のペースに合わせてくれることで、やり取りが持続したり、相手の話を聞き気持ちを受け入れたりすることができる。 ・ほめられることで次の活動への取り組み意欲につながる。 ・体を動かして全身に刺激を入れることで気持ちを発散しリセットすることができる。
②の2　できること、やっていること	③気がついたこと

（したいことに対して、現実としてやっていることは？）
（そのための周囲の理解や支援はありますか？）

❷支援チームのエンパワメントシート

①希望・モチベーション（○○したい）	②の1　環境の後押し
・友達と一緒に過ごせる時間を保障したい。 ・楽しいことや好きなことは豊さんが満足できるまで時間を確保したり達成感を味わえるようにしたい。 ・衝動的な行動を軽減したい。	・コーナー別に遊具を2～3種類用意し遊びを自分で選択する環境を用意する。 ・タイマーを使い順番や始めと終わりを分かりやすく提示する。 ・約束事を守ったり、些細なことも成功体験になることはほめる。 ・体を動かしたりカームダウンスペースを設けて気持ちをリセットする環境を提供する。
・事前に写真や教材の提示を通して、活動に見通しをもつことができるように配慮する。 ・大人が仲立ちとなり、お互いの気持ちを代弁しながら相手の気持ちを知ったり、簡単なやりとりの経験を積むことができるようにかかわる。 ・気持ちが高揚したときには個別でかかわり気持ちをリセットするきっかけづくりを行う。	・初めてのことには全般的に強い不安を感じやすく、活動の取り組みにつながりにくい。 ・相手に否定や拒否をされたと感じると衝動的な行動につながりやすい。 ・事前に視覚的な手がかりや見通しをもつことで活動への取り組み意欲や落ち着いた行動につながるケースが多い。
②の2　できること、やっていること	③気がついたこと

🔷❶と❷のシートから気づいたこと

本人と支援チームのギャップについて
・豊さんは人が好きで、友達と一緒に遊びたいという純粋な気持ちをもっているが、不安や衝動性による一方的なかかわりにより行動面が注目されやすく、支援者が「困った行動」ととらえてしまいがちになっていた。

今後の修正点、アイデア、ヒント
・目の前で起きている状況にとらわれず、豊さんの発達や特性をふまえて支援を検討する（先入観をもたず客観的に状況を受け止めることは大切である）。 ・実際の支援やそのときの状況を個人記録などに残し、振り返りながら次の支援に活かすことができるように配慮する（支援を振り返ることはアセスメントの実施にもつながり、支援者の困り感や思いが先行していないか、支援者全員で見直すことができる）。

6 児童系 放課後等デイサービス の多角的モニタリング

1 支援者のその後の様子

　誠也さんの周囲への言動について、当初は誠也さんとの関係づくりや、通所を楽しみに来てほしいという思いから、好きな遊びを中心に組んでいましたが、あまりにもその思いを優先させ過ぎたことで、苛立ちをぶつけるような、現在の言動を助長させてしまったのではないだろうか。一方で、誠也さんの言動で、ほかの子の活動が進まないことがあるのも事実で、どう対応していけばよいかという悩みが利用開始から1年が経った頃の現場スタッフの間での話題の中心でした。

2 支援者間での見立ての違い

　放課後等デイサービスの利用から2年が経ち、以前より落ち着いて活動できる日が増えてきていましたが、思いどおりにならない苛立ちから周りと衝突することもありました。こうした誠也さんの様子を見て、スタッフ間でも以下のように見立てが分かれていました。

・全体活動への影響を考え、誠也さんには個別活動を中心に組むべきではないか
・個人活動ばかりではなく、みんなでの活動も意識してもらえるようになるためにも、好きな活動ばかりではないということを理解してもらえるような活動の組み方やスケジュール提示をするとよいのではないか
・そもそも、誠也さんの言動や行動で相手が嫌な思いをしているのは事実なので、相手の気持ちを理解してもらえるような指導をしたほうがよいのではないか

3　いろいろな立場から見た事例理解

　誠也さんの課題はいくつもありましたが、2～3人の小集団活動であれば活動できることが増えてきたり、年下の子へ順番を譲ったり、絵を描いてほしいというリクエストにとてもうれしそうに応じてくれたりと、少しずつ周りとのかかわりでの成長が見られてきていました。

　一方で、周囲の賑やかな声が気になったり、聞こえてくる会話や笑い声が自分に向けられているのだと勘違いして怒り出したりすることが増えていました。誠也さんに話を聞いてみると、一人で遊びたいときもあることを教えてくれました。

　事業所内の個別支援会議で行ったモニタリングでは、「小集団では活動できており、芽生えが見られるから、そのなかでスキルを伸ばしていくべきではないか」と、「誠也さんが周りの刺激に敏感になっていることは事実で、その声は無視できない。誠也さんの気持ちを尊重して個別活動を確保してあげるべきではないか」の二つの方向性で割れました。児発管からは、「どちらも大切なことではあるが、私たちだけではなく保護者や学校などの関係者からも話を聞いて、支援の方向性を擦り合わせる必要があるのではないか」ということを伝えました。

4　会議やミーティングでの取り組み

1　それぞれの意見

　誠也さんの今後の支援の方向性について決めかねていた現場スタッフの思いを管理者に相談しました。管理者からは、相談支援専門員に現状を伝え、一度関係者での共有の場の設定をお願いしてみたほうがよいと助言を受けました。そして、ケース会議を開いてもらうことになりました。

　会議には、母親、小学校の教頭と担任、主治医、保健師、相談支援専門員、放課後等デイサービス事業所の管理者、児発管が出席しました。目的はお互いの情報共有や今後の誠也さんへの支援の方向性の統一でした。そこでは以下のような意見が出ました。

・誠也さんは人の役に立ちたい、喜ばれたいという思いが強いと思われる。誠也さんがおこなってくれたことに対してはほめている。そうすることで誠也さんの自信にもつながるのではないかと思う。（小学校の担任）

・誠也さんは、相手との距離をとるのが得意ではなく、自分に注目してほしい気持ちからかえって距離が近くなってしまい、うまくコミュニケーションがとれないのではないかと思う。できるときには個別の対応が望ましいのではないか。（主治医）

・できればみんなと仲よくしてほしいので、家でも言って聞かせているが、なか

なかわかってもらえない。それが本人の苦手なことだとはわかっているが……。（母）

2　決まったこと、今後の方向性
会議をふまえて、以下の方向性をみんなで共有しました。
・人のために何かしたいという気持ちは大切にしていく。また、誠也さんがおこなってくれたことに対してはほめていく。
・本人から個別の活動の希望があった場合には、無理に集団での活動は行わずに個別の活動を尊重していく。
・誠也さんの障がい特性をあらためて理解したうえで、得意なことや配慮が必要なことを整理して、支援者・保護者間で共通認識をもって接する。

5　まとめ

・「得意なことに目を向ける」「できていることを評価する」という視点で支援をしていたつもりでしたが、適切ではない言動が目立つと、いつからかその言動にばかり目を向け、声をかけ、何とかしなければならないということが支援の中心であったことにあらためて気づかされました。さらに、支援目標も苦手なことや、できていないことをどうクリアしていくかという内容に偏ってきていました。「こうなってほしい」という支援者の一方的な思いが中心で、本人の思いが置き去りにされていました。
・児童期の支援においては、本人の思いと同時に保護者の思いも考慮したうえで支援を行う必要があります。保護者の思いも大切にしながら、どうやって本人主体の支援にしていくかということについて、誠也さんの支援でとても悩み、難しさを感じた部分でした。

支援に悩んだときは、まずは本人の声に耳を傾ける、本人が言葉にできないときにはじっくり生活の様子を観察して、本人が何を伝えたいかを考えていくことから始めてみてはどうでしょうか。事業所に求められている支援を行っていくことはもちろん必要だと思いますが、だからといって事業所だけで抱え込まずに、関係者、保護者を含めた「共同支援者」として本人をサポートしていくという姿勢が、児童期の支援においては特に重要なのだと感じています。

❶ 坂倉誠也　さんのエンパワメントシート

①希望・モチベーション（〇〇したい）	②の1　環境の後押し
・友達とサッカーをしたい。 ・サッカー少年団に入りたい。	・ルールを視覚的に提示することや、活動が始まる前にルールの確認、誠也さんの意見が言える場面の設定を行っている。 ・誠也さんの願いを叶えてあげたい気持ちが母親にはあるが、周りとのトラブルへの懸念から実現に向けて動き出せていない。
したいことに対して、現実としてやっていることは？　→ そのための周囲の理解や支援はありますか？	
・小集団での活動で、ルールの理解や順番を守ることなどを学んでいる。 ・自分の思いを相手に伝える練習をしている。	・周りとかかわることが決して嫌ではない誠也さんと、周りとのトラブルを心配している支援者とのズレがある。
②の2　できること、やっていること	③気がついたこと

❷ 支援チームのエンパワメントシート

①希望・モチベーション（〇〇したい）	②の1　環境の後押し
・苛立つ気持ちや、やりたいことなどを、行動ではなく言葉で伝えられるようになってほしい。	・衝動性や他者への配慮の難しさが障がい特性であることは理解しているが、相手に嫌な思いをさせることに対しては、厳しく伝えたほうがよいという意見や、トラブルを避けるために個別活動中心に取り組んでいくほうがよいのではという意見が他スタッフからある。
したいことに対して、現実としてやっていることは？　→ そのための周囲の理解や支援はありますか？	
・活動前に誠也さんの気持ちを聴き取る場面の設定や、話を聞いてほしいときに言うべき言葉のモデルを提示している。	・誠也さんへの支援方針が統一されておらず各スタッフの考えにバラつきがある。 ・個人としての誠也さん、集団のなかでの誠也さんへの対応のバランスの難しさがある。
②の2　できること、やっていること	③気がついたこと

❶と❷のシートから気づいたこと

本人と支援チームのギャップについて
・サッカー少年団に入りたい（みんなの輪のなかに入りたい）本人と、周りとのトラブルを心配し、対応に苦慮している支援チームとの間にギャップがある。

今後の修正点、アイデア、ヒント
・集団のなかでの他者とのやりとりやルールの理解などを中心に支援を行っていく。 ・個別活動は、集団のなかでうまくかかわることができるための練習の場という位置づけであり、決して周りとのトラブルを避けるわけではないことを再確認する。 ・本人の希望がどうしたら叶うかを具体的に提示できるように、保護者の思いの確認や方向性のすり合わせを行う。

column 15

利用者と支援者のニーズとは

濱谷徳彦
社会福祉法人美深福祉会 地域生活支援センターのぞみ

あるとき、グループホームの利用者Tさんから、「ホーム巡回時の安否確認をされることが嫌です」「部屋に来てほしくない」との話がありました。支援者側からすると、Tさんの気持ちは理解しつつ、安否の確認もないままTさんに健康や事故等の危険があった場合、その責任はどうなるのかという思いと、同時に今まで見えていたTさんの見えない部分が多くなることに対して不安を感じました。

私はTさんに何かあったときに、その責任はどうするのかという思いに駆られ、Tさんのもとを訪ねました。理由を聞くと、「毎日支援者に訪問をされることが監視をされているようで嫌だ」という内容でした。話し合いを重ね、万が一、事故でもあってはいけないとリスクを説明して、個別支援計画案に巡回で安否確認するという内容を加えて説明をしましたが、やはりTさんは自分の意思とは違いますと、計画案への署名拒否をしました。

私はTさんのニーズと、支援者側のニーズとの板挟みの状態となってしまい、運営側の対策もしつつ、Tさんに対して必要のない巡回をやめられないものかと考えました。

利用者の安全面から、全く安否の確認ができないことも問題になるため、重要事項説明書に「安全が確認できない状況や危険が予測される場合には、個人の部屋の安否確認をさせていただく場合がございます」と一文を盛り込むことで、Tさんだけのケースではなく全利用者を対象にしました。それと同時にTさんの部屋の安否確認だけの事務的な巡回はやめることになりました。これにはTさんにも同意と契約の署名をもらうことができました。

しかし数年後、Tさんは行き先を告げずに飛び出してしまい、いなくなったことが判明したのは1日経過した後でした。後日Tさんの所在と安否は確認できたのですが、やはり行政からは、判明するまでに時間が経過し過ぎている点と、なぜ巡回で安否確認を怠ったのかという指摘がありました（重大事故案件の報告となりました）。

行き先で連絡をとれるようにもなり、Tさんにこの先の暮らしについて尋ねたところ、「もう施設には戻りたくない」という言葉が返ってきました。私たち側はグループホームを地域生活と認識して、支援をしていましたが、Tさん側にすると、他人に管理をされている生活はどんな場所であっても管理されている施設と同じという強いメッセージでした。私は、「Tさんは管理をされた安心安全の生活よりも、リスクがあっても自由がほしい」という当たり前のニーズを主張していたのにもかかわらず、なぜ利用者側に立って考えることができなかったのだろうかと後悔をしました。ジレンマはありましたが、利用者と支援者のニーズに気づくことができた経験でありました。

3-2 有意義な会議をするために

1 個別支援会議とは？

1 制度における個別支援会議

　個別支援会議はサービス（支援）提供において、個別支援計画の原案を作成したのち、サービス提供職員と意見交換をする会議のことを指します。

> 障害者の日常生活及び社会生活を総合的に支援するための法律に基づく指定障害福祉サービスの事業等の人員、設備及び運営に関する基準（平成18年9月29日厚生労働省令第171号）
> **第58条**
> 6　サービス管理責任者は、療養介護計画の作成に係る<u>会議</u>（利用者及び当該利用者に対する指定療養介護の提供に当たる担当者等を招集して行う会議をいい、テレビ電話装置等を活用して行うことができるものとする。）<u>を開催し、当該利用者の生活に対する意向等を改めて確認するとともに、前項に規定する療養介護計画の原案の内容について意見を求めるものとする。</u>

　制度において個別支援会議は、個別支援計画が協働で作成されることを保障する仕掛けとして位置づけられるといえます。サービス管理責任者等が作成した原案を複数の視点で見て、意見交換を行うことで、計画の内容が精査されることを目指しています。

　しかし、個別支援会議をこうした本来の目的に沿って現場で実施することは簡単ではありません。例えば、こんな声が聞かれます。

> ・現場が忙しくて、集まって話し合う時間がとれない
> ・集まっても、意見交換が活性化しない
> ・誰かが発言すると、何となく「それでいい」雰囲気になってしまう
> ・話し合ったことが共有できない、現場に還元されない　など

このような悩みがありながら、制度としてやる決まりだからという理由で形式的に会議を行っても、あまり意味がありません。個別支援会議をできるだけ本来の目的に合う形で実施するために、もう少し、個別支援会議について理解を深めてみましょう。

2　広い意味での個別支援会議

　個別支援会議をもう少し幅を広げて考えると、一人の利用者に関する支援について考える機会のことを指します。個別支援計画の原案の検討という制度的な狭い目的ではなく、「支援について考える、検討する」ということが大切です。さらに「会議」という言葉を限定的にとらえてしまうと、会議室で集まるスタイルでしか考えられなくなるかもしれません。しかし、個別支援会議の本来の目的は一人の利用者に対して「支援を問い返し、よりよくしていく機会」であり、なおかつ「複数の視点で見て、検討する」方法をとることを考えると、私たちがイメージする会議だけが個別支援会議なのではなく、様々な工夫によって個別支援会議が目指す目的を果たすことができます。例えば、

・朝礼で利用者Aさんへのかかわり方について職員から悩みが出されて、ほかの職員何人かが工夫していることについて意見が出された
・送迎が終わった帰りの車内で気になる利用者のTさんについて話をした
・職員が支援で気になったことを書き留める共有ノートを備えていて、書いた内容に対してほかの職員がコメントを書けるようになっている
・ICTの活用で情報共有アプリを導入し、支援について気になることを投稿すると何となく意見交換になる
・日々の個別支援日誌には翌日の記載担当が前の日の記載に一言コメントを入れるようにしている
・職員は退勤前の所定の時間に利用者Kさんについてボイスメモで報告し、それが後日、文字になって共有される　　など

　こうした日常的な工夫はすべて「個別支援会議」の要素を含んでいます。「会議を実施する」と形式についとらわれていると、本質的なことを見失ってしまいます。大切なのは日常のなかに職員それぞれの支援を意識し、それを自分なりに表現する機会があり、それをお互いに語り合う文化を根づかせることなのです。それが、支援チームとしての大切な条件となります。おそらく、どこの現場でも

その素地はそれぞれの現場のなかに何かしらあると思います。

　サビ管等は率先して利用者の支援に興味をもち、多様な人たちが集まる職場のなかで、職員がもち合わせている可能性や個性をうまく活かして、支援について語り合う機会をコーディネートする役割が求められています。

2　本人参加の個別支援会議

　2024（令和6）年の制度改正で、個別支援会議に原則として本人が参加し、あらためて本人の意向を確認しながら計画原案の検討をすることになりました。これは、とても重要なことですが、同時にとても難しいことです。本人が会議に参加することに関して、現場からいくつかの疑問や不安の声があります。例えば、難しい議題がある場合や時間がかかるときに、知的障がいの人にとってはわからないことが多く、苦痛や負担になるのではないか、また、本人のことについて支援者同士が検討する際に本人には聞かせられない話題もあるのではないかなどの声が聞かれます。確かに、これまで現場で行ってきた会議を基準にすると、不安や疑問が生じるかもしれません。今回新たに原則となった本人参加は、これまでやってきたような会議にそのまま本人に参加してもらうということではなく、本人の参加を保障するために会議のあり方ややり方を見直すことを意味します。そもそも、本人主体の支援のプロセスの一つなのですから、本人抜きで話をしたり、ことを進めたりするのではなく、本人が参加し、本人とともに進める、会議も本人が参加するのが当たり前で、そのために、本人が参加しやすい環境づくりをするということなのです。

　具体的にどのような工夫や配慮があるのか、例をいくつかあげてみます。

- 会議をいくつかのパートに分けて本人が参加しやすい、できる範囲で参加してもらう。または会議自体の時間を短くする。
- 資料はわかりやすく、見やすく、計画原案を図解したり、ポイントだけ絞ったシンプルなものにする。
- 最初の挨拶や最後の挨拶をする、飲み物を出すなど、本人が会議運営に携わることで参加を実感してもらう（検討はできなくても参加する経験を保障）。
- 本人の参加が難しいと判断する際には、複数の関係者が協議して判断した経過や結果を記録しておくとともに、今後はどうしたら本人の参加が可能なのかを検討する。

こうした工夫は一人ひとりの利用者の障がい特性や個性、能力や経験などを考慮して、検討しなくてはなりません。しかし、本人の参加を考えることは、本人への支援の方法やかかわるうえでの大切な視点に気づくチャンスになるはずです。これまではサービスを受ける側でどちらかというと受け身になってしまっていた利用者が、会議に「参加する」ことで主役として認知され、協働の担い手としての役割をもつ機会は、主体性を発揮する経験につながります。

　意思決定支援で障がいをもつ人たちの主体性の土台がとても弱い現実があることにふれましたが、会議への参加はそうした課題解決の具体的な一助になるのです。実際の会議の場でどんな意見を言えるか、どれだけのことが理解できるのかというより、参加するという機会保障が重要なのです。これまで、本人抜きでもおかしいとは思わなかった支援者の意識を見直し、本人のことは本人も一緒に考えるというリアルな体験を共有することそのものに、大きな意味があるのです。

3　会議を実施する

　実際に会議を行うときに知っておくと便利なことをまとめます。

1　会議の準備（企画）

　会議を行ううえでは段取りがとても大切です。企画する側として以下のことを理解把握しておきます。何人かで協働して会議を行う際には運営チームでそれらの内容を共有します。
- 会議の動機、目的、到達点（どういうきっかけで、何のために、どんな成果や結果を目指して行うのか？）
- 適切な日時と場所
- 参加者の構成とキーパーソンや配慮の必要な人の有無
- 議題やテーマなど扱う内容や進め方、時間配分

2　資料の種類と作り方

　会議の資料として必要なのは、①案内、②レジュメと当日資料、③記録の3種です。
① 案内は参加者に会議があることを周知するためのものです。日時、場所、会議の目的、参加対象者と主な議題などを必要に応じて書きます。一部の人が参加する会議であっても、実施することについては事業所内で共有することが望ましいため、直接の参加対象の人以外にもわかるようにします。
② レジュメと当日資料は会議当日に会議の進行や内容、具体的な到達点を共

有するためのものです。
- 会議名、日時、参加者
- 内容（事務連絡、報告事項、共有事項、協議事項など）
- タイムスケジュール、時間配分などが書かれています。当日の進行はそれに沿って進めます。

③　会議では記録を必ずとっておきます。書記を決めて記録をとることが多いと思いますが、その場でパソコンのレジュメのデータに入力してしまうのが一番手軽です。その場のパソコン操作が難しければ、メモをとって後日作成します。最近ではボイスメモや録音など音源を記録に活用するケースも増えています。書記にお願いする場合は議論の経過を全体的に記録しておいてもらい、共有や報告のための記録は、サビ管・児発管が重要なところや強調したいところなどを要約や抜粋をして、わかりやすくする必要もあるでしょう。

記録の共有は、参加できなかった人への情報共有のため、参加した人たちには内容の確認の意味があります。また、個別支援会議は制度で実施が位置づけられているので、実地指導で開示を求められることがあります。事故や虐待、苦情対応などのリスクアセスメントにおいて会議の記録が重要になることもあります。

このように、記録は支援の質向上のためのチーム支援と、制度に基づいた事業の運営管理上の二つの側面から必要性があるのです。

＜例＞

中間評価のモニタリング会議

日時：2023年9月1日　17：00～19：00
会場：事業所内会議室
参加者：サビ管○○、担当職員△△、××…

(1) 報告・共有事項（15分以内）
　　①前回のモニタリング会議の結果について
　　②研修員会から（来月の研修内容について…）
(2) 協議事項（各20分目安×4＝80分）
　　Aさん、Bさん、Cさん、Dさんの4名（別紙資料あり）
(3) その他（事務連絡など）

4　会議のロールプレイをしてみよう

　研修では模擬会議の演習をロールプレイ方式で実施します。ロールプレイは援助職にとって非常に有意義な学習方法です。効果を生み出すためのコツがありますので、以下に紹介します。

1　場面設定を丁寧に行う

　ロールプレイは架空の場面をつくり出し、そこで役になりきり、自分がどのような気持ちや感覚を抱くのか確かめることが一番の目的です。つまり自分ではないほかの人に少しだけなってみることができるのです。その体験のためには事前に場面の設定を参加者で丁寧に細かく確認・共有する必要があります。実践研修における個別支援会議の演習では、どこで（舞台となる事業所のイメージ）、いつ（曜日や時間帯）、誰が（集まる人たちの人選）、何のために（ねらい）集まり、どのような（方法）進め方をするのか、事前によく検討するほうがよいでしょう。

2　役選び・役作りを行う

　ロールプレイの学習効果を高めるためには、自分ではない別の人になりきることが重要です。したがって、誰がどの役をやるのかという役選びと、選んだ役になりきる役作りが重要です。役のことを経験している人や理解している人が役を担うほうがスムーズでリアルではありますが、準備や場面設定を丁寧に行い、あえてよく知らない人が役を担うことで、理解を深める方法もあります。いずれにしても、意図的に役を選び、役作りをしていくことが大切です。

3　メリハリをつける

　ロールプレイは「準備」→「本番」→「振り返り」と展開しますが、本番は別の時間や空間にいく、ぐらいの切り替えが必要です。しばしば、研修のなかで行うために、演習の延長のようになってしまい、臨場感を味わえなかったり、立場への想像が弱くなったりすることもあります。ロールプレイを始める前に、「ここは○○事業所の会議室です。○月○日の16時です…」と情景を共有したうえで、「はい、スタート」と声をかけるなどして、研修のグループワークとロールプレイの切り替えを意識して行います。

4　効果的な振り返りを行う

　ロールプレイの振り返りの始まりは「○○さんとして会議へ参加して、どんな気持ちになりましたか？」「気づいたことはありませんか？」という問いかけを

します。ここで気をつけたいのは、ロールプレイはある意味演技をすることになるため、「○○役が難しかったです」「恥ずかしくてなりきれませんでした」などと、演じたことへの難しさや感想になってしまうことがあります。それは、わきに置いておき、自分とは違う人の立場になってみて気づいたことや感じたことを共有する振り返りを行います。特に本人や家族の役になって、会議に参加する経験は新たに原則となった本人参加の会議を実施してくために、たくさんの示唆をくれる貴重な経験となるでしょう。

column 16
帯広での精神障がいがある人への地域生活支援

津田俊彦
社会福祉法人慧誠会　帯広ケア・センター／多機能型事業所 稲田館

　ここで取り上げるのはかなり前の話で、私がサビ管としてかかわった事例ではありません。しかし、このなかにサビ管に求められる大切なことが含まれると思うので紹介することとします。

　Pさんに初めて会ったのは21年前です。アルコール依存症の人で当時の上司がかかわっていた集団療法に参加していた縁で私の勤める通所授産施設の利用を開始しました。この人は北海道の先住民族アイヌの人で、これまでの苦労も多く脳梗塞の後遺症もあり口の重い人でした。また、Pさんの妻Qさんは英語圏ではない国の出身で、二人の間には小学生の息子のUくんがいました。

　あるとき、上司からPさん夫妻のコミュニケーションがうまくいかず介入が必要なので家族内の話し合いをすると伝えられ、Pさんの担当であった私も参加しました。この話し合いはPさん、日本語もたどたどしく思うように考えを表現できないQさん、Uくんと我々に加え、通訳を交えて行いました。

　この話し合いに到ったきっかけは、Pさん夫妻のコミュニケーション不足から様々な誤解が積み重なり、口論の絶えない環境下となり、そのなかで次第にUくんが両親の言うことを聞かなくなってきたことです。その困りごとの相談を受けた上司はこのような話し合いが必要と判断しました。また、Qさんが言いたいことを表現できるように通訳の協力も得ることにしました。

　ここで上司は、二人がこれまでの思いや考えを表現し、それをUくんにしっかり聞いてもらえるよう場面設定をしました。二人の話はずっと以前の結婚前にも遡り、「あの時こうしたのはこういう意味ではないのか？」「いや、それはそんな意味ではない」というようなやり取りになりました。率直に言って当時小学生だったUくんが聞くには厳しい赤裸々なやりとりでした。しかし、最終的に二人がお互いを、そしてUくんのことも大切に思っていることが伝えられました。印象的だったのは二人がUくんの前でお互いの悪口を言うという話が出たときに上司が言った「両親のコミュニケーションが悪く、お互いの悪口を子どもの前で言うと、子どもは親の顔色を見て都合よくふるまうようになる」という言葉です。この話し合い後、Uくんは両親の言うことをよく聞くようになったとのことです。当時小学生だったUくんには理解が難しい話もあったと思いますが、両親の率直なやり取りをしっかり聞いて受け止めたのだと思います。このような話し合いに参加できる機会を得たことは私にとって大変深い学びになりました。

　サビ管として現場で利用者や職員と向き合う皆さんは多忙な業務に追われ、正直なところ職員教育にまで手が回らないかもしれません。また、このエピソードを読んで「自分にはそんなことを部下に示す力はない」と思う人もいるかもしれません。私がこのエピソードから伝えたいのは、皆さんがサビ管（あるいは上司）として仕事に携わるなかで身につけ大切にしている「核」のようなものを必要なタイミングで部下の人達に伝えることの重要性です。そこで求められているのは何かの「正解」を示すことではなく、物事の考え方の大切な部分を伝え、その人が次に自分で大切なことを考えていけるような働きかけや促しだと思います。このような役割を果たしていくなかで自分も磨かれ、現場を担う部下の人たちも成長してくれるのだと思います。皆さんが自分で学び深めてきたことを後に続く人たちに受け継いでいっていただくことを願います。

column 17

自閉スペクトラム症のある方への支援

中野喜恵
社会福祉法人にしおこっぺ福祉会
障がい者支援施設　清流の里

　私は、自閉スペクトラム症をもった人に関わって20年になります。約10年間関わった男性（Oさん）からたくさん考えさせられ、お恥ずかしながら大いに苦しみました。Oさんの「本当のニーズやそのためにどのようにそれを達成していくか」、たくさん考えたことを今でも思い出すことがあります。

　Oさんに関わるきっかけは、私が発達障害支援センターで仕事をしていた頃の1本の電話でした。Oさんは大学を1年で中退してから自宅を出られない状態が6年続いていました。ストーブのサーモスタットの音、家族のトイレで流す水の音、電子レンジや洗濯機の終了音、家の中でハエが飛ぶなどの予想していない刺激に対して椅子を振り回す。家の窓ガラスを割る、叫ぶ、音の鳴る家電製品をことごとく破壊するなど、Oさんも家族もつらい日々を過ごしていました。また、唯一の関わりをもつ家族も自分の思うように動かなければ、2～3時間説教が続く。考えが止まらなくなると数日の間動きが止まり、座ったままの状態でエコノミー症候群になる。我に返ったときにカレンダーを見て、食べていなかった食事をまとめて摂ることもありました。Oさんと会って話をするまでの半年間、週に1度1時間の電話での面談をおこないました。Oさんのニーズは「話を聞いてほしい」というものでした。しかし、今の環境を変えなければOさんも違う視点に立つこともありません。知的にハンディのない自閉スペクトラム症。二次障害をもつ行動障がいの状態になった彼との関わりのスタートでした。Oさんのニーズに応じ今までのつらかったことについて話を聞きました。小学校時代からの自分の苦労、家族への苦情という過去の経験や変化を受け入れられない自分を、誰も理解してくれないというものでした。傾聴することで関係性ができてくると精神科の病院に通いたい、外食がしたい、ゲームを買いに行きたい、などのニーズが出てきました。今の自分についても話を始めました。私の異動に伴ってOさんは生活介護事業所に1か月に2回2時間通うことになりました。母親の力を借りながら通所し、公共交通機関に乗ることもできました。また、経験のないことや変更をすること、見えない今後に対してどうしていくか。一人暮らしの願いのため短期入所などニーズに向けたサポートが始まりました。自己認知や社会生活の学びなど約5年にわたり関わり続けてきました。短期入所に入ることでOさんの考えた日課を時間どおり過ごすこともできるようになり、相談員と一緒にアパートを見て回り、念願の居宅介護を使った一人暮らしが実現しました。その後、就労継続B型事業所を希望し生活介護事業所を退所。私たちとの関わりが途絶えてしまいました。

　「話し相手がほしい」というニーズからOさんの特性、おかれていた環境状況を知ったうえで主訴の裏を知り、豊かな暮らしに対し見通しのもてる情報の提供をすることの大切さを痛感しました。Oさん自身の確実にできるという成功経験の積み重ねまでに時間がかかるサポートでしたが、自己決定による生活が長く続いていることを願っています。

Part2

実践編

第 4 章

人を育てる、育ち合う

NAVIGATION

第4章を学ぶ目的とポイント

　第4章は「人を育てる、育ち合う」をテーマに、事業所における人材育成の重要性とポイントについて学びます。
　サビ管・児発管実践研修の「人材育成の手法に関する講義及び演習（3.5時間）」にあたります。

本書の構成	科目名	内容・目的	時間
4-1　学び合い育ち合うチームづくり	サービス（支援）提供職員への助言・指導について（講義・演習）	・サービス（支援）提供職員への支援内容、権利擁護・法令遵守等に関する確認や助言・指導を適切に実施するための方法等について講義により理解する。 ・講義をふまえて、受講者が事業所において実施している助言・指導業務について、グループワーク等により振り返るとともに、今後の取り組み方について討議する。	90分
4-2　事例検討の進め方	実地教育としての事例検討会の進め方（講義・演習）	・事例検討会の目的、方法、効果等について講義により理解する。また、事例検討会の実施がチームアプローチの強化や人材育成にも効果を有することを理解する。 ・受講者がもち寄った実践事例を基に、事例検討会を行うことで、事例検討会の進め方を習得する。	120分

　人材育成は支援の現場にとって悩みが尽きないテーマです。人材不足も年々深刻になり、せっかく見つけて育てた人材が、なかなか定着しないこともあります。また、忙しくて十分な研修ができない、未経験者や多様な人材の採用などで、チームづくりに工夫が必要になることもあります。
　4-1（p.211）では、チームを見立てる視点と、チームづくりに不可欠なコミュニケーションのあり方について、いくつかのキーワードでそのポイントを伝えています。
　4-2（p.219）では、多様な事例検討の実践を紹介します。人材育成にとって、日々の支援実践がもっとも効果的なフィールドです。事例と真摯に向き合うことが学びの機会になることをふまえて、繰り返し実施してきた事例検討の実践例から意義や方法、具体的な進め方について伝えます。

4−1 学び合い育ち合うチームづくり

　福祉現場は慢性的な人材不足の課題を抱えています。未経験者はもちろん、多様な人材が支援現場で働くようになっています。離職者も多く、職場定着を促進するための工夫も必要となっています。メンタルヘルスも年々大きな課題となり、職員への指導・助言業務の悩みは尽きません。そもそも、「私は、障がいのある人たちへの支援の仕事がしたくて、この職に就いたのに、職員の対応に追われるのは…」「人に指導、助言するなんて、私には無理」という気持ちがある人もいるのではないでしょうか。

　人材育成、チームづくりといっても、実にいろいろなやり方があります。サビ管・児発管のキャラクター（個性）もありますし、チームのカラーやそれぞれの個性や経験、スキルによっても異なります。どこの現場でも万能な方法があるわけではないですし、正解があるわけでもありません。では、どうしたらよいのか考えてみましょう。

1　可能性と課題を見立てる

　人材育成には「これをやると大丈夫」という絶対的な正解はないですが、「このような進め方をするとよいでしょう」という進め方のコツはありそうです。それは「計画的に戦略をもって継続的に進める」ということです。それは利用者への支援ととてもよく似ています。支援において見立てと支援方針が大切なように、チームをつくるためには、そのチームの見立てとチームづくりを進めていくための方針が必要なのです。まずはそこから取り組んでみましょう。

　チームの現状を見立てるときには「可能性」と「課題」の両方を検討します。そして、可能性をうまく活用することがポイントです。これはつまり「ストレングスモデル」です。支援で大切なことがそのままチームづくりでも大切なのです。ここでは、チームの見立てをするための視点をいくつか紹介します。

□人数・規模
□勤務条件（正職員、パート、シフトの種類など、集まる機会をもつための時間

　　　　的な条件）
　□職制や職種（専門職の有無、管理職の種類や構成など）
　□メンバーの経験（経験者の人数、新人や未経験者の人数、割合など）
　□メンバーの個性（人柄や特技、コミュニケーション傾向の把握、キーパーソンの存在など）
　□メンバーの動機（何をモチベーションにして動くのか、何に興味をもつか）
　□メンバーの学習スタイル（どのような学び方が合っているのか）
　□メンバーの関係性（上下関係があるか、対等な関係か、それが一部か全体かなど）
　□コミュニケーション手段（声かけ、ICT、ノート、朝礼などの集まる機会の有無など）
　□チームの多様性（似たような考えの人が多いか、多様なのかなど）

2　学び方と動機

　チームづくりのためにアセスメントする項目はたくさんありますが、なかでも効果的な作戦を立て、具体的な取組みを行うためのヒントが得られる大切なポイントを二つ紹介します。それが「学び方」と「動機」です。

　まずは「学び方」です。物事を覚えたり、理解したりする方法はみんな同じではなく、それぞれ違っていて、それぞれに合った学び方があるということです。学び方の選択を間違えると、余計な苦労をしてしまったり、いつまでたってもできない人だと思われたりします。

　学び方の傾向は大まかに分けると、

---

①　見て覚えるのが得意な人（視覚タイプ）
②　聞いて覚えるのが得意な人（聴覚タイプ）
③　やってみて覚えるのが得意な人（体得タイプ）

の三つのタイプがあります。ただし、はっきりとどれかに分類されるわけではなく、複数の組み合わせもありますし、環境によって変化する場合もあるでしょう。大切なのはメンバー一人ひとりに合ったスキルの身につけ方があり、それは同じではないということを理解することです。

そして、もう一つが「動機」です。支援の職場としては「何をやりがいにして支援の仕事をするのか？」ということです。特定非営利活動法人えじそんくらぶ代表の高山恵子さんが整理した幸福感の三つのタイプが参考になります。

> ① 成長・達成感タイプ：仕事が認められる、できなかったことができるようになる、ほかの人ができないことができる
> ② リラックス・安心感タイプ：日々の繰り返しを着実にこなす、同じ仕事にじっくり取り組む、地味な仕事をコツコツやる
> ③ つながり・共感タイプ：誰かの役に立つ、誰かと一緒に経験を共有する、お互いに助け合う

これも学び方と同様にどれか一つに当てはまるというわけではありません。大切なのはメンバー一人ひとりで動機ややりがいが異なるということへの理解です。それはつまり、育成方法や声かけがそれによって異なることを意味します。よく、人を育てるためにはほめることが大切と言われますが、ほめられることが苦手な人もいるのです。動機のタイプの違いでチームのノリについていけずに、無理に合わせて人知れず疎外感を味わっている人もいるかもしれません。メンバーの動機の把握は、チームづくりをするうえで重要です。役割分担や話し合いの方法や情報共有のもち方などを工夫する際の根拠となります。

チームのアセスメントについてヒントを紹介しましたが、次に現場が学び合えるコミュニティになるためのコミュニケーションのポイントを具体的に説明します。

1 アサーティブ（自分も相手も大切にする）

アサーティブは日本語では「自他尊重」と表現することができます。コミュニケーションや対人関係において「自分も相手も大切にする」という意味です。つまり「対等」の基本姿勢といえます。支援現場におけるコミュニケーションは、特に「アサーティブ」を意識できるか、体現できるかがとても重要です。

アサーティブは理解できても、具体的に行動することが難しいものです。その理由はそれぞれが身につけてしまっているコミュニケーションや対人パターンがあり、そのパターンに引き寄せられてしまう傾向があるからです。アサーティブを実現するためにはまず、自分自身のパターンを理解し、自覚することが必要となります。支援現場において展開されるのは「自分の意見を発信する」ことと「他

者の意見を聴く」ことの繰り返しなので、その両者のパターン、癖を振り返ってみましょう。

1　自分の意見を発信するパターンや癖の例
- 自分の意見を言えない、言わない、言いたくない
- 言うときと言わないときがある（どんなときに言うか言わないか）
- 言うことが変わりやすい、または、同じことを頑固に言ってしまう
- 思いついたら何でも話してしまう、または、迷っているうちに言えないままになる
- 周囲の反応が気になる、または、相手のことを考えずに言ってしまう
- しばしば言いすぎる、または、言いたいことがわからない　など

2　他者の意見を聴くパターンや癖の例
- 自分と違う意見を聴くのは面白い、何故そう思うのか気になる
- 自分と違う意見には否定的な気持ちになる、素直に受けとれない、裏を読んでしまう
- うなずきや相槌などをよくする、または、黙って考えながら聞くのでリアクションは少ない
- 聞いているふりをしてしまう、発言する人によって聴き方が変わる
- たくさん言われるとわからなくなる、または、すべてそのとおりだと思ってしまう
- 声の大きい人や多数派に流されやすい、または、多数派に抵抗してしまう　など

　これらは複数当てはまる人もいるでしょうし、時と場合と相手によって異なると思います。主に職場のミーティングの場においてのパターンを考えてみましょう。会議の場では「発信する」「聴く」がバランスよく発揮されることが大切です。ただし、その人の個性でどうしてもバランスよくというのが難しいかもしれません。一人でバランスをとる必要はありません。会議を行うチームメンバー全体でバランスをとることもできます。したがって、自分だけではなくチームメンバーの傾向も知っておくこと、さらにはメンバー同士がお互いにパターンや癖を理解し合っているとさらにチーム力は高まるでしょう。

　そのためには、メンバーのそれぞれが自覚できるように普段から声をかけ合ったり、チェックシートを用いたり、パターンや癖について相互に理解を深める機会が必要です。飲み会もその一つの効果的な方法になります。それだけではなく、研修会や交流会、普段の何気ない日常会話や雑談なども効果を発揮することがあ

ります。いずれにしても、それぞれの現場の現状に応じて、メンバーがお互いを知り合い、気軽に声をかけられる関係や環境があることがポイントです。

2　フィードバック（客観的に伝える）

学び合い育ち合うチームづくりのために効果的なアクションの一つに「フィードバック」があげられます。アサーティブのなかで出した対話の2大要素である①自分の意見を発信する、②他者の意見を聴く、の両者を組み合わせた行動だといえます。つまり、相手の話を聴いたり、行動を受け取ったりするなかで感じたことや気づいたこと、整理したことを言葉にして、相手に確認をする行為のことを指します。

フィードバックは単に自分の意見を伝えることとは異なり、いくつかの要件があります。一つは主語を自分にした「I（アイ）メッセージ」で「自分が感じたこと、考えたことを伝える」という点です。誰かがそう言っていたとか、普通はそうだろうということではなく、自分自身が感じ取ったことを「私は〇〇だと思いました」という具合に、必ず「私は」という主語をつけることで相手にも明確に伝わります。しばしば、「あなたは〇〇ですよね」と相手を主語にして決めつけるような表現をしてしまうことがありますが、それはフィードバックではありません。

二つ目に、フィードバックは評価や審判をしないということです。言い換えると「鏡のような役割を果たす」ことです。鏡は私たちの姿をそのまま映すだけで、何の主観的なコメントもしてきません。それを見た自分が「今日は疲れた顔をしている」「肌の調子がいい」などと感じ、自分自身を評価・判断をする材料になります。フィードバックもそれと同じで「あなたの話を聴いて、私はこう感じました」「あなたが伝えたかったことを、私は〇〇だと理解しました」「あなたの話から焦りを感じ取りました」など、自分が相手の発信から受け取ったことをそのまま言葉にして返します。相手の発信に対して善悪や正しいとか間違っているなどという審判をしないことです。とはいっても、違う価値観をもつ主体が返す言葉ですから、本当の鏡のように全く主観が入らないということは難しいものです。

そのため、最後のポイントは、フィードバックした後は、相手に委ねることです。具体的には伝えるときに「それで、合っていますか？」とか「あなたはどう思いますか？」などという言葉を最後に添えるとわかりやすくなります。自分の意見と相手の意見を区別して、お互いに感じたことや考えたことを話すこと、また、その内容は違ってもよいという姿勢を示す具体的な言葉になります。

3　メンバーの力を活かす

もう一つ、学び合いの場を創り出すためポイントがあります。それは、できる

だけメンバーの特徴、そして日々の気づきなどをうまく引き出し、活用することです。支援の基本に「エンパワメント」がありましたが、それは支援の場面だけではなく、人材育成の場においても同じです。一人ひとりの個性や力は放っておいても発揮されません。その環境によって、力がうまく発揮されることもあれば、逆に学びを阻害してしまうこともあります。

　例えば、専門知識が少ない新人には知らないからこそ、気づくことがあります。また、ベテランは経験があるからこそ、知識を活用し、アイデアを出すことができます。しかし、ベテランが新人の知識不足を指摘するだけで、新人ならではの視点を否定してしまえば気づきや学びのチャンスを狭めてしまいます。どんな立場であっても、知識が多くても少なくても、経験が豊富でも少なくても、それぞれの個性や感性、経験から気づくことがあります。そのなかから議論に役立つ要素を何かしら取り出して、学びの素材として活かすことがとても大切です。これは、支援の基本でも重要だった「ストレングスモデル」と考え方は同じです。サビ管・児発管がリーダーシップを発揮して見本になる方法ももちろんありますが、チームメンバーのもっている力をうまく活用していくこともリーダーの役割といえます。

　ただ、力を活かすことは、何でも「いいよ」と認めることとは異なります。チームにおいて「誰も否定しない」姿勢は当然大切ですが、「否定しない」ことは「すべて受け入れる」ことではありません。コンプライアンスや利用者の権利擁護の視点に立ち、時にはリーダーとして毅然とした対応が求められることもあります。その場合、できるだけ感情を挟まずに、客観的な情報を提示して、相手に気づきを促し、判断を待つことは必要です。

　肯定して取り上げるにしても、異議を唱えて別の意見を伝えるにしても、それは相手の全人格や存在を指して行うことではありません。発言の一部や考え方の一部について、その現場において必要とされることに対して、合致しているのか、ふさわしくないのかということを伝えるだけなのです。しばしば、異なる意見を伝えることへのためらいによって会議が予定調和的になってしまい、本心を出し合えずに、表面的になってしまうという悩みが語られることがあります。そうならないためには、発言や考え方をその人から切り離して、具体的に取り上げ、その内容を取り扱うようにしましょう。

「もう少し様子を見てはどうでしょうか？」
○「様子を見るというのもいいかもしれないと、私は思いました。○○さんはどう思いますか？」

× 「そういう発想ができるのはさすがです、やっぱりすごいですね」
○ 「私は様子を見るのは心配です。理由は○○だからです。でも、心配なのは私だけかもしれないので、ほかの方はいかがでしょうか？」
× 「様子を見るなんて、よくそんなこと言えますね」

[参考文献]
・高山恵子・平田信也『ありのままの自分で人生を変える 挫折を生かす心理学』本の種出版、2014年

column 18

視野を広げる

荒川真司
特定非営利活動法人しりべし地域サポートセンター
サポートセンターたね

様々な経歴や個性をもった職員の強みをどう活かしていけばよいか、どうまとめていくか、今でも葛藤することがあります。経験者が集まると、事業所としては運営がしやすい、支援を進めやすいといった気持ちが正直ありました。そんな私の考えが変わり視野が広がったと感じたエピソードがありました。

未経験でも障害福祉に興味をもち入社する人が少なくありませんでした。Lさんという職員も福祉未経験の人でした。長期休みの活動内容を職員で検討をしていた際に、Lさんが、「知り合いの音楽団体が無償で楽器を貸してくれる場所があるから、そこで自由に音を楽しむ企画はどうだろうか」と提案してくれました。提案を聞いたとき、音の過敏さや、自由度の高い活動による見通しの立ちにくさなどを考慮した内容に変更したほうがよいのではないかと思いました。しかし、Lさんの「子どもたちの芸術的感性を伸ばしたい」という発言を聞き、Lさんの熱意に半ば押される形で企画を採用しました。当日を迎えるまでは少し不安でしたが、いざ子どもたちが楽器を目の前にすると、楽器に興味津々な子や、夢中になって音を出す子など、子どもたちの新鮮な姿を見ることができました。その光景を見たときに、これまでは障がい特性への配慮を重点におくことを事業所のスタンスとして伝えてきたため、子どもたちの可能性や経験に着目する視点も大切であることを伝えられておらず、結果として職員の視野を狭めていたことに気づかされました。支援を提供するうえでは、個々の障がい特性に合わせることが基本ですが、特に児童期の支援においては、子どもたちに何を見てもらい、どんなことを経験してもらうことで、その子の成長にどう影響するかという視点も大切だと思います。それらを十分に伝えられていなかったことや、自分自身の視野が狭くなっていたことを反省させられました。

このエピソードのように、新しい職員が入ったことにより、違った考え方や視点が生まれます。最初は事業所のこれまでの方針や雰囲気になかなか馴染まないかもしれません。しかし、それを「異質」ととらえるか「チャンス」ととらえるかで、事業所全体の視野の広がり方が大きく違ってくるのだと思います。

事業所全体の視野が広がっていくためには、職員一人ひとりの経験や個性が十分に発揮される環境が必要で、その環境をどうつくっていくかが管理職の腕の見せ所なのだと感じました。今も日々模索中ですが……。

column 19

地域における研修の実施・人材育成

佐藤直美
一般社団法人くらしネット Link　広域相談サロンくらしネットオホーツク
オホーツク圏域地域づくりコーディネーター

　北海道が実施する相談支援従事者研修およびサービス管理責任者・児童発達支援管理責任者研修では、道内各地で実際に相談支援専門員やサビ管・児発管として働いている仲間が、演習のお手伝いをする「ファシリテーター」として参加しています。

　ファシリテートは「容易にする」「促進する」という意味。グループメンバーの作業や学びがスムーズに進むためにガイドをしたり、メンバーそれぞれがもっている力を引き出すための手助けをしたりします。具体的には、時間の配分に気を配ったり、楽しく話しやすい雰囲気づくりをしたり、必要に応じて話し合いの論点を整理しテーマから外れていないかなど確かめながら、進行を円滑にしたりします。メンバー一人ひとりの得意なところ、よさをアセスメントしながら、意見をよく聴き、気づきにつながる質問をするなどします。ファシリテーターは、先生でもなく指導者でもありません。「学びの主体は、受講者」なので、メンバー一人ひとりが主体的に学ぶ力を信じ、見守ります。また、グループメンバー間の「学び合い」も意識します。見方や視点が違うからこそ、支援のアイデアや学びや気づきが広がることに気づいてもらうのも、ファシリテーターの役割です。

　研修にファシリテーターとして参加することで、自身の役割を再認識できることはもちろんですが、その経験を事業所内のチームづくりやスーパーバイズに活かすことができたという話をよく耳にします。

　北海道のサビ管・児発管研修では道内各地から仲間が集まりファシリテーターとして研修のお手伝いをしています。それまで顔を合わせたことがないよその町の仲間と、一つの研修をつくり上げていくことで、顔の見える関係がうまれます。普段の仕事上の悩みを相談し合ったり、「個別支援計画のアセスメント表、どんな様式を使っているの？」「生活介護の活動プログラムがマンネリしてるんだけど、あなたの事業所ではどんな活動しているの？」といった実践交流の機会につながっていきます。そうした顔（人となり）の見えるつながり（関係性）が、地域全体の支援力向上につながっていくのではないでしょうか。

　特定非営利活動法人北海道地域ケアマネジメントネットワークの2020年度通常総会の場で、その当時代表理事だった門屋充郎さんが「現場の未熟さが、本人たちにつらい思いをさせてしまう」と語っていました。現場のスキルアップ、人材育成は大事なことです。障害福祉に携わる私たちみんなが、自分が働いている事業所にだけ目を向けるのではなく、視野を広げ地域全体を見渡して「みんなで学び合おう」という意識をもつことが大事なのではないでしょうか。それぞれの法人や事業所には得意分野があるはずです。反対に苦手分野もあることでしょう。地域で開催される研修会や会議に出席したとき、隣の席の見知らぬ人に声をかけ知り合いになって、相談し合ったり学び合ったりできる仲間を広げることなら、誰でもできそうです。「人材育成」というと「職場内での、教える・育てる」という意味合いにとらえられることが多いかと思いますが、「職場を越えた仲間づくり」も地域全体の人材育成に必要な視点だと思います。支援力の向上が、目の前の利用者やご家族に還元され、その地域全体に蓄積されることでしょう。

4-2 事例検討の進め方

1　事例検討を進めるための基礎知識

1　事例検討か？　支援検討か？

　個別事例に即して、検討を行うことは支援者のスキルアップの貴重な機会となるため、多くの現場でも行われていると思います。しかし、やり方によっては支援の質によくない影響を与えてしまうこともあります。その効果の分かれ道となるのが「何に注目した検討なのか？」という視点です。事例検討という名称から、「事例＝本人」ととらえて、本人を対象化して検討する視点が強くなると、支援者目線で評価したり、本人の言動のよし悪しが話題になったりしがちです。特に事例検討は支援者だけで行うことが多いため、視点は支援者となり、本人の思いや希望は後回しになることも多いものです。

　学びにつながる事例検討とするためには「事例＝支援」ととらえることがポイントです。検討するのは支援であり、支援には本人と本人を取り巻く周囲の環境も含まれます。支援者との関係や支援のあり方も含めて検討する視点が重要なのです。ですから、「事例検討」というより「支援検討」と呼ぶほうが適切といえます。

　「どのような支援があるなかで、本人がどのような状況にあるのか？」

　事例検討はそこから始まります。

2　支援者のエンパワメントの機会

　もう一つ大切なことは、事例検討は支援者のエンパワメントの機会でもあるということです。時々、事例検討は公開処刑のようでやりたくない、ダメだしされるから怖いなどと実施に積極的になれない人もいるようですが、確かに事例検討はやり方次第で豊かで楽しい学びの場になることもあれば、恐怖の公開審判の場にもなります。時には厳しい目も必要な場合もありますが、人材育成のための学びの場であるということを考え、参加者が主体的に気づいたり学んだりする機会になるよう運営をすることがポイントになります。

　簡単にいうと、「事例を出してよかった」「自分のやっていたことが認められた

気がした」「新しい視点やアイデアが出てきた」など、参加した人が何かしらのお土産を現場に持ち帰ることができる場をつくることが大切です。それは、進行役や運営役の一部が頑張るということではなく、参加者一人ひとりの様々な力を持ち寄り、実現していくものです。

3 動機と目的と到達点を確認しよう

みなさんは、事例検討をいつ実施するでしょうか。おそらく、支援で迷ったとき、困ったとき、行き詰まったときに行うことが多いと思います。事例検討の難しさの一つはそこにあります。事例検討は「今の状況を何とかしたい」という支援者の困り感が動機になっていることが多いものです。困っているときは往々にして視野が狭くなっています。また、何とか解決したい、原因を突き止めたいなどという気持ちが先行していることもあります。そのため、必要とする検討ができずに、時間がかかってしまったり、思わぬ方向や結論に向かってしまったりすることもあります。

そこで、大切なのは事例検討を実施する際に必ず「なぜ、この事例を検討しようと思ったのか？」という動機と「何のために、何を目指して実施するのか？」という目的と到達点を意識することです。事例検討の動機は問いません。困っているときのほうが検討に積極的に取り組むことができます。困っている人が複数いれば、発言も活性化するでしょう。ただし、自分たちの困り感に終始してしま

表 4-1 事例検討で意識する要素

	種類	説明
動機	・支援者の困り感（主催） ・事故やヒヤリハットの発生 ・定期的な実施 ・支援者の困り感（招待） ・研修の機会 （強い↕弱い）	・動機はメンバーによって異なる ・上のほうが動機が強い傾向があるが、状況やメンバーによって違いが生じる ・動機の差異の把握によって目的や到達点の設定や示し方に工夫が必要 ・動機の強い人がキーパーソンになる
目的	・支援者のモヤモヤ解消 ・支援のスキルアップ・人材育成 ・アセスメントを深める ・支援方法を見つける、幅を広げる ・リスクマネジメント、再発防止 ・支援の方向性の確認 ・チームワークの見直し	・複合的なことが多い ・意識しているものと無意識なものがある ・実施前に具体的に示すことで、メンバーの意識の共通化を図り、チームワークを促進させる
到達点	・メンバーの納得感 ・具体的な支援方法の明確化 ・次回の開催など次の見通し ・報告書の作成 ・具体的な事柄の合意形成	・目的と似ているが、到達点はその事例検討の終了時の具体的な成果のこと ・実施前に具体的に示すことで、時間管理や進行に役立てる

い、不平不満が先行することもあります。そんなときには、まず感情の発散を意識して終えてから、検討に入るなどの工夫が必要になります。目的と到達点への意識は時間の有効活用につながり、チームメンバーが事例検討の効果を実感できる機会を増やします。

事例検討における主な動機、目的、到達点の例をまとめると、表 4-1 のようになります。

4　事例検討の方法や工夫

事例検討の動機、目的、到達点を把握・整理したら、それに合った方法を選択し、工夫をします。事例検討の方法や工夫は様々ですが、表 4-2 に、方法や工夫の視点、ポイントの例をまとめました。

表 4-2　方法と工夫の検討項目

	方法や工夫の視点、ポイント
準備	・通常はできるだけ簡単な準備にする（簡単な事例提供シート、困っていることを 100 文字程度にまとめるなど） ・人材育成の場合やサビ管・児発管から意識して事例提供する場合などは詳しい資料を示すほうがいい場合もある
規模	・少人数は実施しやすいが、いろいろな意見が必要なときは多いほうが効果的 ・目的や到達点によって規模を調整する
メンバー	・事業所内で限定するか全員にするか ・法人内外、関係機関、相談支援専門員なども交えるか
情報整理	・ホワイトボード、模造紙、付せんなどをうまく活用する ・基本的には議論の見える化が大切
役割分担	・事例提供者、進行、記録、その他、必要な役割分担を決める（持ち回りにするか、得意な人に任せるかなどは目的による） ・スーパーバイザーやアドバイザーを置くかどうか
時間・時間帯	・無理なく集まれる設定 ・定例開催の固定日程、調整方法の工夫 ・継続が必要なときには短時間、重要な局面の実施では一定の時間をとる
議論活性化	・質疑応答は話すだけではなく、書き出す ・グランドルールを明示する ・グループワークやペアワークを取り入れる ・適度なフィードバックやコメント、質問の見本を意識して示す
雰囲気づくり	・飲み物やお菓子、音楽、簡単なアイスブレイク
継続性、蓄積	・得られた成果を確認し、記録する、共有する工夫（事例検討メモや報告を参加した人、参加しなかった人にも共有化する工夫） ・共有されたことが支援に活かされているか確認する仕組み ・事例提供者やスーパーバイザーからの振り返りコメント ・参加者それぞれの感想や成果の記録や支援への活用の記録の工夫　など

5　事例検討の効果

　事例検討の効果は多岐にわたります。どんな事例をどう扱うのか、集まる人や進め方、その場の雰囲気などによって様々な効果をもたらします。その効果を四つに分けて整理してみました。

①　事例へのアセスメントを深める効果
- □［社会モデルの視点］本人を一方的に評価したり、決めつけたりせずに社会モデルとしてとらえることはできましたか？
- □［ストレングス視点］本人のできないことや問題点だけに注目するのではなく、強みや可能性に注目して検討することができましたか？
- □［視点の広がり］アセスメントにおいて、これまで見えていなかった視点が見つかったり、別の分野の観点が加わったり、見える範囲が広がりましたか？
- □［理解の深まり］アセスメントにおいて、これまで見えていたことをより深く理解することができ、様々な可能性や見方ができるようになりましたか？

②　支援を振り返る効果
- □［支援の状況整理］本人への支援について、現状と課題、可能性について整理ができましたか？
- □［自己覚知］検討により、事例提供者が自らの支援を冷静に振り返り、支援の可能性や課題を自ら理解し、受け止めることができましたか？
- □［支援方策の具体化］今後の支援について新たにできそうなこと、工夫できることなど、具体的なアイデアが出ましたか？
- □［支援方法の方向性の明確化］今後の支援について全体的な方針や方向性について合意がとれたり、これまでの方向性を修正や変更するなど、明確化されましたか？

③　チーム力を高める効果
- □［協働の手応え］検討の機会は「やってよかった」「またやりたい」という感触が得られるものでしたか？　また、そう思える（思えない）理由が説明できますか？
- □［連帯・協働］検討によって今後の支援の役割分担や相互理解など、チーム支援が円滑になるための情報共有や合意がとれましたか？
- □［構成員の相互理解］検討を通じて、それぞれの参加者の持ち味や強みや弱みを踏まえて理解し合い、相互の安心と信頼を高める機会になりましたか？

- □［波及効果］検討を機に、日常的な支援の場のチーム支援でもコミュニケーションの活性化や連携向上につながる準備効果がありましたか？

④ 人材育成・スキルアップの視点

- □［自身のスキルアップ］事例検討によって自分が学びや気づきを得て、支援等のスキル向上やモチベーションアップ、さらに学ぶ意欲につながりましたか？
- □［チームメンバーのスキルアップ］参加したほかの人たちが学びや気づきを得て、支援等のスキル向上やモチベーションアップ、さらに学ぶ意欲につながりそうですか？
- □［事例検討の活用促進］複数の人たちで多様な見方や考え方を持ち寄りながら事例の検討を行うことがスキルアップにつながると実感、共有され、今後も活用していくイメージができましたか？
- □［基礎理念の再確認の機会］事例検討の実施が障がい福祉の現場にとって、大切な理念の再認識や、魅力の高まりなど、求められる人材の定着につながる機会になりましたか？

このチェックリストは順にチェックしていくのではなく、事例検討が終わった後にそれぞれ自由に効果について出し合い、出てきた効果についてチェックリストをふまえて検証するものです。どの項目に当てはまるか、より近いのかなどを確認するために活用すると事例検討の有効性の理解が深まり、繰り返し行う際のアレンジ方法に気づいたり、計画的・戦略的な実施につなげることができます。

2 実践1 帯広地域の場合

1 私にとっての「事例検討」

サビ管という立場になり、事業所内ではもちろん、外部の支援機関や関係機関の人とともに利用者の事例について検討、共有する機会が多くなりました。サビ管の立場になったからとはいえ、やはり、利用者に対する支援の方法や手立て、方向性について迷うことや、ときには自信がもてないこともあります。利用者のニーズを満たし、満足してもらえるサービスや支援を提供するためには、この事例検討は必要不可欠だと考えています。事業所内での事例検討はもちろん、外部の支援機関の人と検討するなかで、利用者に必要な支援の方向性が確認できる機会にもなります。

2　事例検討の進め方

　事例検討は、様々な場面で行います。私が所属している帯広ケア・センターでの事例検討のほかにも、外部の支援機関や関係機関の人と検討することもあります。その他、自立支援協議会といった地域の会議のなかで検討されることもあります。

　最も頻度が多いのは、やはり事業所内での事例検討です。なぜなら、事業所内で提供する支援の具体的な手立てや方法について、職員間で共有したり検討する場面が多いからです。

　利用者のこれまでの経過や背景等も含めた基本情報の共有はもちろん、アセスメントから見えてきたニーズのほか、ニーズを満たしたり解決するために必要な、具体的な支援の手立てや方法についても共有することで、チーム全体が共通認識をもつことにもつながります。

　事業所内での事例検討のほかには、外部の関係機関や支援機関の人と検討することもあります。具体的には、相談支援事業所（相談支援専門員）、グループホームや下宿等（世話人や管理人）、教育機関（特別支援学校や高等支援学校等）、ほかの福祉サービス事業所など支援にかかわる人です。医療分野からの意見等が必要な場合には、医療機関（主治医や担当の看護師）も交えて検討します。

3　印象深い事例検討の例

　これまで、多くの事例検討を行ってきました。なかでも印象深かったのは、女性とのコミュニケーションに取り組もうとしている20代男性（知的・発達障がい）のAさんのケースです。特別支援学校時代から、女性とのコミュニケーションに課題がありましたが、Aさんは「上手に話せるようになりたい」という強い想いがありました。利用している事業所内では、女性利用者や、女性職員のほか、実習生とかかわる場面があります。Aさんは「女性と楽しく、上手に話したい」という想いはあるものの、障がい特性もあるため、一方的に話してしまったり、相手の表情や様子を上手にくみ取れず話し過ぎてしまったり、ときには「話したい」という欲求を上手にコントロールできず、感情を声にしてぶつけてしまい、相手を泣かせてしまったりすることもありました。Aさんとは、「これならできる！　取り組める！」という目標を設定し、苦労しながらも取り組んでいた姿を思い出します。事業所内での事例検討はもちろん、関係機関（相談支援事業所、就労継続支援B型事業所、宿泊型自立訓練事業所等）の支援者とともに検討を重ねました。

4　具体例からの学びポイント

Ａさんの事例検討を通じて、いくつか学びにつながったポイントがあります。

①　支援方法や方向性の確認（もしくは修正）

Ａさんとは小さな目標を設定し、Ａさんができることを中心に取り組んできましたが、果たして、目標設定の仕方は適切だったのか？　支援の方向性は誤っていないのか？　ということを、事例検討を通じて確認できたことが、大きな学びだといえます。

②　支援方法やかかわり方の共有

これは、事業所内での事例検討のなかで感じたことです。「女性と話したい」という欲求を上手にコントロールできず、一方的に話してしまったり、ときには感情をぶつけてしまう行動があったＡさんなので、現場の職員も、対応に苦慮する場面が多くありました。事業所内の検討を通じて、現場の苦労を共有しつつ、Ａさんへのかかわり方や支援方法について共有できたことも一つのポイントだったと感じています。

③　Ａさんの成長や変化の共有

日々、奮闘しているＡさんでしたが、これまでの支援経過やＡさんの様子等を振り返るなかで、少しずつではありますが、Ａさんの変化や成長を感じとることができました。その日だけに目を向けると、成長や変化は感じとることが難しくても、Ａさんと出会い、現在に至るまでの経過を振り返ると、Ａさんの成長や変化がはっきりと見えたのです。このことは、支援者にとっては大きな喜びにもつながります。

5　まとめ

最後に、事例検討を進めていくうえで私自身が大切だととらえる三つのポイントを整理します。

①　検討したいテーマの具体化

事例検討を進めていくうえで、具体的にどのようなことについて検討したいのか、テーマを具体的にすることがポイントです。事例検討に至る前段には、支援者が対象者について、何かに困っていたり、支援に行き詰まっていたりすることがあります。そのことを少しでも解消し、より効果的に支援を進めるために検討

を行うことも多くあります。よりスムーズに検討するためには、検討したいテーマの具体化がポイントになると考えます。テーマが具体的であればあるほど、参加者も考えやすく、発言もしやすくなり、効果的な話し合いにつながります。

② 発言しやすい雰囲気づくり

事例検討は、様々な職種で集まり検討することもあります。生活支援員、職業指導員、就労支援員、グループホームの世話人等、職種は様々です。事例検討に出席する人が自分の考えや意見等を多く発言するためには、会議の場で「批判」や「否定」をせずに、発言しやすい雰囲気をつくることが大切だと感じています。

③ 参加者が理解できる共通言語

事例検討の出席者は、福祉専門の有資格者ばかりとは限らず、なかには福祉専門資格を取得していない人や、福祉の現場での経験が浅い人等が参加することもあります。

「事例検討」と聞くと、福祉専門職の集まりというイメージをもつ人もいます。私も、サビ管という立場で事例検討を進行する場面がありますが、参加者が理解できるような言葉や用語でなるべく伝えるように心がけています。参加者全員が共通の理解を得ながら検討を進めていくためには、福祉の専門用語に対する理解ももちろん必要ですが、参加者一人ひとりが理解できる言葉や用語を用いて伝える必要があります。

3　実践2　自閉スペクトラム症をもつ人への支援の場合

1　事例検討に対する意味づけと活用の仕方

行動障がいの状態にある人たちの事例検討は、支援者自身が思い込んでいた利用者像に気づき、新たな気持ちで利用者主体のニーズに沿った支援を考えるきっかけになります。「利用者がなぜそのような行動をとるのかわからない」と考えると結果として、支援は場当たり的にかかわることが多くなってしまいます。このような状態では行動障がいの状態像は継続されて悪化してしまいます。現場で直接支援を行っている支援者は、本人のニーズに合わせた支援を行えない状態になり、うまくいかない原因は利用者の行動の問題であるという視点に立ってしまいます。生活の質よりも、集団のなかでの社会適応を望んでしまうこともあるかもしれません。利用者もどうしてよいかわからない状態を行動で表し、支援者もどうしてよいかわからない状態で支援を行うことは、お互いにとってつらいこと

です。事例検討を行うことで、うまくいかない支援の悪循環に気づき、今後に向けてどのように支援を進めていくか、何をどのように始めるかを考えられるようになります。自閉スペクトラム症をもった人たちも私たちと同じように「得意・不得意」があるのですが、私たちと違ってこの差が極端なため、日常過ごしている環境や周囲の人たちとのかかわり方が理解できないことで、社会生活に困難を感じる人が多いようです。見た目に困難とわかりづらく、困難な状況は個々によって異なるので、様々な場面での様子を観察しなければなりません。なぜそのような行動を起こすのかの仮説を立てながら根拠を知らなければ、支援に結びつけるのは困難です。「利用者の特性を知り得意を支援に積極的に取り入れる」「苦手に配慮する方法を考える」など、事例検討は知恵を出し合う場になります。事例検討として話し合いをすることで、対象者のニーズと「得意・不得意」に合わせた支援を確認することができ、行動障がいの状態にならずとも要求や拒否が支援者に伝わる環境になっていきます。利用者は理解して行動することが多くなるので適応した行動が増えて、私たち支援者は生活の質が向上するための支援を実施することができるようになります。事例検討の場を設け、利用者についてあらためてチームで考えるのは望ましいことで、支援者の振り返る場としても有効です。日々の業務や支援を行う支援員には話し合いの場をもつことは難しいかもしれません。しかし、時間をつくり明確な内容を決めて検討すれば、事例検討実施前とは支援者にも違いが生まれてきます。また、一人で考えるのではなくチームの知恵と見解がわかるので、支援に対して見通しがもちやすくなります。

2　自閉スペクトラム症をもつ人の事例検討

　事例検討は、各事業所で行うものや、関係機関が集まって行うものなどがありますが、すべて利用者の生活場面で行われます。検討の際には各機関の支援者が利用者とのかかわり方や本人の様子などを報告し合い、課題についての整理を行っていきます。自閉スペクトラム症をもった人たちは話すことができても、内容が一方的であったり、やりとりが成立しないことなどがあります。「わかった」と理解を示した後に拒否を示すこともあります。発信したニーズの裏に隠れたニーズがあることが多いのも、かかわるうえでの難しさにつながります。対人コミュニケーションは知的に遅れがあるなしにかかわらず、言語だけでは理解し発信することが難しいようです。約束の変更や行ったことのない場所に対して拒否を示す人がいて、支援者は難しさを感じると思います。「利用者はどのような認知の仕方なのか」「言葉の理解がどれくらいできるのか」「情報量は多すぎないか」などの利用者の特性を知らなければ支援の方向性が定まらず、結果、場当たり的な支援に結びついてしまいます。近年、行動障がいの状態にある人たちが利用で

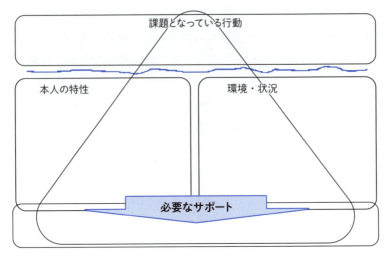

図4-1 氷山モデルシート

※ 氷山モデルシートは、特性と環境のミスマッチから生じる課題となっている行動について、本人の障がい特性に合わせたサポートをすることで、ミスマッチが減り課題となっている行動を改善するためのシートです。

きる福祉サービスは限られており、受け入れ事業所も少ない傾向にあります。支援者は利用者が生活している背景を整理し、知る必要があるとともに、利用者の生活の質の向上のための選択肢を増やす役割をもっています。自閉スペクトラム症をもつ人が問題となる行動をとる意味を知り、利用者の特性と過ごしている環境や状況からくるミスマッチを知り、それによって問題となる行動が現れてしまうというメカニズムに気づかなくてはなりません。

支援者が氷山モデルシート（図4-1）をつくり上げていくことで「誰が困っているのか」「どうして困っているのか」、不得意な部分は「環境や状況を整え」、得意なところは「生活のなかで活動していく」等の支援の骨組みができるのです。

3　印象深い事例検討の例

重度知的障がいを伴う自閉スペクトラム症で、他害・破壊が激しくグループホームの生活が難しくなったBさん。見えるもの・聞こえるものすべてが刺激となり行動障がいの状態になってしまい、Bさんも周囲の人もつらい日々を送っていました。生活介護事業所での事例検討では、氷山モデルに基づき問題行動に対しての環境について検討を行いました。Bさんの暮らしに対して必要なサポートを導き、アパートでの一人暮らしについての検討が始まりました。住宅探し、居宅サービス事業所探し、生活保護の申請、サービス申請、保護者への提案など、すべきことのリストを作成し役割分担を決め、一人暮らしに向けて支援者が動き出しました。

4 具体例からの学びポイント

2024(令和6)年現在、Bさんの一人暮らしは15年目になります。現在、行動援護事業所は地域に1事業所となり、家事・身体介護は高齢者中心に行われている事業所がほとんどです。しかし、図4-2にあるネットワークとOJTで支援手順書(図4-3)どおりに支援することを、Bさんにかかわる人全員で徹底して行っているため、Bさんの生活は安定したまま現在進行形です。

図4-2 Bさんのネットワーク

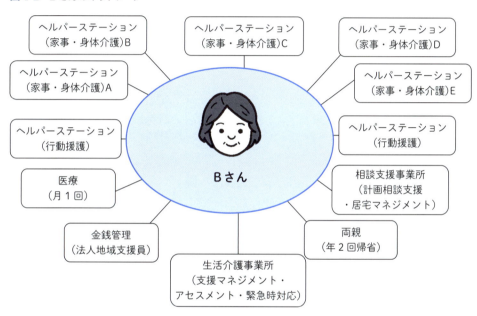

5 まとめ

事例検討を進めるうえで、個別支援計画に書かれている内容を核として、利用者へ支援しなければいけないことは何かを常に考えることが大切です。例えば、「表出されている行動の意味は何か」「伝えてくれているニーズには裏がないか」など。事例検討を通して、長い間かかわっている支援者も、経験年数の浅い支援者も、誰のための、何を目的とした支援なのかをあらためて考えることは、今後の支援に明るい兆しがあるということだと思います。

図4-3　Bさんの支援手順書

目安時間	活動（生活シナリオ）	スケジュール	Bさんの動き	ヘルパーさんの動き	提示時間
土・日曜夕のスケジュール　　　　　　　　　　　　　　　　　　　　　　　　　　○○年○月○日					
15：30				室内に入ったら、玄関掃除用のかごをセット。 「明日の予定」「次に来る人がごはんを持ってきます」とボードに書いてあるか確認。 （土曜日の提示は日曜日の活動によって変化するため要確認。日曜日はサテライト） 本人がトイレへ行っている間に、バスマットを白い洗濯かごに入れる。新しいものを出す。 キッチン内の台拭き、手拭きタオルも洗濯かごに入れる。 柔軟剤を洗濯機に入れる。 ガスの運転ボタンを押す。 洗濯物の乾き具合を確認する。 スケジュールを貼る。 トレイにおやつをセットする。 使用する皿とコップ→  	生活介護事業所から生活介護事業所のスタッフがスケジュールを持ってきて貼る
	おやつ		CUE※をもらいスケジュールを開始。手洗いに行く。ワゴンからトレイをテーブルに移しおやつを食べる。食べ終えた後ワゴンにトレイを戻し、CUEを取りスケジュールを行う。	手洗い中にワゴンにおやつを乗せる。 おやつの最中にCUEをワゴンにセット。	
	予定確認		予定を読みあげる、次のCUEを取り、スケジュールを行う。		
	タオル洗濯		白い洗濯かごを持って、洗濯機前へ。 かごの中のタオル類を洗濯機へ入れる。 トイレと洗面台に設置されている手拭きタオル、台拭き、洗顔タオル、洗顔用ヘアバンドを自分で洗濯機へ。 洗剤を1ケース分入れ、スイッチを押す。	洗濯機の設定が「おいそぎ」になっていないか確認。	

			洗濯物を一つずつたたんで所定の位置へしまう。大きなものはベッドに広げてたたむ。ついているゴミを捨てに、洗面台へ来ることもある。	キッチンの手拭きタオル、台拭き、本人の使う台拭き、トイレ手拭きタオル、洗顔タオル、洗顔用ヘアバンドを所定の場所へセットする。
	洗濯物をしまう			
	入浴準備		ワークシステム使用	なるべく見られないように次のスケジュールボードにする。本人がかがんでタンス内を見ているときなど。
	掃除機がけ		居室側のみ掃除機をかける。	
	玄関掃除		靴を玄関上のトレイに乗せる。掃き掃除をする。ゴミ箱にごみを捨てる。靴を元に戻す。	居室側のスケジュールの回収とCUEのセットを行う。
	テーブル拭き		台拭きタオルを濡らし、テーブルを拭く。拭き終わると、所定の位置に戻す。	
			全スケジュール終了後はテレビを見たり、スクラップブックを作ったりして過ごす。	パソコンに記録を入力する。洗濯洗剤が残り一つだったら、補充する。傷がある場合は、軟膏塗布。靴箱内にバスケット類が入っているときは回収。施錠して退室。防犯対策のセットを忘れない！

※「CUE」は指示カードのこと

4 実践3 保護者も含めた子どもへの支援の場合

1 事例検討の意味づけと経験

　日々の療育のなかでは、保護者のニーズと子ども一人ひとりの特性や障がい、発達など療育を通して確認しつつ毎日がアセスメントやモニタリングの繰り返しです。子どもやその家族が困っているとき、自分自身が迷ったときに、偏った考えやこり固まってしまっている思い込みなど、具体的なエピソードをあげることで「自分がこんなことで困っていた」「みんなも同じ思いだ」「こんな視点がありやってみよう」など、いろいろなアイデアをもらえ、また自分自身の成長にもつ

ながる大切な機会であり、再確認できる場が、事例検討だととらえています。

2　事例検討の進め方

　私の勤務する児童発達支援センターでは月に1回、事業所内で「ケースカンファレンス」を実施していました。ケースの選び方は、「困っていることがある」（児・職員）「母親からのニーズ」「取組みの経過と結果報告」などがあり、参加者は関係する職員（管理者・児発管・保育士・機能訓練士・看護師・心理師・併設のクリニックの医師）のほか、1年間で日程を決めているため、関係者以外の参加も可能となっています。レジュメは担当職員が作成。入園に至った経緯や生い立ち、家族関係、言葉・遊び・運動・対人面などその子の現状の記述に加え、発達検査の結果があれば記載します。外来のカルテ、子どもの写真、保護者の許諾のもと、あらかじめ撮影した動画を見ながら行います。職員が一通り資料に沿って、印象的なエピソードを交えながら対象児のことを伝えます。自分達の取組みの経過、途中であれば経過のみ、ある程度進んでいたら、結果を伝えます。自分の取組みのほか、子どもにかかわっている職員の意見や感想を聞き、母親のニーズや診察時の話なども医師から情報提供や助言をもらいながらディスカッションし、今後の方向性などを確認しています。カンファレンスを行ったケースは、次回のカンファレンス時に、前回の経過報告など伝達をする機会を設け、進捗状況を共有しています。カンファレンスのほか、日々の活動でクラス全体が落ち着かなくて……などの場合、クラス全体を撮影し、子どもの動きやサイン、職員の動きや子どもたちに対する見せ方や声かけ、言葉遣い、部屋の環境など、職員が子どもたちの動きを解説しながら子どもたちの反応、集団から離れて過ごす子の状況を確認するなど、日々療育をこなすのに必死ななか、支援場面を撮影することで様々な視点や気づきとの出会いがあり、また、職員の療育のこなし方も勉強になるため、カンファレンスではないのですが、勉強会として実施しており、とてもお勧めです。

3　印象深い事例検討の例

　印象に残っているのは、WEST症候群で、精神発達遅滞・慢性呼吸不全のある6歳女児のCさんの事例検討です。全身を動かすことができず、気管切開をしているCさんにとって、自分の思いを伝える手段は、「表情」「視線」「泣くこと」でした。そのため、思いを十分に伝えられず、「わかってもらえた」という満足感が得られにくい状況でした。また、保護者もCさんの思いをくみ取ることを苦手としており、「こっちのほうが好きだもんね」などと保護者の思いが先行した一方的な意思決定となりやすい状況でした。その結果、Cさんは自分の思いと違っても「そうだったかな？」とあきらめたかのように無表情で黙り、母親の意

向に合わせることが多かったように感じられました。そのため、職員がＣさんの「図星を言い当て、気持ちの代弁をする」ことを心がけて、様々な遊びの体験を通して経験の広がりを促すとともに、「わかってもらえた感」の積み重ねを繰り返しました。その結果、Ｃさんなりの思いを伝えるために発声や表情を駆使しようとする様子や職員からの働きかけを受けて発声や動作で応答する様子が増え、登園時に「あにゃあにゃ」と声を出し、自宅での様子や楽しかった出来事を伝えてくれるようになりました。職員に対するＣさんの自発的なかかわりが増え、職員からの働きかけを受けて満足感を得ているわが子の様子を日々目にするなかで、懇談を頻繁に重ねることで母親にも変化がみられ、母親と職員との信頼関係も深まる結果となりました。

　そんななか、就学先を決める時期になり、母親はわが子の成長も見据えて、地域の支援学級の見学に何度か訪れたのですが、その都度支援学級への就学の難しさを確認していました。3回目の見学の帰りにセンターへ立ち寄った際、Ｃさんがしょんぼりした表情と不満そうな表情でゴニョゴニョと発声をくり返していたので、それに対して「不安でドキドキしたの？」と職員が言い当てると、図星だったようでこれまでにない激しい泣き方を示しました。Ｃさんの状況から「学校に行きたい？」とは聞かず、「行きたくないの？」と声をかけると、同意を示す発声で応じたため、職員が「言いたいことはママに伝えたらいいよ」と後押しすると、大泣きしながら思いを伝えるかのように母親に向かって発声するという様子が見られました。これを受け、母親自身が「学校には行きたくないんだね。わかったよ。じゃ、やめようね」とＣさんの思いを代弁し受け止めました。Ｃさんは気持ちも落ち着き楽な表情に変わりました。また、「伝えたい」という思いが高まるなかで、スピーチカニューレへの交換を行いました。「これは思いを伝える手段として使える」という実感から発声が増え、様々な手段でより積極的に自分なりの気持ちを伝えようとするようになりました。それによって、周囲もＣさんの思いをさらにとらえやすくなり、以前に増して、Ｃさんとのわかり合いが促進されました。

4　具体例からの学びポイント

　表情や表現の幅の広がりがある重症心身障がい児や意思疎通の手段が限られた子どもであっても、経験や成長のなかで様々な思いを有していることは言うまでもありません。限られた形で表現される思いを周囲がしっかりととらえ、それを言葉にして図星を言い当てる形で伝え返していくことで、「自分なりの表現が理解された」「この人は私の思いをわかってくれる」という子どもなりの実感が醸成され、「わかってくれる人にはもっと伝えたい」という欲も促されたと考えら

れます。わかりやすくなることで、母親にも子どもの思いがとらえやすくなり、相互的な母子関係が構築され、子どもの「わかってもらえた感」が積み重なり、「わかり合い」が促進されました。

自分のかかわり方が正しかったのかとつい答えを求めたくなりますが、「これが正解です」という答えはあるわけではなく、いろいろな考え方がいくつもあるなかで、具体的なアドバイスや新たなアプローチ方法を知ったり、子どもから学んだりすることで、「間違いではなかった」「これでよかった。でももう少し改良できるかな？」「やってみよう」と前向きにとらえられるようになります。

また、その学びを実践し、経過報告をすることで、さらなるアドバイスへとつながるため、毎回が勉強といえます。

5　まとめ

事例検討の資料をつくるときに、言語・対人・社会性などその子のことが文章からわかるように時系列で子どもの成長を振り返るようにしています。かかわる大人が困っていることに目を向けがちですが、まずは子どもが困っていることがあるので、子どもに目を向けるようにしています。もちろん、保護者のニーズや困り感も合わせることもあります。

事例検討を行うことで、自分自身の支援の振り返りと整理ができ、正直準備は大変ではありますが、今までの方法とこれからやってみたい支援方法、あれは難しいがこれなら大丈夫かなど、いろいろ考えられることが学びにつながると思っています。

今までの経験のなかで、事例検討をした次の日、その子が事例検討に参加していたかのように、検討した方向性や今後やってみたいと思っていたことがすんなり受け入れられ、うまくいったということがありました。定期的に振り返る機会のなかでも、子どもの様子を見ながら変化のタイミングで話し合える環境が大切だと実感しています。

Part2

実践編

第 5 章

地域で連携する

NAVIGATION

第5章を学ぶ目的とポイント

　第5章は「地域で連携する」をテーマに実践現場における「連携」「協働」の重要性や具体例、そのポイントなどを実践的に学びます。

　サビ管・児発管実践研修の「多職種及び地域連携に関する講義及び演習（3.5時間）」にあたります。

本書の構成	科目名	内容・目的	時間
5-1　相談支援専門員との連携	サービス担当者会議等におけるサービス管理責任者（児童発達支援管理責任者）の役割（多職種連携や地域連携の実践的事例からサービス担当者会議のポイントの整理）（講義）	・多職種連携や地域連携の実践事例を活用し、サービス担当者会議等におけるサービス管理責任者（児童発達支援管理責任者）の役割（相談支援専門員との連携や関係機関との連携方法）について理解する。	50分
5-2　（自立支援）協議会の活用	（自立支援）協議会を活用した地域課題の解決に向けた取組み（講義）	・（自立支援）協議会の意義、目的、活動内容等について理解する。 ・サービス管理責任者（児童発達支援管理責任者）の業務を通して見出される地域課題を解決するための（自立支援）協議会の活用について実践報告等により学ぶ。	50分
5-3　自分の地域で連携してみよう	サービス担当者会議と（自立支援）協議会の活用についてのまとめ（演習）	・サービス担当者会議や（自立支援）協議会に関する講義をふまえ、多職種連携や地域連携の重要性、意義、ポイントについてグループワーク等による討議を通じて、連携のあり方についてまとめを行う。	110分

　「連携」は、非常によく聞く言葉ではありますが、実際に進めることは簡単ではありません。サービス提供や支援は自己完結しようと思えば、それなりにできてしまうため、連携の必要性を感じないかもしれません。また、連携することは手間も時間も労力もかかりますし、気をつかい、ときには消耗することもあります。

　しかし、利用者の生活や人生は一つのサービスや支援で完結していません。時間の経過のなかで様々な人と出会い、支援を受け、そして、日々のなかでも日中活動、就労、余暇、生活の場など複数の場面で暮らしています。本人主体で支援を考えたときに、そうした本人を取り巻く様々な人たちがつながり、お互いの持ち味を理解し合い、役割分担をしながら協力して支援を進めていくことはとても重要なのです。

　5-1(p.237)では支援者としてのパートナーである相談支援専門員との連携について、5-2(p.246)ではもう少し広い視野で地域内の連携を理解するため、（自立支援）協議会について理解を深めます。5-3(p.257)では自分たちの連携について振り返り、行動計画を立てるためのワークを紹介します。

5-1 相談支援専門員との連携

1　連携　事例1

1　すれ違いから様々な視点で検討へ

　当相談支援事業所は、北海道の道東、根室圏域内1市4町（人口7万人程度）で相談支援をしています。当事業所は北海道障がい者条例に基づく地域づくりコーディネーター事業、基幹相談支援センター事業、特定相談支援事業所としてサービス等利用計画作成を行っています。

　職員体制は、相談支援専門員5人。2005（平成17）年の開設当初は2人体制でしたが制度の移り変わりとともに相談員が増え、役割や地域ニーズが変化していることを感じています。

　今回は、すれ違いから相談支援事業を通じてサビ管同士の連携が促進された事例を紹介したいと思います。

2　事例からみる連携

　A町には共同生活援助を運営している法人が1か所しかなく、7か所のグループホームで合計50人ほどが生活しています。通所事業所は町内に五つあり、一つのグループホームから複数の事業所等にそれぞれ通所しています。相談支援専門員として定期的にモニタリングやサービス調整を実施していましたが、共同生活援助と通所支援事業所のサビ管間での引き継ぎ不足や見立て（アセスメント）の違い、支援方針（かかわり方での違い等）のすれ違いなどが多くみられるようになってきました。

　そのため、相談支援事業所に通院時の状況、事業所の対応方法（食事内容、身だしなみ、必要な持ち物等）や声かけ等への疑問、支援意図の確認依頼などが寄せられるようになりました。

　利用者が不調になることもみられるようになり、相談支援事業所として、地域内で顔の見える関係ではありますが「適切な連携」ではなくなっていることを感じるようになりました。

　そのような状況を解消するために相談支援事業所のサービス提供事業所へのモ

表 5-1　情報交換会議の例

日時	○月 5 日	○月 15 日	○月 16 日
参加	B 通所事業所サビ管等 共同生活援助サビ管等 相談支援専門員	C 通所事業所サビ管等 共同生活援助サビ管等 相談支援専門員	D 通所事業所サビ管等 共同生活援助サビ管等 相談支援専門員
サービス担当者会議対象	2 人	0 人	1 人
モニタリング対象	4 人	5 人	3 人
その他情報交換対象	3 人	3 人	1 人

ニタリング月に合わせて、共同生活援助のサビ管、通所事業所のサビ管、相談支援事業所の相談支援専門員で一堂に会して情報交換会議を開催することにしました（利用者によってはサービス担当者会議を兼ねることになります）。

○月 5 日に B 通所事業所と共同生活援助、○月 15 日に C 通所事業所と共同生活援助、というように通所事業所ごとに会議を開催しています（表 5-1）。共同生活援助のサビ管にはすべての会議に参加してもらうため、負担をかけていますが住まいの場としての情報は通所先にも重要であるため、快く参加してもらっています。

ほぼ毎月実施されるため、モニタリング対象以外の利用者状況も随時確認することができます。そのため各事業所の考え方、対応方法、サビ管が悩んでいること等も共有でき、必要な支援についてみんなで検討することができるようになりました。

3　実施してわかったこと

共同生活援助事業所には多くの世話人がいることで、サビ管や支援員との引き継ぎや必要な指示が細部まで行き届かないことが多くなり、事業所として統一したかかわりが困難になっていることがわかりました。会議を定期的に実施することで情報の整理ができ、サビ管からの指摘で見落としていることや新たな発見があり、生活の質の改善につながりました。

また、通所支援と生活支援では利用者の対応時間が異なることからサビ管同士で日常的な情報交換が難しく、世話人経由での引き継ぎが多いことがわかりました。相談支援専門員が間に入り伝達することも可能ですが、ニュアンスの違いや各事業所の考えていることまで詳細に伝えるのは難しいため、サビ管同士が落ち着いて顔を合わせる環境が必要であることを実感しました。

4　まとめ

　通所支援と生活支援では視点が異なることがあり、伝えている情報と知りたい情報に違いがでることもあります。そのため、日々の引き継ぎだけでは見落としがちな情報について、各サビ管や相談支援専門員からの視点を含め、定期的に一緒に検討できる場があることが必要だと考えています。

　大切なのは検討する機会を重ねるだけではなく、何を、何のために共有して引き継いでいくのかを意識し、適切な支援につなげていくことだと思います。

　相談支援事業所としても、個別ニーズや事業所の課題を把握することができるこのような会議は、地域の課題としてつなげていくための重要な機会であるととらえています。

2　連携　事例2

1　はじめに

　サビ管・児発管は、利用者が希望する生活を実現するために相談支援専門員が作成する「サービス等利用計画・障害児支援利用計画」（トータルプラン）を基に、サービス提供事業所における「個別支援計画」（生活プラン）を作成します。

　このことからそれぞれが作成する計画は、必然的に連動することがわかります。

　サービス利用のプロセスで必ず行われるのが「サービス担当者会議」です。この会議は、相談支援専門員が作成する「サービス等利用計画・障害児支援利用計画」を実際にスタートする際に開催されます。相談支援専門員のほかにサービス提供事業所や医療機関、行政、家族など利用者が日常的にかかわる関係者が集まり、利用者の希望や支援に携わる関係者の役割などを確認する場であり、いわゆる応援団の結成式ともいえます。また、定期的なモニタリング時、あるいは利用者の希望の変化や環境の変化などによりプラン変更する際にも開催されます。

　ここでは、Mさん・Gさんの事例を基に、相談支援専門員との連携について解説していきます。

2　事例からみる連携

1　Mさんの事例

　Mさんは、特別支援学校を卒業後、生活介護事業所に通所しています。知的障がいと自閉スペクトラム症で毎日決まった生活パターンがあり、突発的な出来事に対応することが苦手で、パニックに陥ってしまうことも度々あります。母親

を早くに亡くし、同居の父親の加齢に伴い共同生活援助（以下、グループホーム）への入居に至りました。

　当時開設したばかりのグループホームで、経験が浅い職員もいたこともあり、不安を抱きながらも入居に向けて検討していくことになりました。担当の相談支援専門員は、Mさんとは以前からかかわりがあり、障がい特性やどのようなこだわりがあるかなどの事前情報も提供し、住まいの場が変わるにあたり、通所方法やバスの時刻の確認、金銭管理の方法など丁寧に対応してくれました。通所先の事業所も長年利用していることもあり、事業所を見学させてもらい、Mさんの仕事内容や事業所内での配慮や工夫などを実際に見聞きすることにより、グループホームでの支援についても一定の共通認識をもってスタートすることができました。

　実際の生活が始まってからは、日々の出来事を相談支援専門員や事業所間で共有し、必要に応じて会議を開催するなど顔の見える関係づくりができたおかげで、困ったときにはすぐに相談できるチームづくりができました。サービス担当者会議は、サービス量の調整や内容の確認だけではなく、本人の想いや状況の変化を確認し、チームとしてできることを考える場となり、身近な視点で利用者の話題提供をすることで、より利用者を知る機会となります。

2　Gさんの事例

　Gさんは、高校卒業後、就労移行支援事業所を通して一般就労していました。障がいは、知的障がい、自閉スペクトラム症、注意欠陥・多動性障害（ADHD）。物おじせずに初対面でも積極的に話しかける性格ではありましたが、自分の思いを一方的に相手に押し付けてしまう傾向があり、学校生活では他者とトラブルになることも少なくはありませんでした。また、好奇心も旺盛で興味をもったことに対して、働いた給料をほとんどつぎ込んでしまい金銭管理も課題となっていました。グループホームには、当時実家で母親と継父と妹の4人暮らしでしたが、厳格な継父が本人の障がいに理解が得られていなかったこともあり、関係性が悪化し、Gさんの希望でグループホームへの入居に至りました。

　グループホームの利用にあたりサービス等利用計画が作成されました。初めてのサービス担当者会議には、相談支援専門員、家族、就労移行支援事業所、職業センター、就労先の店長、グループホームが参加し、Gさんの思い、これまでGさんにかかわってきた人々から見たGさんの特性や配慮すべきポイントなどを共有し、それぞれの役割が確認され、グループホームでの新たな生活が始まりました。

　グループホームでの生活が始まって間もなく、想定外の出来事が起こり始めま

した。就労意欲の低下による遅刻や無断欠勤、夜間の無断外出、スマートフォンを利用した収入以上の携帯決済での買い物、ほかの入居者とのトラブルなど、今までの実家生活では突出して目立たなかったことが一気に表出してきました。すぐに相談支援専門員をはじめ関係者に状況を報告し、会議を開くことになりました。

会議では、Gさんを前にして「どうしてこのような行動になったのか。それはよい事なのか悪い事なのか」等の質問をしても、Gさんは「したいことをやった。ほしいものを買った」との答えで、支援者だけが困り感を感じる状況となりました。さらにGさんの問題行動を支援者が審判する立場になってしまうと、Gさんは支援者に対して心を閉ざし、よりよい関係性の構築が困難になってしまいます。個別支援会議は、支援者視点の困り感の解決や、利用者が抱える課題に対する是非を問う場ではなく、現状を受け止め本人中心にどのような支援の方法があるかを検討する場でなければ、利用者も含めた関係性の構築ができないことを痛感しました。

3 連携で大切なこと

会議に向けた準備として、サービスを利用している利用者の日々の様子からみえてくる、本人の強みや苦手なこと、気になる行動や発言、誰の困り感なのかなどを整理しておく必要があります。利用者自身からもなぜそうしたのかという思いを聴き取り、会議の参加者に伝えたいこと、それを自分で伝えるか、あるいは代弁して伝えてほしいのか、事業所から発信する内容を利用者に説明し承諾を得ておくことも大切です。また、相談支援専門員と事前に当日の話の進め方や役割分担、会議の目的などを確認しておくと、当日の会議がスムーズに進められます。よく「会議は、準備8割。本番2割」といわれるように、事前の準備が実りある会議になるかどうかの重要なポイントです。そのうえで、方向性を共有し、一緒に取り組んでいくことにより有効な支援に代わっていきます。

会議は、利用者が日常的にかかわる関係者が一堂に会して行われます。このときに配慮しなければならいない最大のポイントは、「利用者自身が一番緊張している」ということです。席順から普段慣れ親しんだ人が隣の席や向かいの席に座るなど、少しでも利用者が安心してリラックスできるように配慮しましょう。

会議では、関係者からそれぞれ提供しているサービスの状況や利用者の様子が報告されます。私たち誰しもが、家庭や職場、友人とのプライベートなどで見せる顔が違います。同様に利用者もそれぞれで見せる顔が違って当然です。このときに「こちらの事業所ではそのようなことはしない。どうしてここではそれができないの?」と指摘せずに、ほかのところではそのような一面があるということ

を受け止めることを心がけましょう。一番避けなければならないことは、参加者が利用者の問題行動等について糾弾する場になってしまうことです。

4 まとめ

利用者のニーズは、成長に伴うライフサイクルの移行、あるいは障がいの重度化によって新たに生まれることもあり、日々変化するものです。サービス提供事業所では、利用者に対する支援で行き詰まってしまうことも少なくはありません。新たなニーズに対して事業所としての限界を知ることもあります。利用者のニーズを的確にとらえ、これまでのサービス提供がマンネリ化していないか、現在のニーズに合っているのか、振り返り（モニタリング）、必要に応じて計画の修正を行います。

サービス担当者会議は、利用者が希望する生活や将来像に向けてつくられたサービス等利用計画に基づき、普段は断片的に支援を提供している支援者同士がそれぞれの状況を共有することにより、顔の見える関係をつくり、日常的につながりをもったチームとして機能していくための必要不可欠な場です。

サビ管・児発管は、自分たちの事業所だけで利用者のニーズが完結できるものではないことを認識し、相談支援専門員をはじめ、関係機関との連携を図り、利用者が地域で生活していくための応援するチームの一員であることを常に意識しましょう。

3 連携　事例3

私は現在、相談支援専門員として相談支援事業所に勤務していますが、以前は生活介護事業所での勤務が7年ほどあり、その際にサビ管として地域の相談支援専門員と連携をはかっていたことがありますので、そのときの経験や感じたことから、「連携」について紹介したいと思います。

1 連携に必要な「イメージの共有」

利用者の成長を応援していくために、サビ管・児発管と相談支援専門員との連携は欠かせません。人生を伴走することのできる相談支援専門員と、具体的に今、本人が頑張ることを一緒に考えるサビ管が両輪となって協同することで、彼らの人生が動いていきます。彼らがどのような人生を送りたいのか、そのためにはどのようなことに取り組むことが望ましいか等のイメージを共有し、支援者で確認しながら進んでいくことが大切です。

2 事例からみる連携

　インフルエンザ脳症により高次脳機能障がいをもったDさん（男性）は、高校を卒業後、生活介護事業所に通所しました。記憶を保持することに困難さをもっていた彼は作業手順を覚えることに時間がかかるほか、視野狭窄もあり作業する際の全体の見えづらさ等も相まって、一つの作業を覚えることに時間がかかりました。地道に継続する力が高かったため、何度も失敗を重ねながらも繰り返し取り組み、着実に作業に向かう姿勢は彼の強みでした。

　通所から数年が経った頃、彼はすっかり作業の中心メンバーになっていました。作業スタッフも「彼がいるおかげでバザー出店も順調」「彼がいなくなると困る」と高い評価で信頼しています。一方で彼の人生を考えたときに、もっと働くことに挑戦できる、自身で収入を得て生活することが期待できる等の可能性を考えます。私は彼に「生活介護を卒業して就労系の事業所に行ってみては？」と聞いてみました。すると彼は「まだできないこともたくさんあるし、自信がないです」と答えるのです。通所の中心メンバーとして仲間からの信頼も厚く、作業も一通り習得している彼ですが、前向きになれない発言が返ってきたことにひどく驚きました。

　私はこのことを、彼を担当する相談支援専門員に相談しました。相談支援専門員からは「自分が卒業することや、その先のイメージがもてていないのでは？」と助言をいただきました。なるほど、そうすると「次のステージに上がるとどのように変化するのかというイメージづくり」と「あの人のようになりたいという自ら動き出そうとする気持ちを育む」ことの二つが、彼の取り組むテーマになりました。

　早速、相談支援専門員を中心に関係するヘルパーやグループホームの職員にも集まってもらい、Dさんが就職できるまでのイメージづくりと彼の気持ちが前向きになるためのアイデア出しミーティングを行いました。そこでは彼がイメージをもてるよう「就労系事業所の見学ツアー」や彼がワクワクできるための「憧れの先輩との出会い」等のアイデアが出されました。その後、Dさんへの提案を経て、実際に取組みが始まりました。見学ツアーは彼が安心して見学できるよう通所活動の一環として実施し、ほかにも関心のある利用者数名と見学する形をとりました。何か所も見てまわるなかで、実際に体験したくなる気持ちが芽生え、体験利用から卒業に向かっていく道筋が見えてきました（実際の卒業への動機づけは憧れの先輩の存在が大きかったのですが、ここでは省略します）。

3 連携で大切なこと

　Dさんの場合は、彼の進む先のイメージづくりを通所で行い、憧れの気持ちを育むことをほかで取り組んでもらい、それらを会議のなかで確認しながら全体でイメージ共有を図っていきました。日常の変化は必要に応じて相談支援専門員に連絡をとりながら、時機をみて会議を開催してもらい、全体ですり合わせていくことで卒業に向かっていきました。

　例えば就労系事業所の見学ツアーは、現在の役割のなかでは相談支援専門員が担うことがほとんどです。相談が制度化する以前には多くの事業所が動く姿がありましたが、現在は役割として明確になっているように感じます。機能としての役割はもちろんありますが、連携に大切なことは、利用者にとって誰がどのように動くことが適当かということを関係者間で打ち合わせできるかどうかだと思います。また、実際に連携を図るときには利用者の想いに瞬発力をもって対応できる「フットワーク」、想いを応援するために手を取り合える仲間との「ネットワーク」、そして想いに向かって目的を共有し役割を越えて協同できる「チームワーク」という「三つのワーク」が大切です（利用者の夢にワクワクできる気持ちも含めると四つのワーク）。

　これらが発揮できたときに利用者の人生は大きく変化していきます。利用者の人生を本気で考え、こんな姿になれたらすてきだなということを利用者や相談支援専門員と想像し、共有していくことが、連携の大切なポイントだと考えます。

column 20

チームを助け、チームに助けられる楽しさ

大友愛美
特定非営利活動法人ノーマライゼーションサポートセンター　こころりんく東川

　これまで、たくさんの支援チームのなかで仕事をしてきましたが、チームで仕事をすることの一番のメリットは、"心強い"ということだと思います。自分一人でできることはたかが知れています。私たちは、みな、実力的にも立場的にも、支援のごく一部しか担えないものです。それでも、日々、利用者の幸せのためにサービスを提供しなければならないわけですから、誰かと連携するしか道はないと思っています。

　今の障害福祉サービスの仕組みは、結構複雑です。少し昔の制度では、利用者のすべてを一事業所または、一法人で支援することが当たり前で、仕組み的にはシンプルでした。が、今の制度ではたくさんの事業所や法人がかかわってチームをつくって支援していくことが前提となっています。そこで重要になるのが、相談支援専門員のはたらきです。相談支援専門員はこの複雑な制度のなかで、チームをつくるために生まれたと言っても、言い過ぎではないほど、サービス担当者同士を結び合わせるミッションを背負っています。

　しかし、相談支援専門員は必ずしもチームリーダーである必要はありません。そのチームの主人公である利用者本人と実際に日々かかわっているのは、サービス提供事業所の人々です。サビ管・児発管が、チームのリーダーになることがふさわしい場合も多くあります。また、支援がとても難しい状態になっている場合には、その人の障がい特性に詳しい専門家を外部からチームに入れることもあるかもしれません。そうすると、その専門家が中心となって支援の方向性を決めていく場合もあります。

　想像してみてください。自分は、どのような役割でそのチームの一員でいたら、もっともチームに貢献できるでしょうか？

　チームづくりの裏方ですか？

　チームを一つにするムードメーカーですか？

　利用者の想いを誰よりも近くで把握している役割の人ですか？

　ゆるぎない専門知識と技術で貢献しますか？

　家族とのパイプ役ですか？

　様々な役割がチームのなかで機能したときに、心強いチームワークができあがります。

　さらには、チームで解決できないことが起きた場合、チームの誰かが「（自立支援）協議会」とつながっていれば、その後、「（自立支援）協議会」という場で、何年にもわたって解決のための仕組みづくりが続く可能性も出てきます。会ったこともない誰かが、自分の困りごとを解決するために、長い時間をかけて悩んでくれるなんて、これ以上の心強さはありません。

　利用者を中心にしたチームのなかで、自分だけではできないことをチームに助けられる体験をしてください。その体験は必ず、自分がチームを助ける体験につながります。その繰り返しが、仕組みを変えるほどの大きなチームづくりにつながるのです。

　あなたの仕事が、必ず地域を変えていきます。

5-2 （自立支援）協議会の活用

帯広市
人口約 16 万人

1　取組み　事例 1

1　帯広市における自立支援協議会の原型

　自立支援協議会は、障害者自立支援法の改正に伴い 2012（平成 24）年に法定化され、各市町村への設置が努力義務とされたものですが、その原型は各地域においてこれまで開催されていた様々な支援機関の集まりだと考えられます。

　北海道帯広市における自立支援協議会の原型の一つは、1994（平成 6）年から開催されていた「地域生活支援会議」と呼ばれる会議でした。これは毎月 1 回水曜の午後に帯広ケア・センターで開催されており、精神保健福祉の関係機関が集まり、それぞれの業務内容や進捗を共有していました。また当時の帯広ケア・センター所長の門屋充郎氏が厚生労働省の委員として活動していたことから、会議の場で当時の日本の精神保健福祉施策の最新の情報が提供されてもいました。この会議は地域の関係機関がいわゆる「顔の見える関係」となるために大変有意義なものだったと思いますが、課題もありました。それは会議の目的が地域の精神保健福祉の向上であったにもかかわらず、実施主体が一民間事業者にすぎない帯広ケア・センターだったということです。実際に会議のなかでは、このような会議はいずれ地方自治体など公的機関が主催するものとなっていくべきであるということが話されていました。

　このような考え方は障害者自立支援法のなかで公的なものとして位置づけられることで実現しました。また、その流れのなかで帯広市にも自立支援協議会が設置され、自立支援協議会の本体となる地域生活支援会議に加えて、これまで帯広ケア・センターで開催されていた「地域生活支援会議」は精神保健福祉分野の部会として位置づけられ、新たに「精神地域生活支援会議」という名前で開催されることになりました。その後必要に応じていくつかの部会が発足しています。

2　自立支援協議会の実際の様子

　上記のような流れで発足した帯広の自立支援協議会ですが、残念ながらしばらくの間はやや形式的な内容に偏っていたかもしれません。協議会に多くの関係機

関が参加していたのは以前と同様ですが、そこで話される内容は各機関の毎月の実績と開催される行事やイベントのお知らせなどが多かったように思います。もちろん、その時々で必要に応じて運営上の困りごとなどを話題提供する事業所もありましたが、そこで何かを相談したり解決に向けて参加者でともに考えたりということは少なかったように思います。協議会の事務局もどのように運営すれば参加している関係機関と活発なやり取りができるのか苦慮していたものと思います。

3　さまざまな試み

① 報告方法の見直し

あるとき、これまでの協議会の流れに異を唱えた参加者がいました。各機関の実績報告は資料を集約して各参加者が目を通し、それ以外のことを報告したり協議したりするほうがよいのではないかという意見だったと記憶しています。これはおそらく、多くの参加者が感じていたことだったと思います。その提案について事務局がすぐに対応し、その後会議のなかでは各機関の利用実績を書き込める用紙が回され、各機関はそれまで口頭で読み上げていた実績をそれに書き込むことで、それ以外の報告ができるようになりました。

② 地域課題の検討

私自身は「精神地域生活支援会議」には不定期ながら参加しており、いろいろ思うところはあったのですが、特に何かを表現することはないまま過ごしていました。しかしあるとき、医療へつなぐことが困難なため病状が悪化して非常に困っていた利用者にかかわる機会があり、協議会の場で地域の事業所と医療機関のかかわり方について検討できないかと提案してみました。協議会事務局でこの提案にすぐに対応してもらい、その後数回にわたって地域の事業所と医療機関がかかわった困難事例について経過の振り返りや医療機関との連携のあり方、医療機関が抱える様々な事情などを共有することができました。それまで私自身は医療機関が患者を引き受けてくれず、地域の事業所と利用者本人が苦しむことになるという構図でとらえがちでしたが、あらためて医療機関のほうから組織のあり方や仕組み、抱える事情を伝えられ、お互いの機能や動き方の違いを理解したうえで「どうしたら連携できるのか」を考えることができました。地域課題への取組みを進めるために、積極的に協議会を活用することはサビ管として当たり前のことですが、あらためてその重要性に気づかされた事例でした。

4　まとめ

みなさんもサビ管として難しい事例にどう対応するか判断を迫られることがあると思います。こんなとき、自分の事業所（あるいは同一法人の事業所）内だけで何とかしようとするのではなく、お住まいの地域の自立支援協議会を上手に活用し、地域全体で協力できる支援者のネットワークを築き、よりよい支援が展開できるようにしてもらえたらと思います。

2　取組み　事例2

1　はじめに

札幌市の協議会は、障害者自立支援法が施行された2006（平成18）年10月に設置されました。指定都市である札幌市の協議会には、市域の協議会のなかにさらに、区ごとの協議会にあたる地域部会があります。

人口190万人（当時）都市の札幌に協議会が一つでは、地域で生活する一人ひとりの顔が見えないため、地域部会はより地域に密着した取組みをする組織として設置されています。その市域の協議会事務局を担う基幹相談支援センター（民間に委託）と、元行政職員（行政職員時代には市域の協議会と地域部会の事務局も担当）の立場から、札幌市の協議会について、特にサビ管・児発管をはじめとするサービス提供事業所の関係者とともに行った内容を紹介します。

2　キーワードは「会って話す」＝「顔の見える関係」

①　教育と福祉と医療の連携に関するプロジェクトチーム

児童の通学支援や学内支援の必要性など、個別の事例から課題を積み上げて、市域の協議会のなかでプロジェクトを立ち上げ、教育と福祉と医療の連携について検討することになりました。重ねた議論の一部は移動支援の通学利用への適用といった制度へ結びつきました。その後、プロジェクトメンバーのアイデアをきっかけに、「放課後等デイサービスの参観日」を開催することになりました。学校の先生やほかの支援機関の人が、放課後等デイサービスの活動の参観に行き、そこで、放課後等デイサービスの先生と会って話すという仕掛けです。ある子どもの「学校の先生とデイの先生が一緒に話していてうれしかった」という一言が忘れられません。

また、プロジェクトで協議を重ねてきた学内支援については、その後、学校内

に、介助を行うスタッフを配置するという制度に結びついています。この課題解決の流れについては、2023（令和5）年3月に発行された「札幌市自立支援協議会好事例集」に詳しく紹介されています。札幌市のホームページに公開されていますので、協議会の取り組み事例の参考としても、ぜひご覧ください。

② 重複障がいに関するプロジェクトチーム

重度の重複障がいがある人が安心して利用できる短期入所や住まい、通所先が少ないという課題からスタートし、まずは重複障がいへの理解を深めようと、市内を数か所の地区に分けて、座談会を開催しました。医療機関、児童系事業所、住まい系事業所、相談支援事業所、行政職員が輪になって、こんな状況がある、あんな例がある、といった議論を展開。地区ごとの座談会を重ねたこと以外にも、訪問看護ステーション向けに重複障がいについての勉強会を企画したり、医療ソーシャルワーカーと相談支援事業所が出会う座談会も企画したりと、顔の見える関係づくりから次の支援につなげていく議論を繰り返したプロジェクトでした。

③ 地域部会

10区にある地域部会の定例会では、制度や他分野のことを学ぶ勉強会もあれば、とある事業所のとある職員の1日を紹介する「とある1日」や、事業種別を決めて、複数の事業所がそれぞれの特徴を紹介し合う「事業所説明」などもあります。そして、定例会の後半では、参加者が意見交換する時間を確保しているのもポイント。そこから、サービス事業所同士の横のつながりが生まれて、例えば、「こんなとき、どうしていますか？」といった事業所運営面での工夫を共有したり、「今度、見学に行かせてください」とか、「次、困ったら、相談しますね」といった関係ができていったりします。そして、保健福祉部局の区役所職員が参加している場合には、支援について意見交換ができたり、緊急時に一緒に事業所探しをしたりと連携の幅が広がっていきます。

3 現在の運営状況

地域部会の事務局は、区役所の担当者（行政）と委託相談支援事業所、区の社会福祉協議会が担っています。また、各区の地域部会長は10区中9区で、サービス提供事業所に所属する人が、残りの1区は、指定相談支援事業所に所属する人が担っています（2024（令和6）年6月現在）。

地域部会を含む協議会では、個別の事例を通じて明らかになった地域の課題をふまえ、地域の支援体制の整備のために、地域の課題解決に向けた検討が、「会って話す」＝「顔の見える関係」のなかで行われます。また、行政職員を含む協議

会関係者が自分も相手も尊重し、一人ひとりの参加者として対等な関係でありつづけることを前提に、検討の場に行政職員や相談支援事業所だけでなく、サービス提供事業所のみなさんもともにかかわっています。サビ管・児発管が協議会にかかわることは、制度をより使いやすく、また、地域をより住みやすくする取組みと、地域の力を向上させることにつながっていきます。

旭川市
人口約32万人

3　取組み　事例3

1　設立までの経緯

　障害者自立支援法の改正により自立支援協議会の設置をすることになったとき、私はその仕組みにとても期待しました。個別の事案からみえた課題を地域の課題として受け止め、考え、解決する仕組みのなかに、相談支援専門員や支援者として対応するには限界と感じていたことを、対応できることに変えていく可能性がみえたからです。それまで一人でまたは個別支援のチームでしか対応できなかった課題に対し、地域で応援してもらえることはとても心強くも感じました。

①　自立支援協議会の設立まで

　私が相談支援専門員として活動している北海道旭川市は人口約32万人、障がい福祉サービスを利用している人は延べ9720人、このうち約60%の人にサービス等利用計画の作成等を含む支援が提供されています。

　旭川市自立支援協議会は2008（平成20）年7月から「地域の困りごとを吸い上げ、みんなで解決に向けて動いていく」ことを目的に相談支援事業所、当事者や支援事業者の協議会、学識経験者を中心に旭川市自立支援協議会設置準備会を開催し、自立支援協議会設置に向けて準備を進め、2009（平成21）年2月に旭川市自立支援協議会が設置されました。相談支援事業所は本人の視点から物事を受け止め、発信するという役割をもつことから、市内の指定相談支援事業所（17機関）、市の協議会担当者を中心に構成されました。毎月定例会が開催され、相談支援専門員が自身の困っている事例を持ち込み、事例検討を行っています。

②　運営体制

　2010（平成22）年には事例検討からみえた課題の具体的な解決に向けて、課題整理ワーキンググループと就労・サービス・体制整備・連携・相談支援の五つの課題解決ワーキンググループが設置されました。構成員も相談支援専門員と市協

議会担当者に加え、ワーキンググループの内容に関係する障がい福祉サービス提供事業所や市の関係する係が構成員となりました。これらのワーキンググループを基盤に2014（平成26）年には自立支援協議会の部会が設立され、現在は相談支援部会、子ども部会、移動・外出部会、就労部会、地域福祉連携部会、人材育成部会、司法部会の7部会が設置されています。

　各部会には課題に関係するサービス提供事業所のサビ管や児発管も構成員となり、ともに地域課題の解決に向けて協議を行っています。協議会全体の運営に関しては、市担当者、基幹相談支援センター、会長・副会長、各部会長、地域づくりコーディネーターで構成される事務局会議で、各部会の協議状況の共有、協議会のあり方、地域課題への取り組み体制などを協議します。これら協議会の活動内容を報告する場として「全体会」が年1～2回開催され、市内すべての事業所等、障がい福祉に携わる誰もが協議会の活動状況を知ることができる機会としています。

　以上の経過をたどってきた旭川市自立支援協議会ですが、設置当初から①相談支援を中心とした協議会の仕組みをつくる、②実際のケースに携わる現場のスタッフを中心に話を進めていく、③形式的かつ行政主導による会議にはしない、④要望団体ではない、⑤行政も事業所も構成員の一員として同じテーブルで話し合う、という方向性を共有し、状況に合わせて体制を変えてきました。今では多くの事業所や人が構成員となり構成員同士のつながりによって各自の支援の幅が広がってきたと感じています。

2　現在の運営状況

①　人材育成部会の活動

　2015（平成27）年に設立された自立支援協議会の人材育成部会は、障がい者虐待事案への対応ができる体制づくりと、虐待防止の視点をもった人材を増やしていくことを目的に協議を進めています。構成員は入所施設、放課後等デイサービスのサビ管と相談支援専門員、基幹相談支援センター、市障害者虐待防止センター担当者です。私は相談支援専門員の立場で携わっています。定例会の事例検討から、虐待案件に対して市内では対応する体制が不十分である現状が明らかになりました。再度虐待と思われたときの複数の事案を検証していった際、サービス提供事業所の職員が利用者の行動に対して支援の手立てが見つけられず困っていること、支援の手立てがわからないまま対応している様子が周囲から虐待をしているように感じられる場面があることが共有され、虐待を予防するには本人の障がい特性を理解し、その特性に応じた支援を行っていくことが重要であること、そのことが支援者の離職防止等にもつながることを確認しました。

部会では「虐待防止・権利擁護」に関する仕組みづくりと支援の質の向上とスキルアップを目指した「人材育成」の2本立てで協議をしています（図5-1）。仕組みづくりでは障害者虐待防止センターの周知を目的にリーフレットを作成しました。その際、センターの役割を整理し虐待の通報を受けるだけではなく、支援に困ったときにも相談できる場であること、相談されたことを解決に向けて一緒に考える場もあることも示しました。また、センターの職員が通報や相談を受けたときに記録できる受理票の整理を行いました。この活動後、結果として年5件程度だった通報・相談件数は年間20件を超えるようになってきました。通報件数の増加は障害者虐待防止センターが周知されてきていること、権利擁護意識の向上、通報受理の対応の変化によるものではないかと思われます。「人材育成」では被虐待者に知的障がいのある人が多いこと、コミュニケーションの難しい人が多いことがわかってきたことから、自閉スペクトラム症に特化して障がい特性を学び、支援の手立てについて事例検討をしながら考えるようにしました。市内の事業所の職員が対応に困っている事案を持ち込み、数回にわたって検討することで、参加者が事例提供者の気持ちに共感し、さらに障がい特性を知ることで視点が変わり、事例対象者が困っていることに気がつくことができました。このことによって職員の意識が変わり、支援内容の変化につながっていくのですが、対象者が必要とする支援につながることが少ないこともあり、もっと学んでいきたいと思う一方で学びをあきらめてしまう状況も出てきています。

図5-1　人材育成部会の概要

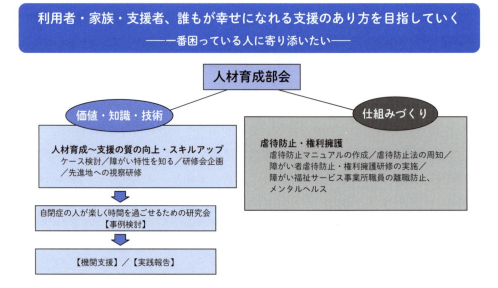

② スローガンに基づく学びの機会の確保

　この状況をふまえ、人材育成部会では「利用者・家族・支援者、誰もが幸せになれる支援のあり方を目指していく」ことをスローガンにあげ、また一番困っている人に寄り添う姿勢をもつことを共有しました。サビ管や児発管、現場の職員からの声を聴ける機会をつくりながら研修等を開催、また先進地域への視察を実施しました。市内では多く実践されていない支援について学ぶ機会とし、さらにその支援ができる職員になるために必要な知識や技術を学べる機会としてきました。そのような活動のなかで、現場の職員だけでは行き詰まってしまった事業所に外部から機関支援が入る機会をつくったことで、職員の支援に対する意識の変化、対象者の行動の変化につながることがありました。対象者は生活に変化が起き、それまでより生活しやすい様子がみられました。このことは現場の職員だけではなく、変化を学ぶ部会員の喜びにつながりました。

③ 地域連携に向けて

　部会（協議会）の活動により少しずつ、でも確実に、同じ方向をみて支援を行える仲間、困ったことを相談できる仲間が増えてきていると感じています。地域の状況をみながら活動することは、水や肥料を必要時にまきながら花や果実が成るための土壌を育てることに通ずるかもしれません。土壌を育てるには時間がかかりますが、部会が現場の職員にとって困り感を相談しやすい存在になり、受け止め、一緒に解決を目指すことをコツコツと続けることで、誰もが幸せになれる地域に少しずつ近づくのではないかと信じて活動していきたいと思います。

天塩郡天塩町
（留萌圏域）
人口約 2700 人

4　取組み　事例4

1　設立までのあゆみ

① 自立支援協議会の設立まで

　北海道天塩郡天塩町は、人口は2700人程度、留萌圏域における最北端の町です。私は、留萌圏域において地域づくりコーディネーターとして活動していますが、所属する法人としても、天塩町基幹相談支援センター（地域支え合いサロン事業を含む）や天塩町スクールカウンセラーおよびスクールソーシャルワーカー派遣事業、天塩町子どもの居場所づくり事業など、様々な事業を通じて、年々かかわりを深めている町でもあります。

　天塩町には、「天塩町障がい者自立支援協議会」がありますが、障がい児者福

祉に携わる者にとって、この協議会は「居場所」を創造するいわゆる「まちづくり」の拠点となっています。

　留萌管内1市1村6町において、天塩町はこの「天塩町障がい者自立支援協議会」をいち早く整備しました。しかし、開催実績はほぼなく、いわゆる「立ち上げ即死」の状態でもありました。

②　支援者交流勉強会の開催

　転機が訪れたのは、現在町の事業として根付いている「天塩町地域支え合いサロン」の創設でした。このことをきっかけに、「支援者交流勉強会」という部会が天塩町障がい者自立支援協議会に立ち上がり、教育・福祉・保健医療・行政といった多職種交流と分野を選ばない勉強会が開催されるようになりました。開催頻度は月1回、参加者が集まりやすい夕方以降で設定されます。開催場所は、主に天塩町地域支え合いサロンで、参加者は各々座いすやソファーを利用、また、飲み物やお菓子はもちろんのこと、ときには軽食をとりながら進められることもあります。また、なかには子どもを連れて参加する支援者もおり、和やかな雰囲気で勉強会が重ねられています。参加時間や家庭の事情など、支援者それぞれの事情に縛られることなく参加できるのが、この支援者交流勉強会の強みであると、私は考えます。

　それに加え、参加者共通の「もの差し」ができたとも感じています。それは「予防的な視点」です。ことが起こってから体制整備に取り掛かることも大切ですが、勉強会を通じて恒常的に地域アセスメントが行われ、それをベースに「予防的な視点」に立った地域の体制について意見が交わされ事業として整備されていく、天塩町における様々な事業も、これらの過程を経て、町に根付いてきたものとなります。

2　現在の運営状況

　先日、天塩町に放課後等デイサービス事業所の児発管より電話相談がありました。内容としては、「やむを得ない家庭の事情」により、子どもの安定した養育が難しく、社会との不適応がみられるといったケースでした。放課後等デイサービスを利用していますが、定員の問題により望む利用が叶わないこと、学校も教職員・支援員が不足していることにより家庭へのサポートや個別対応が現状以上は難しいこと、現行法や町の体制ではそれらの家庭の事情をサポートする仕組みはないことから、実際には放課後等デイサービスのスタッフが本来の業務をやりくりし、家庭へのサポートにあたっている状況でした。地域づくりコーディネーターとして、さっそく天塩町障がい者自立支援協議会の事務局へ連絡し、その翌

日にはWEB会議でケース詳細の確認、また、数日後には事務局会議を開いてもらい、「天塩町ファミリーサポート（仮名）」の構想が立ち上がりました。もちろん課題は残されていますが、これまでと同様に、2022（令和4）年度には天塩町の新たな仕組みとしてスタートするものと期待するところです。

このケースで私がうれしかったことは、相談をくれた児発管やその話を受けてくれた協議会の事務局が、この「やむを得ない家庭の事情」を「地域の課題」としてとらえてくれたことでした。つまり、ともするとこのケースは「家庭の勝手な都合」「親になりきれない親のせい」などと一方的に片づけられてしまい、そもそも協議会の案件としてのらない可能性もあったわけです。そういった意味では、支援者交流勉強会により、そこに集う者に共通の「もの差し」があることをあらためて実感できたケースでもありました。

また、児発管が本来業務外のサポートを丸投げせず、自分たちで何ができるのかを考え、そして実行し、そのうえで相談を投げかけてくれたことは、その一つひとつにおいて相応な覚悟があったものと推測します。

地域によっては、「協議会って何をやっているのかよくわからない」「現場の声を拾おうとしていない」など、否定的な意見を耳にすることがよくあるのですが、サビ管や児発管として、利用する人々のベスト・インタレスト、つまり「最善の利益」に取り組む覚悟があれば、それぞれの地域にとって必要な「何らかの一歩」を踏み出せるものと私は確信しています。

column 21

地域のなかの事業所

安藤敏浩
特定非営利活動法人しりべし地域サポートセンター
サポートセンターたね

　所属する法人を設立した20年前くらいのことだと思います。自分たちの事業を知ってもらい、サービス内容を周知するために障がいのある人が生活するお宅に訪問をしていたことがあります。そのときに、障がいのある子どもを育てている父親が、過疎化が進む小さな町にいても将来が不安だから札幌方面に引っ越しをする、という話をされました。今でもその人が当時住んでいたお宅の近くを通ると、今どんな暮らしをしているのかと、思いを馳せることがあります。

　その後、障害福祉制度は充実していき、現在はこの地域でも障害福祉サービス事業所が増えていきました。しかしながら、今でも都市にある福祉資源や就職先を頼って、地域から出ていく人は絶えません。「札幌に出て、都会で暮らしたい」という明確なニーズであれば、止めることはできませんので、札幌方面の資源を探すお手伝いをすることもあります。一方で、一人暮らしやアパートタイプのグループホームで暮らして、就職がしたい、というニーズも多いですから、そうなると（都市の）「〇〇市ならありますよ」と支援者はいとも簡単にお勧めしているのが現状ではないかと思います。私が地方に住んでいるので、都市のことを妬んでいるのではありません。それは、地域にあったニーズや、課題解決の芽をなかったことにしてしまっているのではないかと思っています。そのことにあまりにも無頓着ではないかと危惧をしています。

　このことは、障がい者や高齢者の問題に限らない、誰にとっても同じ地域の課題です。ますます、地方で生活できる人は生活に困っていない人か、都市に出ていくことができない人の二極化が進んでいくようで心配をしています。

　ちょっと話が大きくなりましたので、身近なところに戻しますと、地元か都市かの前に、どのような暮らしをしたいのか、ということを丁寧に聞くことが必要なのだと思います。

　そのニーズを地域で受け止めていく作業を積み上げていき、止まらない人口減少、都市一極集中のなかで、地域でなにをしていくべきかを考えていくことに、障害福祉事業所として参加をしていきたいと考えています。障害福祉に関しては、地域自立支援協議会への参加でしょうし、そのほかにも町内会や地域で活動する集まりなどに参加をして、つながりをつくるなかで、できることを行っていくことが、地道ではありますが大切ではないかと思っています。当事業所も、道路の花壇整備や近所のゴミ拾い、高齢者宅の除雪作業など、あらためて可能な範囲で地域に貢献できる活動に参加をしていくことにしています。

5-3 自分の地域で連携してみよう

1 はじめに

　サビ管・児発管は、特定の分野や特定のサービス（支援）提供事業所に所属していますが、役割としては地域のなかでケアマネジメントを担う人材です（表5-2）。一人のニーズを中心として、求められるサービスや支援を提供することはもちろん、それ以外の時間や生活についてもトータルにとらえて、生活全体の質を向上させるための調整や連携などをすることもあります。今の制度のなかでは相談支援専門員がケアマネジメントの中心的な役割ではありますが、利用者とのかかわりは日々利用している事業所のほうが長く、濃い場合が多いので、ニーズに気づきやすいものです。

1 「連携」のセルフチェック

　地域において関係機関や他職種と連携することは、サビ管・児発管にとって必要な業務の一つです。ただ、実際には事業所の状況により、連携実践にはかなり差があるようです。ここでは、連携をセルフチェックすることで、制度や連携の理解を深めるとともに、自分自身の連携の課題と現状を把握し、今後に必要な連携のために必要なことについて検討したいと思います。

表5-2　相談支援専門員とサビ管・児発管の役割

	相談支援専門員	サビ管・児発管
所属	相談支援事業所	サービス（支援）提供事業所
作成する計画	サービス等利用計画 障害児支援利用計画	個別支援計画
主催する会議	サービス担当者会議	個別支援会議
関係性のメリット・デメリット	広く、包括的、継続的	深く、日常的
	浅い、非日常	限定的、利害関係

どちらもケアマネジメントの担い手
連携でお互いのよさを発揮、場合に応じた役割分担

1　サービス担当者会議・相談支援専門員との連携

はじめに、サービス担当者会議・相談支援専門員との連携について振り返ってみます（ワークシート1）。地域によってはセルフプランがまだ多い場合や相談支援事業所が足りずにサービス担当者会議が簡易的に実施される場合などもあるため、これらの連携がピンとこない人もいるかもしれません。今後、相談支援事業所とサービス事業所の連携は強化され、機能していく方向性で進みます。なぜなら、両者の連携は障がいがある人たちやその家族の生活を総合的に把握し、見守り、そして、必要なときに途方にくれないようなセーフティネットの役割を果たすからです。

サービス担当者会議も個別支援会議も何事もないときには特に議論することもなく、あまり必要性を感じないかもしれません。こうした日常的な連携は「必要性が生じたとき」に機能するのです。しばしば関係者の会議が困ったことが起こったとき（いわゆる「困難事例」といわれるようなとき）に開催されることも多いようですが、困ってしまってから慌てて集まっても、状況が深刻であったり、後手に回ってしまったりなど、効果的な実行力を発揮できないことがあります。しかし、サービス担当者会議、モニタリング、個別支援会議のように普段から情報や意見を交換する場があると、ニーズの変化に気づきやすく、早期の実行が可能となります。

2　（自立支援）協議会の振り返り

次に、（自立支援）協議会について振り返ってみましょう（ワークシート2）。

（自立支援）協議会は自治体によって実施のあり方や進め方などが異なります。そのため、理解やかかわりについても地域事情によって違いがあると思います。実情はさておき、サビ管・児発管が制度としての位置づけや役割について理解しておくことは必要です。

2　行動計画

相談支援専門員との連携と（自立支援）協議会をはじめとした地域の関係機関との連携について振り返ってみたところで、今後のサビ管・児発管としての地域で連携を広げる、深めるための具体的な行動計画について考えてみましょう（ワークシート3）。

ワークシート1

ワークシート1　サービス担当者会議・相談支援専門員との連携

①　サービス担当者会議の理解
サービス担当者会議とは何か知っていますか？
- 制度上の位置づけを含めて正確に説明できる
- 正しいかわからないが、だいたいは理解していると思う
- 何となくわかっている
- よくわからない

②　サービス担当者会議への参加
サービス担当者会議に参加したことがありますか？
- この2年の間に複数回参加している
- 多分、参加したことがあると思う
- 参加したことがない、わからない

※最近、参加したサービス担当者会議について
参加者：
実施場所：
実施時間帯と所要時間：
開催して感じたこと、その後のサービス提供に役立ったこと

③　相談支援専門員との連携
相談支援専門員と連携をしていますか？
- 利用者の担当の相談支援専門員はだいたい事業所名、顔と名前がわかる
- 利用者の担当の相談支援専門員は半分ぐらいわかる
- 何人かは知っていると思う
- よくわからない

④　相談支援のモニタリングへの協力について
相談支援専門員が行うモニタリングには協力していますか？
- だいたいの利用者のモニタリングに協力している
- 半分ぐらいの利用者のモニタリングには協力している
- 何人かはモニタリングに立ち会った
- モニタリングには立ち会ったことがない

※最近、協力したモニタリングについて
相談支援専門員からの連絡（いつ、どのようにあったか？）

所要時間や話題になったこと・雰囲気など

①～④の項目をチェックしてみて、自分自身のサービス担当者会議への参加や相談支援専門員との連携についてわかったことを書きましょう

ワークシート2

ワークシート2 （自立支援）協議会

① （自立支援）協議会の理解
（自立支援）協議会は何か知っていますか？
- 制度上の位置づけを含めて正確に説明できる
- 正しいかわからないが、だいたいは理解していると思う
- 何となくわかっている
- よくわからない

② （自立支援）協議会への参加
（自立支援）協議会に参加したことがありますか？
- この2年の間に複数回参加している
- 多分、参加したことがあると思う
- 参加したことがない、わからない

※最近、参加した（自立支援）協議会について
会議名：本会議・（　　　　　）部会・研修会・その他（　　　　　　　　　　）
参加者：
実施場所：
実施時間帯と所要時間：
開催して感じたこと、その後のサービス提供に役立ったこと

③ 相談支援専門員以外の連携機関
相談支援専門員以外に連携している人や機関がありますか？
- 複数の分野や機関の関係者とよく連携をしている
- 時々、関係機関と連携している
- 連携をしたことがある
- 外部の人との付き合いはほとんどない

※最近、連携した事例について
誰とどんな連携がどんな場面であったか？

連携することで感じたこと、役に立ったこと

上記をチェックしてみて、自分自身の（自立支援）協議会への理解、参加や地域の関係機関との連携についてわかったことを書きましょう

ワークシート3

ワークシート3　連携のための行動計画
① 相談支援専門員との連携について 　　連携を（理解する　・　広げる　・　深める）ために、以下のことを取り組んでみます 　（いつまでに、何を、どのように取り組むか具体的に書きます）
② （自立支援）協議会や地域のその他の関係機関との連携について 　　連携を（理解する　・　広げる　・　深める）ために、以下のことを取り組んでみます 　（いつまでに、何を、どのように取り組むか具体的に書きます）

ワークシート1・2・3はダウンロードが可能です。

column 22

「内」と「外」

小野 尚志
特定非営利活動法人ウェルアナザーデザイン
留萌圏域障がい者総合相談支援センターうぇるデザイン
留萌圏域地域づくりコーディネーター

　まだサビ管や児発管が整備される前、私はグループホーム（以下、GH）で8か月間暮らしていました。利用者と暮らしをともにしながら、6か所のGHの支援者、世話人の補助、施設内就労の担当をしていました。人口1200人程度の地域でしたので、世話人は良くも悪くも顔見知り。こちらであちらの世話人の文句を聞き、あちらでこちらの世話人の文句を聞き、GH業務よりも世話人同士の人間関係の調整に苦労したことを思い出します。夜中の2時に、酔っぱらった世話人の旦那さんから呼び出しをくらい、「うちのおっかぁに大変な思いをさせるな！」と、玄関で2時間ほど説教を食らったこともありました。

　早朝、GHのメンバーの朝食や弁当をつくるのが大変で、「冷凍食品は使うなよ……」と世話人の無言の圧力を感じながら、慣れない揚げ物をしたり、いろどりを考えたりと、苦労をしたことを覚えています。GHのメンバーが仕事に出た後、後片付けや掃除を行い、急いで施設に向かい利用者と作業に入る、それが終わればまたGHに向かい夕食の準備に取り掛かり、入浴や洗濯のサポートが終われば、再びGHに寝に帰る。

　大変ではありましたが、GHの利用者と寝食をともにすることにより、利用者の気持ち、世話人の想い、支援員として望まれる姿など、様々な学びを得る貴重な機会ともなりました。

　一方で、今思うと、支援者として慢心していた時期であったかもしれない、と考えることがあります。当時の私はGHや入所施設、施設内就労しか携わったことがありませんでしたが、そのすべては、ほぼ「内」だけで完結できるものでした。サビ管や児発管という仕組みができた今でも、定められた研修や会議を除けば、自ら地域社会など「外」との接点はもたずとも、事業としては成立するものと考えます。加えて「利用者に対し、直接支援をしている」といった自負は、ともすると「外」との役割分担やかかわりを否定することにつながり、さらに「内」の支援に留まってしまうことになるのです。

　もちろん、「内」の支援を否定するつもりはありません。私もそうでしたが、「内」であるからこそ見えるものがたくさんあるわけです。私が携わったGHや入所施設、施設内就労で得た様々な学びは、今でも利用者の最善の利益を考える際の土台となっています。

　では、サビ管や児発管にとって「外」の支援とは何なのか？　一言でいえば「利用者の最善の利益にかなう」といった支援です。つまり、事業者の枠組みに利用者をはめるのではなく、利用者の最善の利益といった枠に事業者としての最善を尽くすということです。もちろん、そのことに取り組めば、一事業者では限界を生じます。しかし、だからこそ「外」との役割分担やかかわりを求めることにつながるのです。運営面や人材面など、我々に課せられた課題はたくさんありますが、まずは「利用者の最善の利益にかなう」といったことに覚悟を決めることから始めてはいかがでしょうか。

column 23
（医療との）連携について

田中康雄
精神科医
こころとそだちのクリニック　むすびめ　院長

ここでは医療との、というより広く他職種の人々との連携について述べたいと思います。

障がい児者への福祉支援は、日々の生活を営む本人とその生活を応援する家族へ向けて提供されるべきものです。

ときにこちらを立てるとあちらが立たないという支援のギャップや壁に、支援する人々は向き合うことになります。双方の思いに挟まれ、身動きが取れないこともあるでしょう。

支援者は、組織のなかで一定の方向を向くことが求められます。しかし、組織の思いに支援者は常に同意、納得しているわけではなく、そこに葛藤が生まれます。

戸惑いながら支援者は、組織に所属することを重視したり、異なる方向性をもつ組織に移ることを選択するかもしれません。そこに正解はありません。

ただ、どちらを選択しても、支援する人々に益ある手立てを見つけ続けたいという思いからの悩み、葛藤を抱えることになります。

真面目であればあるほど、誠実であればあるほど、自分を追い詰めてしまいます。

そこにある孤立、孤独感から抜け出すためには、一人で思い悩まずに他職種の人々と出会い、実直に考えをぶつけてみたらどうでしょう。

僕は、かつて精神科病院に勤務していたとき、教育現場の人と連絡をとり合った際に、異なる職種の人と話すことに、大きな戸惑いと反省をしたことがあります。僕の世界で通用していた「言葉」が相手には全く通用しなかったのです。同時にそこにある当事者の思いのとらえ方、そしてかかわり方にも大きなあるいは微妙な違いを感じることを経験しました。

井の中の蛙大海を知らず、とはこのことです。僕は医療という枠組みから、相手の職業、組織の枠組に身をおく練習をし始めました。それは実際に現場に足を踏み入れること、そこでしばらくその世界に浸ることでした。すると、徐々にその世界はその世界で成立していることを学ぶことができたのです。

本書で学ぶ人々が、今後もし医療あるいは他職種の人々と手を組む、協働作業をしようとするのであれば、

① 互いの職場に足を運び、それぞれの仕事の内容・職場の雰囲気・大変さに身と心を寄せ、できるだけ理解する
② 相手の職場の仕事に就いた場合を想定する
③ 己の職場の専門用語を使用して話をすることのないように注意する。できるだけ日常の言葉でのやり取りを心がける
④ 出会ったときに「ご苦労様。お互い、大変ですね」と声をかけ、相手をねぎらうことを忘れない。くれぐれも、苦言・提言からは会話を始めない
⑤ 関係者の助け合い・支え合いは、支援する人々を支える基になると考える
⑥ それぞれの専門的立場を尊重し、尊敬する
⑦ 最も大切にしたいのは、支援する人々の「今の心」であり、「未来へ向うための生きがいづくり」であることを共有する

ことを提案します。

「連携」とは、単に専門性に裏づけられた技術のやりとりではなく、人と人とのかかわりからつくられるネットワーク、精神的絆で成り立っていると思っています。

column 24

学校との付き合い方

市野孝雄
特定非営利活動法人地域生活支援ネットワークサロン

　私が学校に勤務していたとき「学校は時代・専門性・地域から孤立している」と指摘されることがありました。その背景に「学校内で自己完結し連携が発想されにくい」「手段が目的化しやすい（足並みをそろえる、点数をとる）」「時代遅れな平等性・公平性が根強い」「子どもとの信頼関係よりも、まずは教え込む」「肩書きや立場が偏重され対等感が薄い」等、学校特有の文化や価値観の存在を感じてきました。

　教育と福祉のどちらが正しい・偉いではなく、下記のような観点の違いがあるのではないかと思っています。学校や教員の考え方の根拠について理解をすると、連携が少しうまくいくかもしれません。

1　子ども観の違い
　子どもを学ぶ主体とみるか、学ばされる客体とみるか。子どもと対等な関係を保ちアドボカシーを配慮するか、力関係で指導をするか。エンパワメントを尊重するかどうか。

2　教育目標達成のための戦略・戦術の違い
　自分だけで戦略を編み出し遂行する戦術か、子どもを中心において周りも巻き込み連携する戦略で、社会資源を活用したり様々な戦術を試したりしながら反省的に実践するか。子どもの自由や意思を尊重するリバタリアニズムと、子どものためによかれと保護・干渉に乗り出すパターナリズムを使い分けているか。基礎から一つひとつ積み上げるボトムアップか、ゴールに近いところから始めるトップダウンか、その選択で子どもの状況や目的に応じた根拠をもっているか。頑張れば何とかなると説く「念力主義」を廃しているか。本人の合意を得た教育計画か？

3　特別な配慮・支援を構築するモデルを「社会・生活モデル」においているか。
　「個人・医学モデル」を誤用していないか。ICF（国際生活機能分類）を研究し、自己責任論による自業自得扱いを避けているか。子どもたちに必要な選択肢が示され、無用な評価を排しているか。

4　一人ひとりの「ニーズ」「ウォンツ」「デマンド」の違いを見分けられているか。
　教育計画が、個人のニーズを把握して科学的・客観的に本人のために作られているか。

5　基礎学力の定義が何で、教える内容と方法の根拠は何か。子どもに意味と価値がある学びで自信や意欲が高まっているか。

6　根拠・客観性がある発達的視点をもって保護者と連携し実践しているか。

7　子どもが好きで、将来の自立を見据える面倒見のよい大人か。

　個別最適化が現在の教育のキーワードです。子どもが学校に合わせる時代が終わり、個々の子どもに合わせた新しい教育を発明する時代になりました。教育との連携を望んでいるあなたに学校独特の文化を理解してもらい、あなたとの出会いで貴重な連携のチャンスを得た教職員を、学校外の世界に誘ってほしいと願っています。それが発明につながり、教育と福祉が協働して、子どもを真ん中に据えた支援につながると信じています。

Part3

ブラッシュアップ編

第6章

サービス提供を自己検証する

NAVIGATION

第6章を学ぶ目的とポイント&自己検証に関するミニ講義

　第6章はサビ管・児発管が普段の自分の役割や仕事について、振り返ることがねらいです。

　研修体系のなかでは、5年に1度受講が必要なサビ管・児発管更新研修の「サービス提供の自己検証に関する演習（5時間）」にあたります。

本書の構成	科目名	内容・目的	時間
6-1　事業所について振り返ってみよう	事業所としての自己検証（演習）	・グループワークを通じて、各自の事業所の取組み状況や地域との連携の実践状況を共有することにより、コンプライアンスを理解し、今後の事業所としての取組みを明確にする。グループワークの成果を発表し、各自まとめる。	90分
6-2　自らの仕事を振り返ってみよう	サービス管理責任者（児童発達支援管理責任者）としての自己検証（演習）	・サービス管理責任者（児童発達支援管理責任者）として自らを振り返り、自己覚知を促し、支援のあり方や地域とのかかわり方、今後の自らの取り組むべき研修課題を明確にする。グループワークにおける討議を通じて、各自まとめる。	120分
6-3　関係機関との連携を振り返ってみよう	関係機関との連携（演習）	・関係機関と連携した事例に基づき、支援方針の基本的な方向性や支援内容を左右する事項に重点をおいてグループワークを展開することにより、関係機関との連携を理解するとともに、（自立支援）協議会の役割を再認識する。	90分

　自己検証は、以下の三つの視点でそれぞれの項目について振り返ります。

視点	項目	振り返りの内容	
事業所	①法人の理念、コンプライアンス	□法人としての事業の趣旨理解、法令順守 □バックアップ体制	左記項目について現状と課題を振り返り、今後の対応方法を検討
事業所	②事業所のチームワーク	□事業所としてのチームワークの状況	
サビ管・児発管として	①個別支援計画の作成	□個別支援計画の作成について □モニタリングについて □説明と同意、交付について	
サビ管・児発管として	②記録について	□記録の作成について	
サビ管・児発管として	③会議について	□個別支援会議等、内部の会議について	
サビ管・児発管として	④従業者への助言・指導について	□日常業務のなかの助言・指導 □助言・指導のための体制整備について	
サビ管・児発管として	⑤苦情解決について	□苦情解決の仕組みや実施について	
サビ管・児発管として	⑥虐待防止について	□虐待防止の体制や実践について	
サビ管・児発管として	⑦機密の保持について	□機密保持のための体制や実践について	
連携	①地域の関係機関との連携 ②相談支援専門員との連携 ③外部の関係者との会議 ④自立支援協議会への参加	□企業、学校、医療機関などとの連携について □相談支援専門員との連携について □必要に応じた会議の開催や参加について □自立支援協議会の参加について	

振り返りの意味と難しさ

　福祉や支援の仕事において、自らを振り返る機会はとても重要です。なぜなら、「支援」という営みには「支援する側」と「支援される側」の関係性があり、それはどうしても対等にはならない宿命があるからです。つまり、「支援する側」に社会的な立場や権限、パワーや自由が多くあり、「支援される側」のほうが弱い立場におかれているという前提があるため、無意識に上下関係ができてしまいます。

　知らないうちに、支援者の意向が反映されていたり、支援者が主導してしまったり、事業所の都合が優先されたり、利用者の利益や公共の福祉よりも、事業所の利益が優先になってしまったりもします。そのため、「今、自分が立っている位置はどこか？」「何のためにサービス（支援）提供をしているのか？」「やるべきことをやっているのか？」という本来の趣旨に照らし合わせて確認することは必須といえます。そのため、5年に1度の更新研修の際には「サービス管理責任者研修事業実施要綱」に定められた項目に沿って振り返りを行うカリキュラムがあるのです。

　ただし、自分自身で振り返りをすることは自らの課題や現実に直面する作業であるため、簡単ではありません。できていないことや課題があることを必要以上に「よくないこと」ととらえてしまい、避けたくなる気持ちも起きます。ここで、支援における基本理念の「ストレングス視点」や「リフレーミング」について思い出してみましょう。振り返りはできないことや課題を見つけ出す側面もありますが、できていることや強みを再確認する側面もあります。また、「できないこと」や「課題」はリフレーミングをすると「伸びしろ」「可能性のある点」と言い換えることができます。できていないかもしれないけれど、それは「これから工夫することで、できるようになる」ということができます。振り返る機会を自分たちが成長するチャンスととらえたいものです。

振り返りのポイント

　この先は北海道の研修で使用している振り返りシートを一つの例として紹介します。このシートでは振り返りやすいように、次のような工夫をしています。いずれも共通して「具体的に客観的に振り返る」という

> **NAVIGATION**
>
> 第6章を学ぶ目的とポイント＆自己検証に関するミニ講義

のがポイントです。

①点数化・数値化する：特に 6-2（p.275）のサビ管・児発管としての自己検証では各項目で「どれだけ理解しているか、実践しているか」という観点において 0〜10 までの 11 段階で数値化をすることになっています。これは、点数で評価をするという意味ではありません。数値化は具体的なことを考えるためのヒントになります。たとえば「8」という点をつけたとしたら、「残りの 2 は何か？」と考えると、具体的に何が足りないと思っているのかという振り返りができます。また、項目同士の比較がしやすくなります。「この項目は一番できている」という具合です。

②取組みや事例を出し合う：いずれの項目も具体的な場面や実践例を出してみることが大切です。演習では様々な事業所における具体的な実践例を出し合うことで、実践におけるレパートリーの幅が広がり、制度や事業についてより深く理解することにもつながります。

※振り返りは項目が多岐にわたり、すべてを研修の時間内で確認することは難しくなります。限られた時間内で内容を絞って振り返りを行うために、演習シートを活用することができます。

演習シート2　自己評価について

(1) 事前課題2※の7項目の中でより深めたい、ほかの人に教えてもらいたいと思う項目を2つ選んでください。

【選んだ項目①】私が選んだ項目は

【選んだ動機】なぜ、この項目を選んだかというと

【自分の経験】この項目に関する私の経験とは、具体的には

【項目①について自分の意見と、ほかの人に聞いてみたいこと】
　よって、自分はこの項目について以下のように考えますが、みなさんの考えを聞かせてください。

【選んだ項目②】私が選んだ項目は

【選んだ動機】なぜ、この項目を選んだかというと

【自分の経験】この項目に関する私の経験とは、具体的には

【項目②について自分の意見と、ほかの人に聞いてみたいこと】
　よって、自分はこの項目について以下のように考えますが、みなさんの考えを聞かせてください。

※サビ管・児発管振り返りシート（自己検証用）のこと。p.275 を参照

6-1 事業所について振り返ってみよう

　本節では、事業所としての自己検証を行います。サービス（支援）提供事業所としての振り返りシートの評価項目は、以下のとおりです。

サービス（支援）提供事業所としての自己検証（振り返りシート）の評価項目

1-1　法人はあなたの事業所運営について理解し、必要に応じてフォローや協力をしてくれていますか？　理解、協力についての具体例を教えてください。

1-2　上記の具体的な取組みが有効だと思う理由を書いてください。

2-1　あなたの事業所で現場のチームワークを円滑にするために効果的であると思う具体的な取組み例を教えてください。

2-2　上記の具体的な取組みが有効だと思う理由を書いてください。

この様式はダウンロードが可能です。

1　事業所としての自己検証——その1

1　現在の仕事

　私の福祉職としての職歴は、知的障害者入所更生施設（当時）の生活支援員がスタートで、6年間勤めた後、現在所属している法人を有志で設立して現在に至っています。設立のきっかけは、人口が少ない北海道郡部の後志地方であっても自分の暮らしを選択できる地域にしていきたいという想いでした。

　現法人では、ホームヘルパー、相談支援専門員を経て、2019（平成31）年度までの6年間、現在所属している多機能型障害福祉サービス事業所（定員：40人、提供事業：生活介護・就労移行支援・就労継続支援B型・放課後等デイサービス・就労定着支援）の管理者（所長職）兼サビ管として従事していました。その後は、次の若いスタッフに事業所管理者兼サビ管を引き継ぎ、現在は管理者のフォロー役と事業所内では就労移行支援と就労定着支援の就労支援員等に従事しています。

2　法人の事業所への理解、フォローについて

　当法人は、全スタッフ40人程度の小規模な法人ですので、スタッフ全員参加による運営を目指しています。事業所運営の幹となる事業計画はスタッフ全員参加で検討をして作成をしています。その事業所の事業計画書を束ねたものが法人全体の事業計画書といえます。年度の中間と年度末に法人スタッフ全員参加の研修で事業の進捗状況と結果を報告します。そのため、必然的に法人全体で各事業所運営をざっくりと理解できますし、自分の所属以外の事業所の取組みを参考にすることができます。このPDCAサイクルのスタイルが法人内ではかたちとなってきており、スタッフ一人ひとりが少しずつ主体的に事業所運営に参加するようになってきたと思います。

　事業所としては、全事業所の管理者で構成する法人運営の中核となる毎月の会議で、月次の運営状況を報告し、課題などを相談できます。課題がでてきた場合には、会議で検討をして事業所運営へのフォローや見直しを行えるようにしています。

　このように、現場個々のスタッフが事業所をつくり、さらには法人がつくられていき、スタッフ全員で共有する、ボトムアップ型の運営体制を目標として構築しつつあります。

3　チームワークを円滑にするための具体的な取組み

　当事業所がある地方では、人口減少がどんどん進んでいます。現在は、働く人

の多くが主婦で、福祉職経験のない人も多数いますが、貴重な戦力となっています。そのため、日々の業務では、今日やるべきこと、出来事などの情報をスタッフ自身が把握できるように、見える化をしてわかりやすくすることを大切にしています。また、事業所全体と部署ごとに毎月ミーティングを行い、運営状況や個別の支援などを確認・検討して、議事録を全員が確認するようにしています。

どれも特別なことはしていません。わかりやすくすること、情報共有をしっかりとすることが仕事を円滑にし、チームワークの基礎になると考えています。管理者はスタッフ個々の個性や視点を理解して、日々の業務の相談に応じるなどのフォローと、事業所内外の研修で支援の基本をスモールステップで学ぶ機会をつくる、家庭等の事情に応じた働き方の推奨など、やりがいをもって働きやすい環境づくりに力を注いでいます。

当法人で目指すスタッフ全員参加の運営は、それほど簡単にはいきませんし、スタッフ間の意見や考え方の相違も当然あります。しかし、その違う意見を交わし合いながらなんとかしのいでいくことで、分かち合い、個々にしなやかさが芽生え、継続可能な運営基盤がつくられていくのではないかと思います。

人口減少による人材不足は一層深刻化してきています。人材確保は、多くの人の目に魅力のある事業所に映るかどうかにかかっているような気がします。魅力的な事業所を追求すべく、客観的な他者視点から事業所の振り返りもしていきたいと思います。

2　事業所としての自己検証——その2

1　現在の仕事

私が所属する社会福祉法人緑伸会は、2018（平成30）年5月に社会福祉法人の認可を受け、2019（平成31）年4月に事業を開始し、2024（令和6）年現在で多機能型事業所（生活介護、就労継続支援B型、宿泊型自立訓練、生活訓練）2か所、共同生活援助事業所3か所、居宅介護事業所（居宅介護、重度訪問介護、行動援護、移動支援）、指定相談支援事業所、委託相談支援事業所、児童自立援助ホーム3か所、認可保育園2か所の合計13の事業所を開設し、札幌市内10区の内、4区に点在しております。

当法人が事業所を開設していくなかで課題としてあがったのが、事業所間の連携による法人全体の体制づくりでした。事業所数が増えるにつれ、経営する理事会等と現場職員との距離感が生まれてきがちです。経営と現場との意見が食い違うと、法人に対する不満や職場風土の悪化につながり、現場もストレスで疲弊し

てしまい、結果的には不適切なサービス提供にもつながりかねません。これらが起こってしまう要因の一つに、法人理念や事業方針を現場を担う職員一人ひとりが十分に共有できていないことがあげられます。どの法人でも崇高な理念を掲げ、具現化するために必要とされる事業運営を行っていると思いますが、理念や事業方針を掲げた背景や目指すべき目標を十分に理解することが必要です。

　法人として職員が安心して働ける職場、利用者が安心できるサービス、風通しのよい職場風土をつくるための取組みについていくつか紹介します。

2　法人の事業所への理解、フォローについて

　「法人理念」や「事業方針」については、採用時研修にて基本的な理解を伝えています。定期的な職員研修では、「人権」「虐待防止」「障がいの理解」「ケース検討」等のほかに、職員アンケートで研修テーマの希望を募り行っています。講師は、外部講師だけではなく、職員が講師となることもあり、自分自身の仕事を振り返り、福祉についてより理解を深めていく機会にもなっています。事業所が点在しているため、業務時間や移動、場所の確保などにより職員が集合して行うことが難しい場合には、常勤職員に1台ずつ貸与しているパソコンを活用したリモート研修も有効な研修手段となっています。24時間職員を配置している事業所などで、研修に参加できない職員に対しては、録画した研修動画をパソコンやスマートフォンで視聴できるようにし、可能な限り研修に参加できる機会をつくるよう工夫しています。また、集合研修で他事業所職員が入り混じってグループワークをすることなども、普段かかわることのないお互いの事業の理解を深めるとともに職員交流にもなっています。

　会議のもち方としては、事業所ごとに定例で行われるミーティングとは別に、各事業所の管理者、主任に法人を運営する理事長と常務理事が加わった「管理者・主任会議」を毎月行っています。この会議では、経営サイドとなる法人役員が、直接現場の状況を知ることにより、事業単体の課題ではなく法人の課題としてとらえ、それぞれの悩みや課題などに対して、他事業のスタッフが客観的な視点から新しい気づきを得ます。また、法人が行っている事業の理解や、今後の法人における新たな取組みについて様々な意見やアイデアが出される機会となっています。利用者支援における連携として「他事業所との顔の見える関係づくり」の大切さが伝えられますが、法人内においても「お互いの事業が見える関係づくり」が、良好な法人運営や職場風土づくりに欠かせないことの一つです。

3　チームワークを円滑にするための具体的な取組み

　職員一人ひとりのスキルアップは、法人や事業の活性化を図るための重要な要

素です。前述の法人内での取組みだけではなく、資格取得や外部研修の受講機会についても法人独自の資格取得支援制度を設け、研修を受けるための勤務調整や受講・取得費用の負担などに配慮することも行っています。また、自治体ごとに設置されている「自立支援協議会」などへの参加も視野を広げるよい機会です。札幌市においては、専門部会や各区に地域部会があり、福祉に携わる様々な分野とのかかわりを通して、地域課題を拾い上げ、課題解決に向けた取組みが行われています。このような取組みに参画し、自らの事業所や法人が解決のための一つの役割を担い、関係機関と連携し、地域貢献につなげるネットワークを地域でつくることにより、結果として職員のスキルアップと活性化にもつながります。

　法人運営においては、職員と利用者の「人材」、建物や設備などの「環境」、人材確保や環境を整備するための「財源」が欠かせません。そのなかでもサービスの根源となる「人材」の育成が組織の活性化にとって最も重要であり、法人として取り組むべき課題であると考えています。

column 25

支援者や職場のメンテナンス

林　範行
株式会社エールアライブ

　ある朝、利用者が就職した会社の社長から電話が入りました。「最近、表情が暗くて仕事も休みがちになっていて…」。本人に連絡して何が起きているのかを聞いてみると、職場でミスをした、職場の人に注意された、失敗するのが怖い、自分の特性を理解してもらえない…とのこと。つい先日、働いている様子を見に行って職場で会ったばかりなのに。友達と遊びに行くと言っていたのに。こういった事件は就労支援の現場では日常ですよね。職場と情報共有しますよね。ときには家族と相談して本人と一緒に何ができそうか考え、職場に対する本人の不安や緊張を緩和し、気持ちのダメージをケアする方法を会社と相談していきます。

　同じようなことが自分の事業所でも起きていることがあります。普段一緒に働いているスタッフの元気がない様子…具合が悪そう…休みがちになっている…。

　利用者の場合だと、支援者たちによってあの手この手（PDCAサイクルやOODAループ）を使って考えますよね。会社や家族も巻き込んで利用者の現状とちょっと先の未来も考えて。

　これが自分の職場だったら!?　支援者という立場になると自分で解決できなければならないのか？　できないと甘えになってしまうのか？　職場の環境に問題はないのか？　自分たちのチームで対処できないことを利用者の会社に求めていないだろうか…。事件はどこの現場でも起こります。油断すると大炎上します。

　日々、仕事に追われていると、自分の業務だと認識していないことをつい見落としがちになっていないですかね。サビ管として利用者のアセスメントと同じくらい自分たちの職場のアセスメントも大事なのです。日々の些細な出来事や一見無駄のようにみえる時間も意味をもっていると思うのです。身の周りで起きていることに目や耳を傾けられる気持ちの余裕をもち続けていきたいですよね。余裕がなくなるときに同時多発的に事件が起きます。サビ管一人では対処できないので、自分だったら慌てふためきます、心のなかで。手を差し伸べてくれる人が都合よく現れるわけではないので、支援者のチーム力が試されていきます。だからこそ、あの手この手を使って自分たちや職場のケア、メンテナンスが必要になってくるのです。

　朝、社長から連絡が来た利用者のその後については、自分で転職できそうな仕事を見つけたら気持ちも体調も楽になったそうです。いつ社長からクビだと言われるか不安だったけれど、自分で辞めることを決められる安心感で元気に働き続けられました（決して鬼のような社長ではありませんよ）。仕事が嫌いになったわけではないのでよかったとしましょう。転職の提案はさすがにまだできなかったなぁ（心のつぶやき）。

　ちなみに、まだ転職していません。

6-2 自らの仕事を振り返ってみよう

　本節では、サビ管・児発管としての自己検証を行います。振り返りシートの評価項目は以下のとおりです。

サビ管・児発管振り返りシート（自己検証用）の評価項目
1　個別支援計画の作成について
　⑴個別支援計画の作成について
　　　①理解度と実践状況／②現状の理由／③理解や実践が向上するための取組み例
　⑵モニタリングについて
　　　①理解度と実践状況／②現状の理由／③理解や実践が向上するための取組み例
　⑶利用者への説明と同意、書面計画書の交付について
　　　①理解度と実践状況／②現状の理由／③理解や実践が向上するための取組み例
2　記録について
　　①理解度と実践状況／②現状の理由／③理解や実践が向上するための取組み例
3　会議について
　　①理解度と実践状況／②現状の理由／③理解や実践が向上するための取組み例
4　ほかの従業者に対する技術指導および助言について
　⑴日常業務での助言・指導について
　　　①理解度と実践状況／②現状の理由／③理解や実践が向上するための取組み例
　⑵上記の業務を組織として行える体制整備について
　　　①理解度と実践状況／②現状の理由／③理解や実践が向上するための取組み例

5　苦情解決について
　①理解度と実践状況／②現状の理由／③理解や実践が向上するための取組み例

6　虐待防止について
　①理解度と実践状況／②現状の理由／③理解や実践が向上するための取組み例

7　機密の保持について
　①理解度と実践状況／②現状の理由／③理解や実践が向上するための取組み例

この様式はダウンロードが可能です。

1　サビ管としての自己検証——その1

1　現在の仕事

　私はサビ管として2008（平成20）年に就労移行支援事業所に着任し、就労継続支援B型事業を経て、現在は多機能型支援事業所（生活介護事業・就労継続支援B型事業）で従事しています。サビ管の役割としてまず頭に浮かぶのが個別支援計画の作成です。個別支援計画のあり方は制度とともに変革し、サービスありきの考え方から「本人中心・本人本位」の考え方、そして「本人の意思決定を反映した計画」に変わってきたと思います。単にサービス調整や課題に対応する取組みだけでなく、本人が意思決定し、生きがい、やりがい、楽しみを盛り込んだものが個別支援計画であり、職員の価値観や世の中の常識にとらわれすぎないことが大切だと思います。利用者自身ができないことができるようになることも計画としては大切なことだと思いますので、本人がやりたいことの過程でぶつかる壁であれば、それは喜んで壁にぶつかってもらってよいのではないでしょうか。必要なのは利用者自身が意思決定し取り組むことだと考えています。実際にサビ管として振り返りシートを活用した自身の振り返りを行います。

2　振り返りシートの講評

1　個別支援計画の作成について

1　個別支援計画の作成について
① ⑦【実務理解】会議の具体的業務の理解——8
　 ④【実践】定期的に会議が行われているか——7
② **理解や実践ができていないと思う理由／できていると思う理由**
　会議の必要性や内容については理解しているものの、共通理解や認識、実践への結び付けには難しさを感じています。
③ **理解や実践が向上する取組み例**
　会議においては、できるだけ職員全員からの発言を促し個別支援計画に書かれている言葉の意味や背景についても説明し、共有を得るようにしています。

　個別支援計画そのものの意味や必要性はおおむね理解しているものの、実践に

おいては、日々の業務に追われながらの作成になり、利用者の想いを十分に反映できているかどうか、常に不安です。少しでも利用者の想いを聴き取り、わかりやすい内容にするため、個別支援計画に記載する目標やニーズ等は、本人がアセスメントで発した言葉や普段の雑談の場面で出てきた本人の言葉を使うことにしています。普段使っている言葉や関係性のみえる単語を使うことで本人の理解もしやすくなると考えているからです。支援内容についても、わかりやすくやりたくなる声かけということを考えて記載します。できるだけ簡単な言葉で「○○のときに△△△と声をかけるようにします」と声かけの内容を強調するよう意識しています。いつ、どのように声かけされるかを明確にすることは、本人にとっても理解しやすく、頑張ろうと思えるようになると感じています。

　声かけのわかりやすさは職員にとっても有効で、何をすべきなのかが明確になり支援する方法が統一しやすくなります。この声かけが成功すると本人の目標達成となり満足度はアップし、職員は達成できたことへの喜びや仕事のやりがいにつながると思います。仮に失敗したとしても、利用者本人・職員ともに経験となり、利用者本人との会話のツールとなります。チームとしての話し合いの材料にもなりますので、何年後かに利用者と話したとき、「あのとき、こんなことあったよね」と笑い話になれば最高だと考えています。個別支援計画の作成にはアセスメントでいかに本人のニーズをとらえているかが重要になってきますが、最初から利用者本人のニーズをすべて引き出すことは難しいと思います。本人の想いはTPOにより変化することがあり、特に障がいの重い人たちについては、本人の細かな仕草や癖を見逃さない「気づき」を大切にしなければ、言葉として表れないニーズの発見は難しいと思います。そう考えると普段どれだけ利用者とコミュニケーションをとっているかが鍵となるのではないでしょうか。現場で本人と接する機会を増やすこと、その際、ただ利用者と一緒にいるだけではなく、本人の感情や意思表示等がわかるよう「観察力」と「可能性を伸ばす視点」を磨くこと、利用者の健康面での変化や本人のもっている力、本人の楽しみを見逃すことがないように気をつけることが大切です。そして本人が行うべき行動に時間がかかるため、職員が待ちきれずに、つい「やってあげる」支援になってしまうことが、利用者の可能性を狭めてしまうことにつながると考え、できるところまで利用者自身が行うことでさらなる可能性が広がり、利用者の喜びにもつながると考えます。

　通所利用者の場合、日中時間帯での利用者本人の行動や言動を洞察することで、本人の意思表示の仕方が見えてくることがありますが、プライベートな時間での本人の行動や言動については、保護者から得る情報に頼ることになり、保護者の想いが強く出てくる、または、あまり情報発信をしてくれない場合があります。

本人を知る・ニーズと思われる部分を見出すために、アセスメントのときだけ保護者と対話するのではなく、普段からいかに保護者とコミュニケーションをとるのかが重要になってきます。些細なことから日々の送迎時や行事等でコミュニケーションをとり、保護者からの情報を整理しながら、本人のニーズを探っていくことを大切にしています。また地域住民の一員として利用者が生活しているなかで、住民から情報を得ることもあります。特に過疎的な地域の場合、資源としては乏しい反面、職員が地域住民とのかかわりを密にしていることで、職員の知らない一面を地域住民が教えてくれることもあります。利用者には利用者のネットワークがあるのです。さまざまな情報に対して職員がアンテナを高く張ることで、利用者のニーズに近づけるのではないでしょうか。

2 記録について

> 2　記録について
> ① ㋐【実務理解】日々の記録の具体的業務の理解――9
> 　㋑【実践】業務日誌や個人記録等を整備し記録が行われているか――7
> ② 理解や実践ができていないと思う理由／できていると思う理由
> 　記録整備は、必要項目ごとに行っていますが、記載量については個々に差があります。
> ③ 理解や実践が向上する取組み例
> 　記録の必要性について、職員を対象に勉強会を開き、書き方についても例示を基にどのように記録するのかを周知しています。

　記録は職員にとって重要な業務ですが、実際の場面では、大きな負担になっているのも事実で、できるだけ効率化を考えています。しかし、ただ負担だからと記録を減らすと要点がつかめず、肝心の記録の意味がなくなってしまうため、「5W1H」「目的や用途」「必要性」「客観性」を考えて記録の内容、書き方を整理・工夫すること、さらに利用者の日々の状態変化に応じた支援内容、生活状況などを検討する重要な資料とすることで、利用者の「その人らしさ」を大切にした支援にもつながります。利用者の日常の記録は、家族に対し必要な情報や日々の様子を伝えることにも活用でき、利用者や家族への安心感・信頼感、コミュニケーションを深める大切なツールにもなります。記録にはたくさんの種類がありますが、記録の必要性として大切にしていることがあります。

一つ目は、「チームで情報共有するための記録」です。チームは、事業所内の場合もあれば、事業所外他職種を含めたチームもあります。職員個々での支援を口頭で共有すると日々の状況がうまく伝わらず、利用者に対して感覚で支援を提供してしまい、支援の統一性が失われ、利用者自身の困惑を招いてしまいます。利用者の意思決定に沿った支援を行うためには、チーム間でニーズや支援内容、利用者の状態等の情報を共有することが大切です。記録は、職員が行った行為を書くだけではなく、そのときの利用者の言動や表情、反応等をあわせて書くことで、利用者の「その人らしさ」が具体的情報として伝わります。特にコミュニケーションが難しい利用者には、利用者本人の意思表出方法を知る手がかりにもなります。また記録内容から、事故やけがの発生傾向や状況を分析し、トラブルやアクシデント等を未然に防ぐための対策を立てることもできます。

　二つ目は、「根拠のある意思決定支援を行うための記録」です。意思決定を反映した個別支援計画に沿った支援を提供するには、支援の目的や理由、本人の意思決定方法を明確にすることが必要です。利用者が希望する生活や活動に向かって、利用者自身がどんな意思決定をし、職員がどんな支援をしていくのかを共有しておくことも重要です。職員は、経験年数や入職時期などの違いから、経験や見え方が違い、そのことが日々の支援として表れます。自分が見えていることが他人にも同じように見えているとは限らないため、職員個々の考えで支援すると、自分が学んできたことや経験に感化され、一方的な支援になってしまうかもしれません。利用者は職員の機微に敏感です。利用者の意思決定やニーズに寄り添うはずが、職員の感覚によって左右され、利用者ニーズから遠ざかることがあってはならないはずです。利用者自身の意思決定、支援の目的・根拠を明確にし、すべての職員が同じ方向性で支援にあたるためにも記録は必要なのです。

　三つ目は、「証拠としての記録」です。実際に現場では、自分たちがどのような支援を行ったのかを開示することがあります。利用者家族や行政、相談支援事業所などから求められた場合、口頭で説明したとしても支援の証拠としては残らず、仮にどれだけ適切な支援を提供しても、記録がないと証明はできません。自分たちが行った支援を証明するためにも、支援記録に残すことが重要です。その際いつだれが閲覧しても利用者の状況が把握できるよう、読み手にわかりやすい記述を心がけます。

　文言は読み手のとらえ方によって、違う意味にとらえられる場合があります。可能性やストレングスの視点で書かれている記録は、読み手の気持ちを豊かにしてくれると思います。事実を婉曲したり誇張したりする必要はありませんが、ストレングスの視点で書かれている文章を読んで嫌な気持ちになる人はいません。特に「ほめること」（＝プラスとなる表現）はモチベーションを高め、ポジティブな

気持ちになると思います。

3　振り返りの意義とは?

「振り返り」と聞くと、過去の後悔や失敗を見つめることになると考えてしまいがちです。そうなると自責の念が増すだけで、未来の行動につながりません。過去や失敗に悔やむのではなく、前向きにチャンスとしてとらえていくことが重要です。

「振り返り」を自分やチームの成長を促す機会ととらえることで、現在行っている業務のやりがいを見つけることにもつながります。おすすめの振り返り方法は、過去の記録や資料を見返すことです。久しぶりに見てみると、懐かしい感情や理解していなかった言葉にぶつかることがあります。過去の自分の記録や資料が、今自分がぶつかっている問題解決の糸口になることがあります。普段仕事をしていると忘れてしまいがちですが、自ら意識することで「振り返り」を行う場面はたくさんあるのです。

「振り返り」は、自分、そしてチームが成長するチャンスなのです。

2　サビ管としての自己検証——その2

1　現在の仕事

　私は、現在、相談支援事業所に勤務しています。以前は、定員80人（就労継続支援B型40人、自立訓練（生活訓練）6人、生活介護34人）、法人規模61〜100人、設立41年の法人の通所多機能型事業所で管理者をしていました。これまでには、就労移行支援事業所や共同生活援助（グループホーム）の管理者・サビ管などを経験しています。通所多機能型事業所は、グループホームのバックアップ事業所となっており、運営やサービス管理にもかかわることが多くあります。

　グループホームは4住居、サービス包括型で夜間支援体制加算Ⅰ、Ⅱ、Ⅲです。6住居で36人（空床型ショートステイ2人）の定員となっています。

　今回の振り返りは、グループホームを対象に行いました。

2　振り返りシートの講評

1　会議について

3　会議について

① ㋐【実務理解】会議の具体的業務の理解——8
　　㋑【実践】定期的に会議が行われているか——6
② 理解や実践ができていると思う理由
　定期的に会議を行っています。企画、参加者の招集、決定したことを周知するなど、会議を行うためのサビ管の実務を理解し、その有効性を感じています。
③ 理解や実践が向上する取組み例
　グループホームは、通所の事業所に比べて、少人数の支援者が交代で勤務することがほとんどです。記録や日誌、ノートの共有など、システムを構築し、引き継ぎをする時間を確保するようにしています。しかし、全員が顔を合わせて入居者について話し合い、支援方法などを検討するための会議を随時行うことは物理的に難しい部分があります。
　私の勤務していたグループホームでは、毎月1回夜間支援員と世話人、管理者、サビ管が集まって1時間ほどの会議を行い、そこで情報共有や対応方法の検討などを行います。必要に応じてバックアップ事業所の職員が会議に出席することもあります。

　会議の重要性に関しては、言わずもがなです。定期的な会議が行われていることが大前提となりますが、何よりも会議の質、内容を充実させることが大きなポイントになります。
　適切な会議には、職員間のコミュニケーション向上や、支援の統一、質を高めるなどの効果が期待できます。ただし、会議の目的をしっかり定めないと、実績づくりや支援者の満足感を得るためだけのものになってしまいます。
　また、会議というものは得てして時間がかかるものです。決めなければならないこと（終了条件）を事前に周知し、原則60分、長くて90分をタイムリミットとすること。ホワイトボードやプロジェクター、Webでの会議参加など、視覚的情報を共有するツールを活用し、共通認識を高めること。簡易でもよいので議事録を残すことが必要です。
　会議実施に関して、サビ管が行う具体的業務としては、①開催準備→②趣旨説明（導入）→③議事進行→④決議事項まとめの四つの段階が必要となります。
① 開催準備は、円滑な会議開催のための事前準備をします。資料はもちろん、付箋やホワイトボードなどのツールや、ちょっとつまめるお菓子等も準備しておくと、議論が停滞したときなどに、一息つけるアクセントになります。また、

事前に議題を参加者に伝え、議論に参加する準備をしてもらうことも必要です。
② 趣旨説明（導入）は、何を目的とした会議なのかを宣言します。導入部分にアイスブレイクがあってもおもしろいかもしれません。否定的な発言をしない、自分ばかりが発言しないように気をつける、などのグランドルールを決め、それを冒頭で説明することも有効です。何より一番重要なのは、最大の目的が「対象者（利用者）の幸せ」だと宣言することです。
③ 議事進行に関しては、サビ管の技量が問われる部分でもあります。全メンバーが議論に主体性をもって参加できるように配慮します。議論がそれた際には、その話を「とりあえずおいておく」余白をつくり、本題に戻すことも大切です。
④ 決議事項まとめは、決まったことを具体的に再確認し、最終同意を得ることです。会議で決定したことをまずは確実に実行すること。実施期間を決め、データを集めて検証を行う、PDCAサイクルの宣言も行います。議事録を配付することも必要です。

2　ほかの従業員に対する技術指導および助言について

> 4　ほかの従業員に対する技術指導および助言について
> (1)　日常業務での助言・指導について
>   ① ㋐【実務理解】人材育成の具体的な業務を理解しているか──8
>   ㋑【実践】人材育成の具体的な取組みは適時行えているか──7
>   ② 理解や実践ができていると思う理由
>   支援会議に参加し、フォーマルアセスメントを実施して、情報提供や支援方法の提案をするなど、技術指導および助言を行っています。しかし、時間の捻出が難しいと感じる部分もあります。
>   ③ 理解や実践が向上する取組み例
>   毎月の職員会議と職員研修、支援会議を随時開催。支援員との定期的な面談も行っています。フォーマルアセスメントを行う際は、スタッフに助手として参加してもらい、技術を伝えるようにしています。
> (2)　組織としての行える体制整備について
>   ① 法人全体や事業所全体の体制整備──6
>   ② 理解や実践ができていると思う理由
>   まだ体制整備の途中ですが、職員への助言・指導など、組織的な人材育成のシステム構築に取り組んでいるところです。

> ③ 理解や実践が向上するための取組み例
> 　毎月、法人全体での職員研修、新任研修、外部研修参加の励行、業務命令での研修参加。エルダーメンター制度の導入など。

　サビ管というのは、「個別支援計画などの書類を作る資格」というイメージがあるかもしれません。アセスメント表、個別支援計画、モニタリング表を作成し、指導監査に備える……。そのことがサビ管の仕事ではありません。

　文字どおりサービス（支援）を管理する人という意味では、書類を作る以外の仕事のほうがより重要で、利用者のQOL（クオリティ・オブ・ライフ）を高めることにつながります。根拠をもった支援内容をチームで構築し、対象者に同意を得て実行し、検証し、再構築する。そのようなPDCAサイクルを推進するリーダーである必要があります。常に現場の支援者としての視点と客観性が求められるのです。

　支援の質を高めるためには、決定された支援方法の意図を正確に理解することも重要となります。ただ決められた仕組みに沿って行われる支援と、意図を理解したうえで取り組む支援は、雲泥の差です。サビ管には、支援の根拠を言語化する力、実行しやすいマニュアルを作成する能力などが求められます。

　人材育成は、虐待防止・権利擁護の観点からも重要な取組みとなります。虐待が起きやすい要因は、事業所の構造上の問題（密室性、支援の形骸化による慣れ、上下関係が生まれやすい関係性）と、支援技術の未熟さや統一性のない支援、職員の倫理観・支援観の欠如が大きく影響します。支援の質向上とともに、権利擁護意識の高い空気を事業所全体でつくり上げる必要があります。

　また、よい成長をしていく人材・組織をつくるためには「心理的安全性」が担保されなければなりません。

　心理的安全性には、①話しやすい、②助け合える、③挑戦できる、④スタッフの個性を活かす等の要素が求められます。

① 「話しやすい」は経験や立場に関係なく、意見を言える環境であること。先輩や上司に意見を言えない職場は停滞します。
② 「助け合える」は支援者が孤立しない環境です。特に困難なケースに向き合うときに支援者は孤立感を感じ、疲弊します。プライベートで大変な状況に陥ることもあるでしょう。そんなときに助け合える環境であることが必要です。
③ 「挑戦できる」は様々なことに挑戦できる職場であること。新しい支援方法、資格取得、企画案。積極的に挑戦できる環境で支援者は育ちます。
④ 「スタッフの個性を活かす」は画一的な人材を求めるのではなく、スタッフ

の個性を活かし、有効活用できる職場です。

このような心理的安全性の高い環境を、サビ管を中心とした事業所全体でつくることができれば、すばらしい人材が育つことでしょう。

3 振り返りの意義とは?

経験を積むと何が見えてきますか。働き方がわかってくる、障がいのことがわかってくる、制度のことがわかってくる、支援技術が身につく。自分がどんな支援者かイメージできるようになり、仕事に余裕が生まれます。

反面、そこには思いがけない落とし穴が生じかねません。業務のルーティン化を招き、主観が強くなり、自己の支援観への固執に至る危険性があるのです。

凝り固まった主観は対人援助職の本質を見誤らせ、本人主体の支援の邪魔をします。経験を積むことの弊害に気づくために、「振り返り」の作業が必要なのです。

振り返りは痛みを伴い、迷いを生むこともあるかもしれません。しかし、私たちは対人援助の専門家です。ニュートラルな視点を保つ努力をし、学ばなければなりません。

毎年のように新しい支援方法・技術が情報提供されます。新しさを取り入れるか否かはさておいて、まずは学ぶべきです。それは支援の引き出しを増やすことになります。支援者が新しいことに及び腰になるのは、「逃げ」だと私は考えます。

常に自分の業務を振り返り、向き合い、前に進む必要があるのです。

3 児発管としての自己検証

1 現在の仕事

私は放課後等デイサービス・就労継続支援B型の多機能型事業所を運営しています。各10人の定員で、常勤職員4人、非常勤職員5人が所属しています。過去には、介護福祉サービスヘルパー事業所(訪問介護(介護保険)の一形態。主に通院等乗降介助)のサービス提供責任者や道立支援学校寄宿舎指導員、精神科入院病棟、就労移行支援・自立訓練・放課後等デイサービスの多機能型事業所、相談支援専門員(計画相談支援・障害児相談支援)に従事していました。

2　振り返りシートの講評

1　個別支援計画の作成について

> 1　個別支援計画の作成について
> ①　㋐【実務理解】個別支援計画作成の具体的業務の理解──9
> 　　㋑【実践】十分な個別支援計画の作成ができているか──7
> ②　理解や実践ができていると思う理由
> 　　サービスが十分であるかないかは、本人家族が決めることです。ですが、今のスタッフチームとであれば、もう少し丁寧にできることもあるのではないかと思います。
> ③　理解や実践が向上する取組み例
> 　　ほかの事業所のサビ管・児発管、相談支援専門員との情報共有（モニタリングを含む）。現場に入り、その場面をスタッフとともに感じ、スタッフと振り返りをしたり、根拠に基づく方法を伝えていったり、という努力をしています。

　現場では、支援「したいこと」と「できること」の差が生じることがあります。まずは、保護者とその子の「そのときにできること（ストレングス）」をそれぞれ知ることを意識します。ストレングス（ニーズが出たら、そこをストレングスに変換していく）を増やしていくことで、自分たちの事業所全体の力量を考えながら、事業所チームでできることをピックアップしやすくなります（どうしても話を聞いていると、自分の頭のなかで組み立て、現場に伝えきれずに惨敗したことも過去にありまして…）。支援「したいこと」と「できること」の違いを意識しながら本人・家族の希望や実態に合わせ、事業所チームでできることとして伝えることが大切だと考えています。

　「スモールステップのクリア」を繰り返し経験することで、子どもや保護者が自信をつけ、（子どもや保護者の）現状を知るきっかけとなる場所となります。

　ともに過ごすことで子どもや保護者と「喜び」「つらさからステップアップした陽の気持ち」などを共に感じながら応援したいといつも考えています。もちろんスタッフともフィードバックをし合って、たとえ見立てにズレがあったとしても、自分たちの支援を失敗で終わらせずに、次のステップへ活かすチャンスと考えられる環境づくりも意識しています。

2　ほかの従業員に対する技術指導および助言について

> 4　ほかの従業者に対する技術指導および助言について
> ⑴　日常業務での助言・指導について
> 　①　㋐【実務理解】人材育成の具体的な業務を理解しているか──8
> 　　　㋑【実践】人材育成の具体的な取組みは随時行えているか──6
> 　②　理解や実践ができていると思う理由
> 　　　立場上、役割分担が難しい場合もありますが、スタッフと協力しながら「なぜ大切なのか」、「なぜこうするのか」を必ず伝えたり、ロールプレイをしたりしています。
> 　③　理解や実践が向上する取組み例
> 　　　「今は愚痴OK時間」をつくり、本人と話をしながら、できるだけ困っている根本部分を本人が気づくよう、きっかけづくりを意識しています。
> ⑵　組織としての行える体制整備について
> 　①　法人全体や事業所全体の体制整備──6
> 　②　理解や実践ができていると思う理由
> 　　　「その時そのチームでできること」を意識して取り組んでいます。引き継ぎすることが多くあったりするので、ざっと日々再確認しつつ、うまく伝えきれないまま現場で行い、「感じて（気づいて）もらって振り返る」が主流になっていましたが、スタッフの人数を増やしたことで、必要に応じ、スタッフと個別で話をすることができる時間も以前に比べて増えました。
> 　③　理解や実践が向上するための取組み例
> 　　　スタッフ配置を換えたりしてみています。会議にゲームを取り入れたりして、チームワークの確認なども含め、振り返りをしています。チームメンバーが「どんな人」なのかを知る、発見できる工夫を都度考え実行しています。

　スタッフへの指導・助言等は、気がついたときに、すぐに伝えてみるようにしています。まずは意識的な理由がある言動か、無意識的な言動かを知り、その後スタッフとともに掘り下げていきます。そのときには、相手を責めるのではなく、同じチームメイトであり支援する仲間であることをまずは知ってもらうことが必

要です。そのスタッフに合わせて段階を踏みながら伝える努力をします。そうすることで、チームワークも変わってきます。

スタッフも、発言することを日常的に経験していくことで安心し、会議での発言回数が増えることもあります。様々な人たちに発言してもらうことで、新しい気づきがあったり、様々な視点を得たり、ということを経験できます。利用者のストレングスに着目した支援に必要な、活きた計画原案が作成できるような心がけが大切だと感じています。

そうはいっても、スタッフも人間です。あるとき、職員（同僚）からの相談を受け、私が返した「変えられるのは自分のみです」という言葉に対して、「純ちゃん（現場での呼び名）が言っていることは、人に期待せずにあきらめろということですか？」と聞かれたことを覚えています。今振り返ると、きっとそのときのその職員は「パワレスな状態」だったのかもしれません。

この仕事で何より大切なことは、人とかかわることで大切な、その人のストレングスに着目できる人間になることだと考えます。

日々努力を重ね、周りのみんなのやる気に支えられながら、私は成長を目指して人とかかわらせてもらっています。

3　振り返りの意義とは？

私にとっての「振り返り」とは、「ことがらの整理」であり、「新しい発見を見つけるチャンス」ととらえているため、「理解を深めるための工程」として、とても重要な作業です。

振り返りをすることで、「自分自身の見立て力」のクセの認識や、次の「強みを引き出すかかわりにつながるヒント」を見つけることができたり、思い出したり、違いに気づいたりと、総合的に考えるとプラスでしかなく、ワクワクします。普段の生活でも「自分の振り返り」の時間は定期的にとるようにしています。自分をブラッシュアップし、人としてのさらなる成長を目指しています。

もちろん、振り返りをすることで浮かびあがる自分の至らなさや違いにも十分目を向けます。つらいと思うこともゼロではありません。それを受け止めて、次のステップにつなげ、支援が合ったときには、一所懸命チームで喜びます（笑）。できたことも受け止め、仕事の難しさやおもしろさを経験するための、一つの大切なツールだと感じながら、振り返りを欠かさずに行っています。

この仕事は誰もができる仕事かもしれませんが、誰でもできるわけではない、そう感じています。

column 26

サビ管の日課

吉川展光
社会福祉法人名寄みどりの郷地域生活支援センター　就労継続支援事業所ハートフル・みらい

「ちょっと話を聞いてほしいんだけど……」
　よくある利用者からの一言。一度のやりとりで終わる人もいれば、何度も同じ話をする人、それを見て「私の話も聞いて」という人……。この日常的ともいえる利用者とのかかわりに、私たちは、どれだけ向き合い、寄り添えているでしょうか。
　事業形態や規模によりますが、利用者支援の現場に入っているサビ管もいれば、支援室等でずっとパソコンと向き合っているサビ管もいます。専従や兼務など、サビ管の役割や業務等は、法人や事業所ごとにかなり多様化している実態があるようです。
　サビ管の基礎研修では、その業務を「支援プロセスの管理」「従業者への指導や助言」「関係者等との連携」「評価」の四つ視点から学びます。実情としては、利用者の利用実績や日誌の管理、国民健康保険団体連合会への介護給付費請求、個別支援計画やモニタリング、各会議の主宰や進行、人員配置と常勤換算と勤務表、支援の質の評価と向上、従業者の労務管理や人心掌握等々があげられ、事業運営の中核的な存在であることは間違いありません。
　私たちは、法人に雇われた労働者（独立自営の人もいますが）ですから、サビ管業務以外にも、様々な法人業務を割り当てられます。日々のスケジュール管理と業務の優先順位をうまくコントロールしなければ、現場の利用者支援だけでなく、法人経営にまで影響を与えてしまいます。後輩や部下からも「あんなに大変ならサビ管になりたくない」と思われないよう、自分の立ち振る舞いにも注意しなければなりません。
　常に時間に追われ続けると、次第に利用者からの「ちょっと話を聞いてほしいんだけど……」にさえ、時間を確保することが難しくなります。そして、「それは悩み相談か」「危機介入が必要なレベルか」「ただ聞いてほしいだけか」など、自分勝手に選別し、「今は忙しいから、また今度、時間があるときにね」など、自分にとって都合のよい返答をしてしまうことに……。気を付けなければならないのは、これに慣れて当たり前のように多用し、無意識に誤用や乱用を繰り返してしまうことです。対人援助職としての驕りに溺れてしまうと、パターナリズムにつながります。
　忙しいときこそ、あえて「ちょっと話を聞いてほしいんだけれど……」に耳を傾けてみませんか？
　支援の現場は、忘れかけた対人援助職の原点やこの仕事の楽しさ、入職時の「熱い想い」などを思い返させてくれる場所です。また、利用者と向き合い、寄り添うことは、一時的でも現実から解放され、疲弊した心が癒され、明日への活力を与えてくれます。サビ管として面談をしなければならない場面もありますが、利用者の前では、サビ管も支援員も同じです。サビ管の重荷を下ろしてよい場所だと思います。
「ちょっと話を聞いてほしいんだけど……」
「今日も忙しそうだね」
「身体を大事にしてね」
「お疲れさまです」
「話を聞いてくれてありがとう」
　そんなやりとりを求めて、今日も利用者に会いに行く。
　お恥ずかしい話ですが、近年になってようやく定着した私の日課です。

6-3 関係機関との連携を振り返ってみよう

　本節では、関係機関との連携についての振り返りを行います。サビ管・児発管としての振り返りシート（連携用）の評価項目は以下のとおりです。

サビ管・児発管振り返りシート（連携用）の評価項目
1　関係機関（企業・学校・医療機関・他の福祉事業所）との連携
　①理解度と実践状況／②現状の理由／③理解や実践が向上するための取組み例／④外部との連携が必要となった担当者（人数）・連携先機関／⑤効果的だった事例
2　相談支援専門員との連携
　①理解度と実践状況／②現状の理由／③理解や実践が向上するための取組み例／④相談支援専門員の事業所名や顔や名前が浮かぶ割合／⑤連携が効果的だった事例
3　必要に応じた会議の開催および参加について
　①理解度と実践状況／②現状の理由／③理解や実践が向上するための取組み例／④会議が効果的であった事例
4　自立支援協議会への参加について
　①理解度／②出席状況／③協議会が機能した事例

この様式はダウンロードが可能です。

1　連携の振り返り──その1

1　事業所の状況

　私が勤める「社会福祉法人あむ」は、札幌市中央区の中心から少し外れた場所で、地域とのつながりを大切にしながら社会福祉事業を展開しています。「出会いからつながりを編み、障がいがあってもなくても、大人も子どもも誰もが大切にされるまちづくり」に寄与することを法人理念とし、現在は相談支援事業（基幹、委託、指定）、通所事業（生活介護、児童発達支援、放課後等デイサービス）、暮らし事業（居宅介護、グループホーム）、地域事業（市の委託事業や法人独自事業）を行っています。

　私が所属する「相談室ぽぽ」は、札幌市から障がい者相談支援事業を受託し、地域で生活する障がいのある人やその家族、関係者の困りごとを解決するための相談に応じたり、希望を叶えるための作戦を一緒に考えたりといったことを行っています。以前には生活介護事業所「びーと」でサビ管として勤務していたことがあります。

2　振り返りシート（連携用）の活用

　振り返りシートは、利用者の気持ちを理解し、生活全体を把握できているかという視点で振り返るシートとして有効です。彼らの想いを聞き、生活全体を動かしていくときには相談支援専門員や外部機関との連携が必要になります。「連携をしなければならない」ということではなく、利用者の生活がよい方向に向かうためには連携する必要性が高まるのです。連携が「できている」「できていない」でこのシートを見ると難しくなりますが、利用者の生活とよくかかわり、関係する人の顔が見えていることに気づくことができれば大丈夫です。また、利用者の生活を応援するための準備として、地域の資源とつながりを確認するという側面も含んでいます。日頃からつながりをもつことを意識し、顔の見える関係づくりに取り組めていることで、利用者の気持ちが動いたときにスムーズに連携ができることもあります。会議や協議会を通して、それらが実践できているかも振り返ることができるシートのため、サビ管にとってはかなり有効なツールであるととらえています。

　日々の活動にのみフォーカスしてしまうと、この連携の発想はなかなか生まれません。事業所のなかでは活動をどのように組むか等でも苦労があると思います。しかし、集団の生活であっても我々が見るのは利用者個人です。彼らの生活が向上していくためには何をすることが適当か、彼らの人生が豊かになるためには誰の手を借りることが必要かということを考え、そのための自分自身の動きを考え

ることが連携の第一歩です。かかわっている利用者を一人ひとり思い浮かべて「こんなふうになれると素敵だな」と思ったときに、自分達だけではその姿をつくり出していくことの困難に必ずぶつかります。そのときに日々の活動のみ行っていては「事業所のなかでの安定」に戻ってしまいますが、相談支援専門員や外部関係者とつながれていることで期待は広がり、現実的な検討も可能になってきます。利用者の人生の充実のために、事前につながりをもてていることがとても重要になります。

　札幌市中央区には400を超える障害福祉サービス事業所があります。障害福祉サービス以外にも様々な社会資源が点在していますが、そのなかでもつながりをもてている事業所は一部です。資源活用や選択といった部分では充実していますが、新規参入の事業所も多数あり、地域のなかで同じ方向を向きながら支援することには難しさもあります。数が多いというありがたさの一方で、こういった悩ましさがあることも事実です。だからこそ、利用者のために一緒に協同できるチームとなれるよう、しっかりとコミュニケーションをとりながらつながりをもつことが重要です。点になっているそれぞれの事業所とつながり、利用者を応援する協同チーム（線）になることができれば、連携の力はどんどん強化されていきます。

3　振り返りの意義とは

　様々な側面から振り返りは可能ですが、自分自身を振り返るということもとても重要です。人はうまくいっているときには勢いがあるため振り返る機会は多くありません（その後に「あのときは……」と振り返ることはあります）。一方でうまくいっていない場合には振り返りが必要ですが、うまくいっていない実態と向き合うことは、精神的にも負担が大きいという理由から逃げてしまう場合もあると思います。しかし、うまくいかないことには必ず理由があるため、そのときにしっかりと振り返り、自分自身を見つめ直す作業が重要です。大変つらい振り返りとなりますが、しっかりと向き合い踏ん張ることで、物事は改善に向かい、その後には必ず自身の力に結びついていきます。不安な気持ちをグッとこらえ、誠実に向き合う姿勢が大切です。

　最後に、サビ管・児発管は、利用者の人生のハッピーを追求することを願います。利用者（や家族）の気持ちを把握し、それを叶えるために相談支援専門員（や関係者）と連携を図る、とても重要、かつとてもやりがいのある仕事だと思います。人生の充実と生活の取組みの架け橋といってもよいでしょう。この大切な役割を楽しみ、味わい、利用者の生活の最前線の応援者になってもらえることを期待しています。

2　連携の振り返り——その2

1　地域の状況

　北海道中川郡美深町は小さな町で、昔ながらの近所づきあいがあるという環境から、障がいのある人が、お金の勘定や商品の選択ができないことがあっても、店員が会計を手伝ったり、商品を一緒に選んだりして、一人で買い物ができたりします。また、町の行事にグループホームの人手を貸してほしいとお願いされたり、一人暮らしをしている障がい者を地域で見守り、姿を見かけないときには心配の連絡があったりと、町全体が障がい者に理解がある地域性を感じる町です。

　勤務している社会福祉法人美深福祉会は、設立35年、職員数約100人、障がい福祉と高齢者福祉を運営、展開しています。もともとは50人定員の入所施設もあったのですが、集団生活の暮らしの環境に疑問を感じ、地域で暮らす目標を掲げて、入所施設を解体してグループホーム生活へ移行をしました。私は知的障がい者入所更生施設、知的障がい者入所授産施設、そして就労継続支援B型事業所、生活介護事業所を経て、共同生活援助事業所と相談支援事業所に所属しています。

　連携について、2012（平成24）年から計画相談支援が制度化され、相談支援事業所に相談支援専門員として配置された頃、はじめは「連携」ということを意識しながらも、連携の経験もほとんどなく方法すらわからない状態でした。まずは研修会や勉強会、業務での出会いの機会を利用して、医療、行政、教育、就労、司法、地域住民などと顔つなぎをしていき、ネットワークづくりに力を入れていくようにしました。自分も相手もお互いに顔が浮かぶくらいにネットワークづくりをしておくと、ネットワーク内の互いの利用もしやすくなりましたし、そこからさらに、市町村や分野を越えてつながることになって、ネットワークの輪が広がっていくことになりました。

　各事業所のサビ管をはじめとした関係機関との連携の保ち方としては、連絡により互いに情報共有するようにしています。また、実際に立ち寄ったり、メールや電話を使い、普段から連絡が取りやすいようにしています。利用者にとっての資源は福祉等の専門職だけではないので、近所に住んでいる地域住民や、お店などとも連携できるようにも心がけています。ケースとしては実際に利用者がかかわっていた近所の住民に入ってもらい、担当者会議を開催したり、近所の人を資源として計画に盛り込み活用したり、アプローチのきっかけにできたこともあり、利用者にとってはとても効果的な資源になったことがあります。

2　振り返りシート（連携用）の活用

　私は連携をとても大切にしていますので、自分の振り返りシートでも重点をおいて評価しています。一人の利用者を支援するには、相談支援専門員一人だけでは支援はできませんから多領域の専門職や地域住民などの視点や知識や力を借りて、チームで協働してかかわっていくことがとても有効です。また、多領域のネットワークと協働することで、担当者の負担も軽減できますし、価値観や援助観の見直しにもなります。さらには各領域の見立てを共有することで、支援に対する手立ての幅も広がることになります。

3　振り返りの意義とは

　振り返ると、苦い思い・経験もたくさんしましたし、後悔している出来事もあります。残念ながら、結果はいつも後にならなければわからないものであり、現場では、その場そのときに最善とされる判断をするしかありません。私は迷ったりゆらいだりしながら相談支援の仕事をしてきましたが、たとえ計画を作成した相談員自身（サビ管も同じ）が結果に満点をつけたとしても、利用者が0点をつければ0点の計画です。計画に点数をつけるのは、いつも利用者本人であることと、承諾のサインをいただける内容になっているか、利用者が「いいえ」と言える関係性になっているかを意識しながら計画を作成するようにしています。

　サビ管を名乗っていると、一人でどうにか頑張ろうとしてしまいがちですが、相談支援専門員との連携ができているか、または連携しやすい関係になっているかなどを再確認しながら、困りごとや課題などを共有・協働して、背負ったものを分けてもらいながら、チームみんなで一人の利用者を支えたいと、相談支援専門員の立場からも思っています。

| column 27 |

地域づくりコーディネーターの仕事（役割）

戸田健一
特定非営利活動法人たねっと　障がい者相談支援センター夢民
札幌圏域地域づくりコーディネーター

1. 地域づくりコーディネーターと北海道障がい者条例

　北海道では「権利擁護」と「暮らしやすい地域づくり」を柱に、「北海道障がい者及び障がい児の権利擁護並びに障がい者及び障がい児が暮らしやすい地域づくりの推進に関する条例」（北海道障がい者条例）を制定し、取組みを進めています。

　「地域づくりコーディネーター」は、この条例に定める役職で、市町村が進める相談支援体制づくり等の指針となる「地域づくりガイドライン」を基に障がい者に対し助言等を行うとされています。また、障がいのある人が地域で安心して生活するため、困ったときに気軽に相談できる体制の整備など、様々なサポートの一つであり、条例のもう一つの柱である権利擁護の推進・啓発を行い、北海道障がい者条例の推進を図っていく役割をもっています。

2. 地域づくりへの地域協同

　「誰もが暮らしやすい地域」を創造していくため、地域づくりガイドラインを活用し取り組むなかで、自立支援協議会や地域ネットワークの場をはじめとする様々な場面での連携がとても重要でした。障がいのある人が市民として暮らすなかで生じる様々な課題は、日々現場実践をしている事業者や本人に携わる機関の人が感じることもありますが、本人と話しながら将来に向けた計画を一緒に立案していく相談支援の人々が気づくことがほとんどです。その様々な課題を、本人と一緒に解決に向けて取り組んだり、地域の課題とと

らえ、今後の支援基盤の底上げとして取り組むこともあります。「実践とともに地域の基盤を強化していく」と考えると、市町村行政や各種事業所の協同なくして解決に向かうことはできないのです。昨今の法改正では、身近に起こる課題を自立支援協議会のような場において共有し、地域支援体制をさらに充実させることが法律上明記されました。しかし現場では、アイデアと工夫の協議を経て、さまざまな課題の解決に向かうこともあれば、なかなか解き明かせないこともたくさんあるのです。初めての課題に取り組む際の連携や協同となれば、その協同のプロセスなどわからないことも多かったり、実施への不安がつのることもあります。そうしたときには広域的な支援を行う地域づくりコーディネーターが、他地域で同じような課題に向き合って得た情報を提供することでその地域の課題の検討に大きく役に立つこともあります。

　地域を知る現場実践者の知恵と広域的な視点で他地域の工夫とアイデアをつなぐことで、地域が活性化し、よりよい地域協同となり、支援基盤の底上げにつながっているのだと思います。個々の事案を地域で共有し、ときには優先順位もつけながら協同したり、地域内部をつなぐことや広域につなぐことで、さらなる活動のエネルギーになっていくのだと思います。支援者のネットワークの強さが、地域を活性化して支援基盤の強い街を創っていくのではないかと思います。

　「誰もが暮らしやすい地域」の実現のため、積極的な協同を目指していきましょう。

Part3
ブラッシュアップ編

第7章

人が育ち、
サービスの質が向上
できる職場をつくる

NAVIGATION

第7章を学ぶ目的とポイント&スーパービジョンに関するミニ講義

　第7章はサービスの質の向上や人材育成のためのスーパービジョンについて理解することがねらいです。

　研修体系の中ではサビ管・児発管更新研修の「サービスの質の向上と人材育成のためのスーパービジョンに関する講義及び演習（7時間）」にあたります（「研修のまとめ（演習）」の60分を除く）。

本書の構成	科目名	内容・目的	時間
7-1　一人ひとりの個性が活かされるチームのつくり方 7-2　利用者一人ひとりからチームで学ぶ 7-3　スーパービジョン　まとめ （以上3節で一体的に伝える）	サービス管理責任者（児童発達支援管理責任者）としてのスーパービジョン（講義）	・サービス管理責任者（児童発達支援管理責任者）として、事例検討のスーパービジョンおよびサービス（支援）提供職員等へのスーパービジョンに関する基本的な理解を深める。	180分
	事例検討のスーパービジョン（演習）	・事例を通じて、支援のあり方、支援方針、支援の内容を検討し、優良な点や改善が必要な点について、グループワークによって明確化することによってスキルアップを図る。また事例について、スーパーバイズを体験する。	60分
	サービス（支援）提供職員等へのスーパービジョン（演習）	・事例を通じてサービス管理責任者（児童発達支援管理責任者）としてサービス（支援）提供職員等へ実施するスーパービジョンの構造や機能を理解し、具体的な技術を獲得する。	120分

スーパービジョンについて

　スーパービジョンは日本語にすると「監督すること」という意味ですが、対人援助においては一般的に経験が豊かな援助者がまだ経験が少ない援助者へ具体的な援助場面に即して「指導する」ことを指し、専門的な資質の向上を図るための支援現場の教育方法の一つとされています。それぞれの職場や地域にスーパービジョンができるプロフェッショナルがいれば理想的ではありますが、現状としては育成システムや専門職として確立しているわけではなく、そうした指導的な人材はいないからスーパービジョンはできない、難しい、と思うかもしれません。

　また、「指導する」と聞くと、より専門的なアドバイスや指摘をしなければならないと思ってしまいますが、スーパービジョンにとって重要なのは「気づきを促す」ことです。経験がある側から少ない側への一方通行的な指導という一般的な意味合いだけではなく、「見方が違う」「経験が違う」というそれぞれの「違い」を活用すれば、お互いに「気づきを促す」ことは可能です。

たとえば、新人職員や未経験者だから気づくこともありますし、逆に経験が長いからこそ見えにくくなることもあります。もちろん、経験が長いからこそ、よく理解していることもあります。職種や立場の違いで、お互いに気づかなかったことに気づくことができる場合も多くあります。そうした、多様な「見方や経験・立場の違い」を活かしてお互いに気づきを促し合うことを「相互スーパーバイズ」といいます。相互に気づき合うためには、必ずしも指導的な立場やリーダーシップが重要なのではなく、チームのメンバーの話によく耳を傾け、力を引き出すこと（エンパワメント）のほうがむしろ役に立ちます。

　そうは言っても、単に聞いているだけでは気づきを促したり、学びを深めたりするには限界があります。そんなときに役立つのが「フィードバック」です。

スーパービジョンを活性化するSVフィードバック

　違いを活かして、気づきを促すきっかけをつくるために「フィードバック」に「SVフィードバック」と名づけて、6種類に分けて説明します。フィードバックは言いっぱなしではなく、必ずそれをきっかけに深めるための意見交換をしましょう。その際に複数のメンバーも加わるとより気づきが促されます。

類　型	促す視点	伝える方法、内容
①動機を深める	動機、理由や意図の言語化を促す	支援者が感覚的、無意識に行っている言動の理由や意図や動機を問いかける。
②感情・価値に気づく	主観や感情の言語化を促す	感情や価値観をフィードバックし、感想や意見をもらう。
③個性やスキルに気づく	潜在的な視点や能力を引き出す	言動から意識化されていないスキルや視点について掘り起こす。
④感覚を言語化する	物事の具体化、客観的な理解を促す	あいまいな言葉や大まかにとらえていることについて根拠や視点について一緒に言語化する。
⑤理論を導く	実践のポイントやコツの整理を手伝う	支援者の言動の要約や言い換えを行うことで、考え方やねらいなどの理論を整理し、確認する。
⑥視野を広げる	具体的な提案をきっかけに視野を広げる	実践に役立ちそうな具体的なアイデアを出してみて、考えてもらう。

NAVIGATION

第7章を学ぶ目的とポイント＆スーパービジョンに関するミニ講義

① **動機を深める**

　支援プロセスや内容について疑問に思った点について率直に「なぜ？」と質問してみます。根拠や意図、目的を確認し、支援者が無意識あるいは機械的に行っている言動の動機や起源を考えてみることにより、支援の目的、方向性についての振り返りや気づきを促します。

　「なぜ、○○と思ったのですか？　理由を教えてください」
　「そのとき、○○した理由を教えてもらえますか？」

② **感情・価値に気づく**

　支援者の感情や価値観について感じとったことを、言葉にして、伝えて、内容を確認します。困難な状況や孤立などに陥り視野が狭くなっているとき、しばしば人は感情的になります。感情的になることがすなわち悪いわけではありませんが、自覚をしないと視野狭窄に陥ることや、押しつけになることがあります。感じとった感情（喜怒哀楽）や価値観について、言葉にして伝えます。

　「話の様子から苛立ちを感じましたが、自分ではどう思いますか？」
　「それは、よくないことだと思ったのでしょうか？」

③ **個性やスキルに気づく**

　支援者が知らないうちに発揮している個性や能力に着目して、言葉にして伝えることで、支援者としての力量や潜在能力に気づくことを促します。対人援助において、自分自身が業務で使用する社会資源であり道具になります。しかし、往々にして自分自身の個性や能力について、過小評価や過大評価もみられます。そのため、支援者自身の個性や能力が客観的にどのように影響し効果を与えるのかについて、フィードバックすることで、自分自身を振り返る機会を提供します。

　「○○さんが発言すると、話し合いの場が和むと思っているのですが、自分ではどう思いますか？」
　「声の大きな男性が苦手そうにみえますが、どうですか？」

④ **感覚を言語化する**

　支援者が何となく直感的、感覚的に行っていたり、見立てていたりする、あいまいなことを見つけて、具体的に言語化、説明をする機会を提供することで、体験的に判断や選択している行動に気づくことが

できます。支援現場のスキルの多くは日々の実践のなかで積み重ねられています。意味や効果のある支援をしていても、何となくそれでいいと思っているのでは、周囲との共有ができません。そうした実践知を具体的に表現する機会は人材育成にとって大切です。

「最近、しっかりしてきました」→「しっかりとは具体的にはどのようになったのでしょうか？」

「だいたいわかりました」→「だいたいの内容をもう少し詳しく教えてもらえますか？」

⑤ **理論を導く**

理論を導く問いかけは支援を概念化していくものです。現場で行われる具体的な事柄について「つまり、こういうこと」という具合に、共通点や一定の法則性を見出し、セオリーとして整理するものです。具体的な物事を一段階、上位の概念として抽象的な理論にします。理論を導くと、それ以外の具体的な物事が大事なことなのか、判断基準となり、現場における優先順位のつけ方や決定のために役に立ちます。

「それはつまり、いろいろな人の意見を聴く機会が大切ということでしょうか？」

「あなたの言いたいことは、会議の方法を変えたほうがよいということでしょうか？」

⑥ **視野を広げる**

一人の知恵や発想は限界があり、閉鎖的になったり、偏ったりしがちです。スーパービジョンにおいて、答えをもっているのはスーパーバイジーのほうなので、結論めいたことはできるだけ伝えずに、ヒントや手がかりの提供により本人の発想や経験から導くことが重要です。したがって、たとえばという意味で具体的なアイデアや発想を複数提示し、そこから発想を引き出し、視野を広げることができます。

「そのとき、私だったら○○と言いますね。でも、△△さんは何も言わないかもしれませんし、××さんは怒りだすかもしれませんね。あなたはどう思いますか？」

「ひょっとして、本当は○○と思っていたのではないでしょうか。ほかにもいくつかの考えがあったのかもしれませんので、教えてもらえますか？」

7-1 一人ひとりの個性が活かされるチームのつくり方

1　検証　事例1──支援者視点

1　はじめに

事例1では、当法人の就労継続支援B型事業所（以下、事業所）に通うCさん（19歳、男性、知的障がい、発達障がい）が、共同生活援助事業所（以下、GH）を体験利用してから、正式利用に至るまでを紹介します。

この過程のなかで、GHのサビ管が生活支援員等と一緒に、どのようにCさんを見立てて、実践して、見立て直したかを紹介します。

2　事例の概要──Cさんの想い

Cさんは、特別支援学校高等部2年時の夏、当法人の事業所で体験実習を経験しました。Cさんや親からは「正式に利用したい」と希望があり、その後も定期的に体験実習を行いました。特定相談支援事業所の相談支援専門員が就労アセスメントなどをコーディネートし、卒後に向けた準備が進められました。

ある日、Cさんの両親から相談支援専門員に「いつかはGHにお世話になるときがくる」「できれば（学校の）寄宿舎生活のままGHに移行したかった」などと相談がありました。一方、Cさん自身は「GHって何？」「いずれは、自立しなければならないけど」という感覚であったこと、GHとしてもCさんに見合った空き部屋がなかったことから、この話は「機会があれば…」ということで落ち着きました。

> **スーパービジョンの問いかけ例**
>
> 「相談支援専門員との連携がうまくいっているように感じましたが、連携するうえでのコツがあれば教えてください」
> （③個性やスキルに気づく）

私は、Cさんの事業所の管理者兼サビ管でありながら、GHの管理者も兼務していることから、相談支援専門員から「Cさんや親の想い」を把握することができ、GHのサビ管とも共有することができました。

解説　今回の事例と同様、学校を卒業する際に相談支援専門員と障害福祉サービス事業所、そして学校が連携して進路先やその先の生活のことまで検討、共有する機会が増えています。多様な視点から意見が出るメリットはありますが、多くの人たちがかかわることによって本人の影が薄くなることもありますので、注意しましょう。特に特別支援学校の進路指導は長い歴史や実践があり、何とか進路先を探し出し、決めなければならないと強く思う傾向もあります。本人や家族にとって長い人生のこの先の生活を左右する選択となることを共有したいものです。

3　CさんとGHの出会い

　事業所の利用開始から半年が経過した頃、GHに空きが生じたことから、GH事業所内で新規利用候補者としてCさんの名前があがりました。相談支援専門員を介して、Cさんらには、実際にGHを見学してもらい、GHのサビ管から生活の流れや支援内容、費用に関することなどを説明しました。相談支援専門員やGHのサビ管からは、即決ではなく「体験を含めた緩やかな意思決定」を提案しましたが、後日「体験させてほしい」と前向きな返答がありました。

　GHのサビ管は、事前情報やアセスメントを基に、Cさんがイメージしやすいよう寄宿舎生活をモデルに、「平日はGH、週末は自宅」というスタイルを組み立てました。また、一日の流れについても起床、整容、朝食、出勤

スーパービジョンの問いかけ例

「即決ではなく緩やかな意思決定を提案したのはなぜですか？」
（①動機を深める）

「すぐに体験させてほしいと返事があったときはどういう気持ちになりましたか？」
（②感情・価値に気づく）

等を時間軸でパターン化しました。併せて、環境変化は必要最低限が望ましいという配慮のもと、自宅での生活と大きな差が生じないよう、親から聞き取りを行いました。Cさんには声出しや身体を前後するなどの常同行動の特性があることから、GHではそのような行動は「居室で行いましょう」と提案しました。このように支援や配慮することなどを取りまとめて、受入会議を開催し、生活支援員など関係職員で共有しました。

また、事業所でのCさんの様子を理解しているGHの男性生活支援員を、Cさんの支援の担当窓口として配置しました。

> 「なぜ、自宅での生活と大きく差が生じないようにしようと思ったのでしょうか?」
> (①動機を深める)
>
> 「受け入れ時点における、生活支援員の役割は具体的にどんなことがありますか?」
> (④感覚を言語化する)

解説　新しい利用者を迎え入れることは、事業所にとって緊張する場面でもあり、力量を発揮する機会でもあります。サビ管・児発管が見立てたり、組み立てたりしたものを現場の職員に伝えていくプロセスがとても重要になります。サビ管・児発管が無意識で想定している内容は説明しないと伝わらないことがあります。支援手順書など支援のポイントや方法を見えるようにした書面を作ることも一つの有効な方法ですが、すべてを書きだすことはできませんし、支援はいつも流動的で臨機応変に行うことが必要なので、受け入れ当初は支援場面を共有する機会をもち、現場に即した議論ができることが大切です。また、複数の職員で支援を行う場合の役割分担も重要になりますが、具体的にどのような役割分担をするのかについて共通理解をもつことは簡単ではありません。

4　体験利用から正式利用へ

Cさんは生活動作の大半は自立しており、「お風呂が沸きました」「ご飯の準備ができました」など、スケジュールどおりに声かけすれば、それに応じて自分のペースで行動できました。GHのサビ管の入念な見立てと受入体制もあって、Cさんの体験利用は、淡々と

> スーパービジョンの問いかけ例

とても緩やかにスタートしました。

Cさんの生活状況を見守るなかで、職員からは「支援上の困り感はない」「本人はうまく適応しているのでは」などの意見がある一方、「まだ体験を始めたばかり」「Cさんのペースを大事に」「共通言語を増やす取組みを行うことはできないか」「Cさんの困り感からの発信を見落とさないように」などの声もありました。支援者のそれらの着眼点をまとめて、「まずは成功体験を経験することが重要」と方向性を確認しました。

GHのサビ管・生活支援員は、Cさんの生活実態を把握しながら「好きなことを探る」など、日頃のコミュニケーションのなかで様々な見立てを強化しました。そこで生活支援員がつかんだ「Cさんは特撮ヒーローやアニメが好き」という情報を共有することで、Cさんとほかの職員とのコミュニケーションが少しずつ増えはじめました。

あっという間に体験利用終了日を迎え、Cさんを含めた関係者で振り返りを行いました。「GHの生活もいいなと思う」(Cさん)、「最初は緊張していたが、少しずつ慣れたように思う」(相談支援専門員)、「はじめはわからないことが多く、何度もお母さんに連絡していたようだ。鍵やストーブも問題なく使用できていた」(GHのサビ管)、「帰省中に「GHのご飯が美味しい」と話していた」(親)など、全体的にポジティブな成果を確認しました。そして、Cさんからは「(この後は)ちょっと家で過ごして、来月から正式利用したい」という言葉がありました。

「職員から様々な意見が出ています。職員から様子を聞くときに、気を付けていることはありますか?」
(③個性やスキルに気づく)

「見立ての強化」についてもう少し教えてください。
(④感覚を言語化する)
「好きなことを探るアプローチはストレングスモデルですね。普段からストレングスモデルになるために意識していることはありますか?」
(⑤理論を導く)

5 Cさんの「見え方」の変化

体験利用中、Cさんの認識やイメージを確

認するため、生活支援員が何気なく「Cさんにとって職員って、どんな人？」と質問した際、Cさんからは「学校の先生のような人」「怖い人」「仲良くしたらダメな人」と返答がありました。今後の支援において、ヒントになる言葉でもありました。

支援者は家族ではありませんが、その役割に着目すると「もっとCさんにできることがあるはず」と、GHのサビ管と生活支援員は感じていました。

そこで、正式利用決定後、「週末をGHで過ごしてみる」「職員と買い物や外出をする」ことを立案して取り組みました。これに対して、Cさんや親は「少しずつ親から自立するための取組みの一つ」と賛同してくれました。

基本は自宅のように休日はゆっくり部屋で過ごすこと。それに伴って仕事の日と休みの日の日課を分けること。生活支援員と一緒に買い物に行くことを、試行的に実践しました。実際に生活支援員と問題なく買い物したCさんからは、「職員さんと買い物に行ってもよかったんですね」と話があり、以前の「怖い人」等のイメージから、少しずつ見方や認識に変化が生じていました。

> **スーパービジョンの問いかけ**
>
> 「何気ない質問が大きなヒントになったように感じましたが、この質問はどのような経過で出たのでしょうか？」
> （③個性やスキルに気づく）
>
> 「少しずつ親から自立するための取組みのニーズはどこにありましたか？　Cさんのニーズとしてはどう思いますか？」
> （⑥視野を広げる）

解説　支援者が自分たちの支援を振り返ることはとても大切ですが、同時に課題に直面することにもつながるので、苦しさを伴い、気が進まないこともあります。職員同士で振り返ると、人間関係がぎくしゃくしたり、価値観の違いで話し合いが平行線をたどることもあります。そのようなときに本人からの発信や表現を基に振り返ることは、一つのポイントになります。

6 緩やかな意思決定の支援

　GHのサビ管は、体験利用を終えたCさんについて、関係職員からヒアリングを行いました。「Cさんの理解が進んだ」「少しずつ距離感が近づいた気がする」という意見のほか、「まだまだCさんの本質をとらえきれない」という意見もありました。本人理解には時間を要するものと考え、正式利用後もCさんに対しては「居心地のよさ」の提供を、支援者内では「かかわりの蓄積＝継続したアセスメント」を支援の方針に加えました。

　最初は「GHのことがよくわからない」と不安な思いがあったCさんですが、体験利用を通じて「できそう」という思いが芽生え、そして「できるんだ」という成功体験をすることができました。GHのサビ管が当初描いていた「成功体験をしてもらうことが重要」という見立ても含めて、Cさんがエンパワメントする過程を感じながらかかわることができました。また、生活支援員の「好きなことを探る」などの見立てや仮説、ほかの職員のコミュニケーション実践など、支援者側も成功体験をしたことで、チーム形成や役割分担の重要性を学んだケースでした。

スーパービジョンの問いかけ

「「成功体験」のイメージは具体的にしていましたか？ していたとしたら、どのような体験を想定していましたか？」
（④感覚を言語化する、⑥視野を広げる）

解説　失敗から学ぶよりも成功体験で安心感や自信をつけていく支援方針が注目されています。特に発達特性として、失敗体験が大きな挫折や不安につながってしまう人の場合には基本的な考え方になります。どうしても、私たちは「やってみたらわかる」「失敗すればわかる」と思いがちですが、それは様々な成功体験を積みあげる機会が当たり前にある立場だからこその発想であることを忘れてはいけません。加えて、障がい児・者の社会生活にはまだまだ不利益はたくさんあるため、すでに失敗を何度も繰り返していることも少なくありません。
　また、単に一つの結果を成功とするのではなく、プロセスに注目したり、予想す

る結果ではなくても、その結果になった理由や背景を探り、次に活かされればそれは成功体験になります。この事例において、Cさんが体験利用を経て「やっぱり、ここでは暮らしません」となったとしても、何が原因だったのか探り、今後につながる学びや気づきがあれば成功も失敗も実は支援者の意味づけや解釈次第であることを理解しておきましょう。

> 本人視点は、7-2のp.318を参照ください。

2　検証　事例2──支援者視点

1　事例の概要

(1)　Mさんの紹介

Mさん（20歳、女性）は中学校までは特別支援学級で学び、特別支援学校高等部に進学。卒業した後は、グループホームに入居し、同じ法人の就労支援継続B型事業所（以下、事業所）に通所する暮らしを送るようになりました。特別支援学校高等部在籍時のMさんの希望は「卒業したら、働いて、稼いで、好
きなアイドルのグッズを買ったり、旅行に行ったりしたい」というものでした。職場実習を様々なところ（一般企業や就労継続支援A型事業所）で行ったのですが、本人の希望の「稼ぐ」ということが叶うような就労先への進路決定には至らず、「卒業後は、事業所でいろいろな経験をしながら力をつけて、就労継続支援A型への移行を目指す」というイメージをもち、事業所利用が卒業と同時にスタートしました。家庭の事情により、実家ではない生活の場ということで、同じ法人が運営するグループホームでの暮らしも同時にスタートしています。

相談支援専門員とMさんは、Mさんが特別支援学校高等部2年生のときからの付き合い。それまで障害福祉サービスを利用したことがなく、学校の先生が「卒業後おそらく障害福祉サービスを利用することになりそうなので、早めに相談支援専門員とつながっていたほうがいいだろう」と考えたことが出会いのきっかけです。特別支援学校高等部3年生のときに、現在利用しているグループホームと事業所で実習を行ったため、グループホームのEサビ管や、事業所のFサビ管、両事業所兼務のG管理者（法人で運営している事業は、グループホーム・事業所）とは、卒業前からつながりがありました。卒業前に何度か開催した担当者会議（特別支援学校高等部の進路担当の先生も出席）や本人も同席するケア会議において、本人の

希望に沿って「卒業後は、事業所でいろいろな経験をしながら力をつけて、就労継続支援Ａ型への移行を目指そう」ということが、Ｍさん応援チーム（かかわる関係者）で共有され、卒業と同時にＭさんの新しい暮らしがスタートしたのです。

(2) 支援の方向性が一致してスタートした　Ｍさんの新しい暮らし

新しい暮らし（サービスの利用）がスタートすると、相談支援専門員は、日常的にまたは定期的に本人のところを訪問したり、支援者から支援状況を伺ったりします。本人の同意を得て関係者に確認された新しい生活（サービス等利用計画）について、本人の満足度はどうか、新しいニーズは生じていないか、支援者の困りごとはないか等、情報収集をしながら、必要に応じた調整を行うことになります。

面談するたびにＭさんは相談支援専門員に一貫して「Ａ型（就労継続支援Ａ型）にチャレンジしたい」という希望を話していました。グループホームのＥサビ管からは「部屋の整理整頓が苦手なのでサポートが必要です。でもなかなか教えたことが定着しなくて…」という話を聞いていました。事業所のＦサビ管は「作業スピードは遅いのですが、正確性はよいほうです。ただ、今はまだいろいろな経験をここで積む時期かと思っています」との意見でした。Ｍさんと話しながら、相談支援専門員としては「本人も「今すぐＡ型に」ということでもないので、１年間はグループホームの暮らしに慣れることをベースにして、日中活動については事業所で経験を積むことにしよう。２年目に市内のＡ型に見学に行ければいいかな」というプランを立て、そのことをＭさんや関係者に伝えていました。

スーパービジョンの問いかけ

「Ｍさんはなぜ、Ａ型にチャレンジしたいと言ったのでしょうね?」
（①動機を深める）

「いろいろな経験とは何のためのどんな経験なのか、具体的に考えてもらえますか?」
（④感覚を言語化する）

解説　今回の支援のキーワードは「いろいろな経験を積む」という点だと見立てました。関係者が「事業所でいろいろな経験をしてから就労継続支援A型へ」という方向性で一致したとありますが、何をどう一致したのかが実は明確ではない場合があります。同じ言葉を使っていても、「経験」と言われたときにイメージする内容はきっと一人ひとり違います。このように、実は当たり障りなくいつも使っている言葉のなかには、内容まで吟味せずに、何となく一致している気持ちになっている場合も多いものです。ただし、Mさんのように初めてサービスを利用するような場合は最初からイメージを具体的に共有することは難しいため、進めながら具体化することが妥当になります。

(3) グループホームでの暮らし2年目に突入

グループホームでの暮らしがスタートして1年経った時期に開催したケア会議（Mさん、相談支援専門員、Eサビ管、Fサビ管、Gさんから交替したばかりのH管理者が参加）の場で「暮らしにも慣れたようですし、本人の希望もあるので、そろそろA型の見学をするのはいかがでしょうか」と相談支援専門員が切り出します。するとH管理者が「うちのグループホームを使っている人は、うちのB型（就労継続支援B型）を使ってくれなきゃ困るんだよね〜」「一貫した支援を提供するためには、同一法人で支援した方が利用者にとって有益だと思う」と発言。またH管理者はMさんに対しても「部屋の整理整頓もできないし、作業でもお喋りばかりで仕事が遅いって聞いてるよ。A型にいけるレベルじゃないでしょ、まだ。自分のレベルに合ったところが幸せだよ、A型に行って苦労することないでしょ。今のB型でみんなと仲良くやれているし、ここが合っていると思うよ。そう思わないかい」と優しく説得モード。Eサビ管もFサビ管も「A型を目指したいMさんの気持ちは理解できるし応援したいと思います。でもま

> **スーパービジョンの問いかけ**
>
> 「私は、どこのサービスを利用するかはご本人が決めることが本人主体だと思いますが、本人主体についてはどう思いますか？」
> （⑥視野を広げる）

だ早いんじゃないかな…という気はします」
「MさんがA型見学に行くとなると、ほかの利用者が「私も」「俺も」と言いだしそうなので…」と話しました。Mさんは、うつむきながら「はい…そうですね…わかりました。私にはまだ早いです。これからも今のところで頑張ります」と発言。

　会議を終えた後、相談支援専門員は、会議でのことやこの1年間のことを振り返り、いろいろ考えました。

　1年前、特別支援学校高等部を卒業するときにみんなで「MさんのA型へのチャレンジを応援しよう」ということを確認したはずなのに、どうして急に方向転換みたいになったんだろう、方向性がバラバラになってしまった…と動揺しモヤモヤだらけになりました。

> 「この場で動揺やモヤモヤについて、事業所に何も言わなかったことの理由を教えてもらえますか？」
> （①動機を深める）

解説　支援者の個性や支援機関の組織の特徴によって、支援が支援者主体になってしまうことがあります。理念では社会モデル、エンパワメント、ストレングスモデルと言いながら、福祉現場のなかには個人モデルやパターナリズムの発想がまだまだ根強くあるからです。それは特定の個人的な課題ではなく、社会全体の問題であり、むしろ、意識しないでいると容易に支援者主体が当たり前になってしまいます。支援者主体の思考や言動を目にすると、ついつい「その考え方は違う！」「社会モデルをわかっていない」と批判的になることもあるかもしれませんが、その現実を突きつけることだけではスーパービジョンは効果を発揮しません。知らず知らずのうちに自分も含めて、支援者主体になってしまっていることを振り返り、本人中心の基本を再確認するための工夫が必要です。

2　事業所や支援者の困りごとの仮説

「どうして、このような展開になってしまったのか」を相談支援専門員が支援者の側から

スーパービジョンの問いかけ

第7章　人が育ち、サービスの質が向上できる職場をつくる

考え、以下の二つの仮説を立てました。
1　管理者が交替したことで、事業所および法人全体になんらかの考え方等の変化があったのかな？
2　会議の場ではサビ管はあのような発言をしたけど、別の場でサビ管としての考えを聞いてみたら別の意見が聞けるかもしれない（管理者が同じ場にいたから、そのような発言だったのかも）。

> 「支援者が属する組織の事情や構成員一人ひとりの個性や利害関係に着目する視点が必要だったということですか？ そのことについて普段から気を付けていることがあれば教えてください」
> （⑤理論を導く）

解説　組織の事情で率直な意見交換ができない場面に遭遇することがあります。この事例では、相談支援専門員は、サビ管が本当に思っていることが言えずにいるのではないか？　と見立てをしています。ここに、相談支援専門員とサビ管・児発管との連携の意義や効果があります。一つの組織のなかだけではなかなか変わらないことも、第三者的な存在の相談支援専門員が加わることで、見方が変わったり、動きが生まれたりします。

本人視点は、7-2 の p.323 を参照ください。》

3　検証　事例3 ── 支援者視点

1　事例の概要

(1)　Aさんと家族

Aさんは脳性麻痺による身体障がい（1種1級）、療育手帳A判定の12歳の女の子で特別支援学校の小学部6年生です。Aさんが生まれる前から父親から母親へのDVがあり、5年前にDVから逃れるために母親の実家がある今のまちに母子で引っ越してきました。現在、母親と姉（高1）の3人暮らしです。

母親はうつ病を発症し、自立支援医療を利用し精神科に定期通院をしています。家事や子育て、Aさんの介護はかなり厳しい状況ですが、月曜日から金曜日まで放課後等デイサービス（以下、放デイ）を利用し、姉が手伝っていることや近くに暮らす母方の祖母のサポートを受けることで何とか成り立っています。ただ、祖

母と母親の関係はあまりよくありません。

(2) Aさんにかかわる支援者

　Aさんにかかわる支援者は、保護課のCW、児童相談所、母親の精神科のPSW、特別支援学校の担任、放デイの児発管、障害児相談支援事業所の相談支援専門員です。相談支援専門員が支援者のまとめ役になってはいましたが、母親との関係がまだ浅く、関係づくりを模索している状況でした。放デイは5年前に引っ越してきたときから利用しているため、付き合いが長く、母親との関係は比較的良好だと思っています。

2　支援者が直面していた困りごと

　支援を実施していくうえで事業所では、以下のような内容に困っていました。

(1) 母親のニーズが見えてこない

　母親の体調が悪いときが多く、普段は必要最低限の連絡をとることで精いっぱいです。個人面談もキャンセルが続くこともあり、話ができても、本音や悩みなどを聞くことまでは難しく、表面的な会話で終わることが続いていました。

(2) 姉への心配

　関係機関の一部からは姉がヤングケアラーであることへの心配の声が上がっています。しかし、姉の力で家庭が成り立っていることやAさんも姉のことが大好きである様子が見られるため、姉への心配もあるものの、現状から何ができるかわからずにいました。

(3) 児発管の立場が難しい

　たくさんの関係機関があり、連絡が来たときには、都度対応をしていますが、関係機関の役割や困ったときにどこに何を助けてもらったらよいかわかりませんでした。相談支

スーパービジョンの問いかけ例

「お母さんに連絡をとったり、話をしたりするときはどのような気持ちですか？　楽しみですか？　それともちょっと気が重いこともありますか？」
（②感情・価値に気づく）

「ヤングケアラーは最近、よく聞く言葉ですが、あなたはどう考えますか？」
（⑥視野を広げる）

第7章　人が育ち、サービスの質が向上できる職場をつくる　313

援専門員も動いているようなので、児発管がどこまでやってよいのかも、相談支援専門員をどこまで頼ってよいものなのか、もやもやすることがありました。

(4) Aさんの存在が薄くなりがち

母親の対応の難しさや姉への心配など、家族支援のニーズが目立ってしまい、Aさんのニーズの把握が後回しになることも気になっていました。言葉でのコミュニケーションも難しいことから、事業所での活動もマンネリ化しがちでした。意思決定支援が強化されて、本人の意思決定についても検討しなければと思いつつも、具体的にはどのようにしたらよいのかわかりませんでした。

> 「相談支援専門員へのもやもやは具体的にはどのようなことですか？」
> （④感覚を言語化する）

> 「Aさんへの活動について、どうしてマンネリ化していると思ったのですか？もう少し教えてください」
> （①動機を深める）

解説　支援現場ではしばしば家族全体が多様なニーズを抱えていて、本人への支援だけでは対応が難しいケースにかかわることがあります。家族支援が多くなる場合、家族への対応に負担がかかり、家族に対してネガティブな感情を抱く場合があります。また、関係機関も多くなりますが、それが支援のうえで強みにもなる一方で、連絡調整など業務負担も多くなりますし、支援方針の共有が難しくなるなど、心理的な負担も大きくなります。

特に、相談支援専門員との連携は難しくなることがあります。本来の総合的なケアマネジメントは相談支援専門員の役割とはいえ、Aさんの家庭のように相談支援の担当者が代わったばかりで、放デイには5年間の積み重ねと毎日の支援があるため、圧倒的にかかわりが深く、現状について一番理解しているのは放デイの児発管という場合はよくあることです。

スーパービジョンは支援者自らの状況を理解し、振り返りを促すことに意味があるので、まずは支援者の率直な気持ちに気づいて、支援者自身がその背景や自分の気持ちを受け止め、その気持ちがどこからくるのか理解することが大切です。主観でジャッジをせずに、支援者の気持ちに気づく問いかけをすることがポイントです。

3　支援者が直面していた困りごとへの仮説

支援者が感じている困りごとに対して、以下のような仮説を立ててみました。

(1)　母親のニーズが見えてこない

母親は自分のことで精いっぱいで、子どもたち（Aさんと姉）のケアにまで気持ちを向ける余裕がないのではないか？　事業所に任せっきりになっているのではないか？

(2)　姉への心配

Aさんや母親とのかかわりが少なく、関係が深まっていない支援機関が姉の心配を口にすることに違和感がある。心配だけならだれでもできるのにという気持ちがある。

(3)　児発管の立場が難しい

相談支援専門員と児発管との連携が大事なのはわかっているけれど、自分から声をかけるのも遠慮してしまう。相談支援専門員には電話をしてもつながらないことも多く、うるさい事業所だと思われるかも。

(4)　Aさんの存在が薄くなりがち

家族支援に関係なく、重度の障がいがあるAさんに対して、身体介護や安全確保などが中心で、活動プログラムが5年間あまり変わっていなかったかもしれない。もう一度、活動について見直してみる必要があるかも。意思決定支援もどうやったらできるのだろうか？

スーパービジョンの問いかけ例

「事業所に任せっきりなのは、心配な面もよい面もあるように思いますが、どうでしょうか？」
（②感情・価値に気づく）

「お姉さんから話を聞いたことがありますか？　お姉さんが実際にどう思っているのか私なら聞いてみたいです」
（⑥視野を広げる）

「相談支援専門員への遠慮はどこからくるのか考えてみましょうか」
（①動機を深める）

「本来の発達支援が家族支援の陰に隠れてしまっていたことに改めて気づいたということでしょうか」
（③個性やスキルに気づく）

> **解説** 私たちは物事がうまく進まないときに、そのフラストレーションを解消するために「周囲のせいにする」（他罰、他責傾向）と「自分のせいにする」（自罰、自責傾向）という二つの方法をとることがあります。「人のせいにしたり、自分のせいにしたりする自分に向き合うのは恥ずかしい」と思うかもしれません。しかし、逆にこの傾向をうまく活用することができます。私たちが誰かを批判したり、自分を責めたりするのは、つまり「何か物事がうまくいかないとき」「行き詰っているとき」だというサインであると気づくことができます。人のせいにしたり、自分を責めたりするのはいわゆる支援者の「デマンド」であって、真のニーズは他にあるということです。したがって、真のニーズを探ることが大切です。「何がうまくいっていないのか？」「なぜ、うまくいかないと思うのか？」という要因や背景を見極めます。

4　支援者の困りごとの分析と検証

　児発管として、困りごとに対してチームで検討し、以下の取組みを行い検証することとしました。

(1)　母親のニーズが見えてこない

　今まで面談でAさんの母親として話をしていたことから、思い切って母親自身のこれまでを聞かせてもらうようにお願いしてみました。母親は自分の育ちやDVのことなど、自然に語ってくれ、語り終えた後にホッとした表情を浮かべていました。話したことを関係機関に共有することも快諾してくれました。

(2)　姉への心配

　相談支援専門員に姉の話を聞く機会をもってもらいました。姉はAさんの介護や家事の負担感はあまりないものの、母親の体調が悪いときに気遣いが必要になるなど、母親へのサポートを希望していることがわかりました。

(3)　児発管の立場が難しい

　相談支援専門員から、一度打ち合わせの時

スーパービジョンの問いかけ例
「母親の『ホッとした表情』は何にどうホッとしたと感じていますか？　私は関係性が一歩進んだように感じました」（⑥視野を広げる）
「家族も相談支援専門員も直接話す機

間を取ってほしいと提案があり、じっくりと話をする機会をもてました。何をどこまでやったらよいのかと不安だった点も整理できて、そのなかで姉との面談の必要性を共有することができました。

（4）　Aさんの存在が薄くなりがち

2024（令和6）年度から個別支援計画に5領域の明記が必要になったことを機に、これまでの活動の内容とAさんの様子を共通書式で把握することにしました。そのことによりこれまでそれぞれが何となく見立てていたことが見えるようになり、改めてAさんのニーズが見えてきました。また、重度の障がいがあっても意思があることや、いろいろな人たちで意向を確認することの大切さも実感できました。結果をモニタリングの際に母親と姉にも伝えたところ、家の様子もたくさん教えてもらうことができました。

> 会をもったことによって、一度に方向性が開けた感じですね」
> （⑤理論を導く）

> 「5領域や意思決定支援について、少し厄介で大変なイメージがあったようですが、もともと大切にしてきたことの再確認になりましたね」
> （③個性やスキルに気づく）

解説　児発管がもやもやしていたことは、直接話すことによって、先が見えてきました。母親、相談支援専門員、そして現場のスタッフとそれぞれに向き合って言葉にして迷いを含めて伝え、一緒に考える機会をもつことで、たくさんのことが見えてきました。支援者だけ、限られたメンバーだけで憶測合戦をしてしまい、結果として不安や不信が増すこともあります。当事者に立ち入った話を聞くことへの遠慮もあります。しかし、「より理解したい」「応援したい」という基本的な姿勢があれば、直接話す機会をもつことは貴重な協働プロセスになります。サビ管・児発管は時間をつくることの難しさや、一歩踏み込む不安や怖さもありますが、スーパービジョンは「そもそも何が大切か」を問い直す絶好の機会となります。指摘や指導を用いたかかわりより、支援者自らが原点を見つけるための問いかけと協働で深める対話のスキルを身につけましょう。

本人視点は、7-2のp.328を参照ください。

第7章　人が育ち、サービスの質が向上できる職場をつくる

7-2 利用者一人ひとりからチームで学ぶ

1 検証 事例1——本人視点

1 コロナ禍のあおり

　Cさんがグループホーム（以下、GH）の正式利用を始めてから1年が経過した頃（2020（令和2）年）は、新型コロナウイルスの脅威に、翻弄され続けた年でした。緊急事態宣言等をはじめ、感染発生地域との往来自粛、休校、時短営業などの様々な行動制限が行われ、私たちの生活が一変しました。

　社会に合わせるように、法人としても様々な感染対策が導入されましたが、Cさんの視点としては「体調が悪くないのに、なぜマスクをするのか」と話があったように、見えない敵に対する警戒や認識が難しく、なかなか納得できなかったようでした。また、就労継続支援B型事業所（以下、事業所）では「1日の利用者数の制限」が設けられ、Cさんは平日の休みも増えました。感染対策を導入して2週間が経過した頃から、Cさんの生活に変化がみられました。

　これまで時間どおりに流れていた生活リズムが狂いだし、「朝、起きられない」「洗顔や着替えなどができない」「歯磨きの際、同じ箇所を磨き続ける」「出発が遅れて、事業所の始業時間に間に合わない」「入浴中、洗体時に同じ場所を何度も洗う」「夜、寝つきが悪い」など、生活リズムが日和見で崩れまし

> **スーパービジョンの問いかけ例**
>
> 「Cさんの変化には誰がどのように気づきましたか？」
> （④感覚を言語化する）
>
> 「様々な変化がみられたときに、事業所として日常的に取り組んだことは何かありますか？」
> （③個性やスキルに気づく）

た。平日と休日のスケジュールが混同して、独語や妄想的行動も増えだし、明らかに何らかの強迫観念を抱いているようでした。

　帰省でリセットを試みましたが、親からは「家でも声かけが常に必要だった」と報告があり、GHと同じような状態で、改善は難しい状況でした。Cさんは、生活リズムが崩れていることの自覚があるようですが、「何がどうなっているのか？」という感覚のようでした。また、睡眠不足もあって、疲れた表情がうかがえたことから、苦しんでいることは誰が見ても明らかでした。

> 「帰省でリセットの発想はどのように出てきましたか？　また、どのような効果を期待したのでしょうか？」
> （①動機を深める）

2　仮説と検証

　GHのサビ管は、GHの生活支援員を中心にケース会議を開催しました。参加者は、いくつかの仮説を立てて、下記のことを話し合いました。

1　外に出る機会の減少により、運動不足に陥って、睡眠に影響があるのでは。運動不足の解消や気持ちのリフレッシュを兼ねて、職員と散歩にでかけてはどうか。
2　朝起きられないことが、すべての発端ではないか。就寝前に翌日のスケジュールを確認して、目覚まし時計を活用してはどうか。
3　一つひとつの動作に時間を要し、Cさん自身も「終われない」ことから、タイマーを使って強制的に「終わり」を示すのはどうか。

　Cさんへの対応は、早急な一手が必要と考え、会議では上記3点について、本人や親に説明をして、とりあえず実践してみることにしました。

　2週間の実践結果は下記のとおりでした。

> **スーパービジョンの問いかけ例**
> 「このケース会議の雰囲気はどうでしたか？　いろいろと困ったことが起こっている渦中の会議だったと思うのですが、どのような話し合いでしたか？」
> （②感情・価値に気づく）

1　散歩は気持ち的には気分転換になったようだが、その後の生活動作や就寝時間が、これまで以上に遅くなった。
2　目覚まし時計のセット確認への固執を強めてしまっただけで、起床や就寝の改善には至らず。
3　タイマーによる強制的な終了を意識できるよう、タイマー鳴動時に「終わりです」等を伝えるも、その生活動作に含まれる一つひとつの動作にタイマーが必要になった。

　このように、仮説と検証の結果としては、惨敗の結果になりました。このままでは、Cさんの行動障がいや精神疾患などに影響すると考え、再度ケース会議を行いました。

> 「仮説を立てて取り組んだ結果が惨敗だったとき、支援チームはどのように受け止めていましたか？　落胆していたとしたら、それをどのようにフォローしましたか？」
> （②感情・価値に気づく）

3　仮説の見直しと検証目前で……

　失敗した原因をいくつか探りますが、総じて「1度目の見立ては、表面上の行動に着目したものだった」ことがあげられました。そこで、「氷山モデル」の考え方をヒントに、Cさんの見方を根底から見直しました。

1　体験利用時から「生活動作はおおむね自立している」という評価から、トイレ・入浴・更衣など動作一つひとつに対して支援不要と認識して、Cさんが「どのような手順で行っているか」等に着目してきませんでした。これにより、前後の動きを含めた一連の生活動作の比較ができず、どこに課題があるか迷走してしまいました。

　さらに、「Cさんはスケジュールに乗っているだけでは？」という考えに焦点を当てて、「何のための動作なのか」という動作一つひとつの「意味づけ＝価値づけ」の見立てを整理する必要もありました。

スーパービジョンの問いかけ例

> 「根底から見直すときに現場の抵抗感などはありませんでしたか？　自分たちが一生懸命やってきたことが否定されるような気持ちになることもありますが、大きな見直しについては、どのような進め方をしたのですか？」
> （②感情・価値に気づく、④感覚を言語化する）

> 「自閉症のケアのコンサルテーションやスーパービジョンなどは利用しました

2　Cさんの頭のなかが様々な情報で交通渋滞を引き起こしていると見立てた際、支援者側からの「明日からは○○します」という一方的な支援の提案は、「なぜ、職員は次々とわけのわからないことを言うんだろうか」とCさんをさらに困惑させることにつながっていると推測しました。頭のなかがパニック状態なのに、さらに追い打ちをかけてしまい、パニックを助長しているのではと考えました。

3　Cさんとかかわる職員全員、声のかけ方にそれぞれ違いがあることに着目しました。例えば、Cさんに対して「次は何をするんでしたか？」と記憶にはたらきかける声かけではなく、スマートに「次は○○の時間です」に統一するようにしました。

　また、つい使ってしまう「大丈夫」という言葉も、その場面や使用方法によっては、非常に不明瞭な解釈になってしまうことに気づきました。これを乱用するのは、本人のパニックを助長する可能性があるため、Cさんに使わないよう取り決めました。

　これらの見直しを共有しましたが、同じタイミングで親から「しばらく自宅においておく」「自宅から事業所に通わせる」との話がありました。Cさんの変化など両親の心情を尊重する観点から、これ以上GHに留めることはできず、Cさんは長期帰省することになりました。

> 「か？　何か使用したツールや参考にした資料などあれば、教えてください」
> （⑤理論を導く）

> 「親御さんから自宅に戻したいと言われたときにサビ管の気持ち、現場の職員の反応はどうでしたか？」
> （②感情・価値に気づく）

4　まとめ

　Cさんのケースを俯瞰したなかで、GHの管理者やサビ管としては、いくつか手応えを感じていました。

　一つ目は、GHとしてのインテーク（相談支援専門員との連携含む）から一連の支援プロセスの管理の妥当性、GHサビ管によるCさんのアセスメントと見立て、

GHサビ管から生活支援員との情報交換や共有、ほかの職員への情報周知、Cさんの気持ちの変化ととらえ方など、全体的に「チームとして機能していた」と感じていました。

　二つ目は、Cさん自身の意思の変化に配慮しながら、成功体験を繰り返すことができたことで、CさんにとってもGHにとっても、エンパワメントのきっかけになりました。それにより、GHに対するCさんの見方に変化が現れ、少しずつ距離感が縮まった印象をもてました。GHとしても、チームの一体感や成長を感じたケースでもありました。

　三つ目は、家庭の協力姿勢です。こまめな情報交換や助言もあって、Cさんの支援に効果的に活かすことができました。Cさんの両親には、定期的にスーパービジョンをしてもらったような印象がありました。

　結果的には、「これ以上、Cが苦しんでいる場面は見ることができない」「しばらく家で過ごさせたい」という両親の意向により、Cさんは長期帰省のまま、GHを退所することになります。事業所として、これまでの支援の流れや生活の経過などから、苦情を申立てられても仕方がない案件であると感じていましたが、「これまでにいろいろと親身にかかわってくれた」「よくしていただいた」などのお話がありました。Cさんと両親の期待や心情等を考えた際、生活支援員を中心に「力不足」「無力さ」を感じた瞬間でもありました。

　これまでに強度行動障がい者支援や行動援護などの研修に参加したことがある職員が複数人いましたが、実際に、それらの知識が活かされる場面がありませんでした。今回のようなケースは、発達障がいがある人への専門的知識と経験不足により、適切ではないかかわりや支援が、当事者を苦しめること、行動障がいを助長してしまう要因になる典型例であることがわかりました。

　CさんはGH退所後も、継続して事業所で活動しています。数年後、再度GH利用の機会があっても受け入れられるよう、同じ轍を踏まない気持ちから、GHのサビ管の提案で「氷山モデル」に着目した勉強会を開催しました。今後は発達障がいに限らず、重度・高齢化に向けた準備のため、精神や身体など多様化するニーズに対応するために、事業所として研鑽していかなければならない。そう教えられたケースです。

解説　本人だけではなく、私たち支援者も周囲の環境に影響されながら地域社会のなかに存在します。自分がいくら頑張っても、工夫をしても、ベストを尽くしても、自分の力ではどうにもならないことはたくさんあります。まさに、2020（令和2）年に突如として訪れたコロナ禍はその大きな例です。自分たちの

力ではどうにもならない事態に直面したときに何が大切でしょうか。

まず大切なのは自分たちの努力や工夫が及ぶところに着目し、及ばないところはあきらめるという見極めです。これは、アルコール等の依存症の自助グループで大切にされている思想である「平安の祈り」にも通じます。この事例では、結果的にCさんは自宅に戻りました。支援としては挫折なのかもしれません。しかし、見方によっては自分たちのできることを見極めて家族と協働した事例ともいえます。大切なのは、実践から何を学び、どのように次に活かすことができるかです。そのために必要なのは幅広く社会的な視点で今目の前に起こっていることを見ることです。いつも事業所のなかで仕事をしていると、視野はどんどん狭くなってしまいます。外に出ること、逆に事業所に外の視点や空気を取り入れることが必要です。現場が忙しくて、それどころではないかもしれませんが、日々の実務にちょっとした工夫をすることで社会的な視点を養う機会が生まれることがあります。相談支援専門員のモニタリングの際にちょっとした世間話をする、家族との個人面談を家庭訪問にしてこれまでの人生について聞くなど、「目の前のことがどこにつながっているのか」「目の前の人がどのような道をたどって今ここにいるのか」、少し視野を広げてみる機会をもちたいものです。

2　検証　事例2 ── 本人視点

1　仮説に対して相談支援専門員が行ったこと

法人のサービスを利用している人のうち、相談支援専門員が担当している利用者はMさんのほかにも大勢いたので、そもそも就労継続支援B型事業所（以下、事業所）に顔を出す頻度は少なくありませんでした。訪問するたびに、ねぎらいの言葉をかけあいさつをするとともに、新しい管理者を含め、サビ管と利用者の話題だけではなく、サビ管とプライベートな話をしたり、それまでの経歴を伺ったりするなどしてみました。すると、新しいH管理者は元々役場で税務課勤務に長く携わっていたことがわかりました。また、法人が別の町に事業を展開していることもわか

> **スーパービジョンの問いかけ**
>
> 「相談支援専門員が本人の環境のアセスメントをしたということでしょうか？　環境のアセスメントの際に気をつけることは何かありますか？」
> （⑤理論を導く）

り、そのためにベテラン職員が新しい事業所に異動になるなど、なんとなく現場がバタついていることがみえてきました。そのため支援経験が十分ではないスタッフが主に現場を支えていることもわかってきました。なんとなく「支援に対する不安」が現場に漂っていたのです。

　障がいのある人を支援する人の側に自信がなかったり元気がなかったりするときには、新しいことにチャレンジするパワーがなかなか湧いてこないものです。そんなときに「MさんのA型（就労継続支援A型）へのチャレンジを応援しましょう」と提案しても、そりゃ難しいだろうな。現場が元気になる時期は必ずくるからそれを待つことと、現場が元気になるために自分ができることはあるはずだ、と思い、それまでサビ管とばかり話していたことを反省し、若い現場スタッフに声をかけたり、利用者の様子を聞いたり、素敵なかかわりだなと感じたことがあれば、言葉にして直接伝えるなど、工夫してみました。そんなかかわりを続けていると、数か月後には、若い現場スタッフから「○○さん、最近○○が上手にできるようになったんですよ」と利用者の変化を教えてもらうことが増えました。またサビ管からも「うちの職員、頑張っているでしょ〜」とうれしい報告を聞くようにもなりました。

「ここで感じとった現場の不安については、現場に何らかの形でフィードバックしましたか？　したとしたら、具体的にどのようにしたのでしょうか？」
（①動機を深める）

「サビ管とばかり話していたことを反省したとありますが、何をどう反省したのでしょうか？　もう少し詳しく教えてください」
（④感覚を言語化する）

2　このような展開になってしまった理由をMさんの側から考えてみる

　相談支援専門員には「A型にチャレンジしたい」と言えるのに、会議の場ではそれを口にしなかったMさんの背景を想像してみました。職員に否定されるのが嫌なのかな？大勢の会議だったから言えなかっただけで、

スーパービジョンの視点

「たくさんの想像をしていますが、そのなかで有力だと思っていたことは何で

1対1の面談であれば本音を話せるのかな？　そもそもMさんの率直な気持ちを伝えられる職員って誰なのだろう？　そもそも相談支援専門員に就労継続支援A型に行きたいって言っているけど本当は違うのかな？　卒業前にそう言っていたから相談支援専門員の顔を見ると同じように言ってしまっているだけなのかな？　在学中に就労継続支援A型の実習でつまずいているから、本当は自信がないのかなあ？　Mさんだけじゃなく誰だって目の前の人に合わせた発言をすることはあるのかも？　Mさんの今までの成育歴を考えると、力のある人の意見に左右される傾向があるのかも？

　そのように、Mさんの今の状況や心の内を想像し「スタートに戻って、Mさんの今の気持ちをみんなで再確認することから始めてみよう！」と思いました。

すか？　また、それが強く推測された根拠を教えてください」
（③個性やスキルに気づく）

3　Mさんの今の気持ちをみんなで理解する（知る）ために何をしたか

(1)　グループホームや就労継続支援B型の役割

　普段かかわっているグループホームや事業所においても、時々1対1でMさんとお喋りする機会をつくってもらうことになりました。

(2)　相談支援専門員の役割

　面談だけで本人の気持ち（本音）をつかもうとするのには限界があります。実際に体験する機会を通じて本人の気持ちを把握できるのではないかと考え、「本当にA型に行きたいという気持ちがあるのかどうか、本人の気持ちをみんなで確認するために、A型の見学および体験の機会を提供するのはいかがです

スーパービジョンの問いかけ例

「1対1でお喋りしてもらう機会は事業所に具体的にお願いしてつくってもらったのですか？　お願いしたのであれば、どのようにお願いしたのか教えてください」
（③個性やスキルに気づく）

か」と、本人および支援関係者に提案しました。

それまでは就労継続支援A型の見学や体験の目的が「A型にチャレンジするため」だったのを、「本人の気持ちを確認するため」に変更したのです。

時々、1対1でMさんとお喋りする機会が増えていたH管理者は「Mさん、時々私にもA型のこと話してくるようになったんです。本人がやりたいっていうなら、私たちに止める権利はありません。経験や、チャレンジする機会は、障がいがあってもなくても平等なのだから」と言ってくれました。

管理者のGOサインがでると現場も動きやすくなりました。事業所のFサビ管とも相談しながらいくつかの就労継続支援A型を見学しました。見学の途中で立ち寄った道の駅でMさんに見学した感想を尋ねると、あっさりと「将来的にはもっと給料がほしいからA型に行きたい。特別支援学校の友達も、A型で頑張っている人たくさんいるもの。でも私にはまだ無理だと思う」と言いました。「どうして相談支援専門員にA型に移りたいって言い続けたのですか？」と尋ねると「今のB型（就労継続支援B型）の友達とうまくいってなくて…」「そのことは誰にも言えてない。お友達の悪口を言うのはよくないことだから」と、今の本音を語りだしました。

「以前にH管理者は一方的にMさんにはA型は無理だと言っていましたが、ここでは前向きになっています。その理由や背景を教えてください」
（①動機を深める）

「Mさんがここで本音を語りだしたことについて、どう思いますか？」
（⑥視野を広げる）

「Mさんのように、直接的に訴えてきたこと（デマンド）が本当に望んでいること（ニーズ）と異なっていた例を出してみましょう」
（⑤理論を導く）

4　まとめ——Mさんとのかかわりから気づき学んだこと

(1) 利用者のニーズの理解

就労継続支援A型の見学途中に立ち寄った道の駅だったから、いつもと違うMさんの気持ちが引き出せたのかもしれません。Mさん自身も、違う環境だったからこそその思いを口にできたのかもしれません。多面的・多角的なアセスメントが必要だということを聞くと思います。私たちの支援を振り返ると「あの人

は、言うことがコロコロ変わって困る」「相手によって言うことや態度が変わるのは、よくない」と思うこと、これまでにありませんでしたか。本当にそうでしょうか。相手や環境、その日によって考えが変わることは私たち誰にでもあるはずです。利用者を多面的・多角的に理解しようとするためには、多様な仲間で構成されたチームでかかわることが必要です。利用者を取り巻く人が、同じ価値観や考え方の人（同じ顔をした人）ばかりだとどうでしょうか。一つの側面でしか、利用者を見られなくなるかもしれません。家族、若いスタッフ、ベテランスタッフ、用務員、近所のおばちゃん等々、様々な人がかかわることで、一人の利用者も様々な顔をもつようになるはずです。今回のことを通して、「Mさんに、いろいろな人間関係をつくってあげるのも、支援者の役割かもね」という言葉が支援者からありました。

　この事例から、ニーズは固定的なものではなく、利用者の状態の変化や成長発達等、多様な要因の影響を受けつつ、継続的に変化し発展することに気づくことができました。

(2) 本人主体・本人中心

　私たちがどう支援するか、支援の方向性を決めるのは「本人」であることを忘れない。迷ったり、支援の方向性がチームでバラバラになることがあった場合には「本人に聞く」「本人の今の気持ちを確認し合う」ことが、チームアプローチの大前提です。どんなに研修を受けていても、どんなに自己研鑽したとしても、私たちは支援者主体に陥る可能性があると思います。それを自覚したうえで、「今の自分、支援者中心になっていないかな」「事業所の都合が最優先になっていないかな」と日々振り返り、本人の気持ちをないがしろにしているかもしれないと気づいたときは、本人に戻ることができる支援者でありたいと思います。

　私たちは支援者と呼ばれることが多いかと思います。私たちが支援する側で、利用者は支援を受ける側ととらえられますが、その関係性を考えたことがありますか。私たちは、障がいのある人や家族等とかかわりをもつことで知識や技術を得ることができています。利用者に育てられてきたのです。もちろん自分自身の努力や、仲間からの応援や励ましもありました。しかしその原点（スタート）は「私の目の前に障がいのある人がいたから」なはずです。利用者から与えられた多くの気づきや学び（価値、知識、技術）は、次世代を担う後輩たち、さらには地域社会に伝えなければいけないのです。それも、障害福祉の仕事に携わる私たちの役割です。

(3) エンパワメントの視点

　Mさんの事例を振り返ってみると、支援現場に不安が漂っていたときや、落ち着かないときは、支援方針が消極的だったり、マイナスの部分が前面に出たりしていました。支援がよい方向に向くときは、チームワークが良好だったり、職場のコミュニケーションが円滑だったり、仲間のよさをお互いに認め合ったりすることが、自然にできていた印象があります。サビ管・児発管のたくさんある役割のなかには、サービス提供職員に対するマネジメントやスーパービジョンがあります。現場一人ひとりの個性を活かし合って、補い合える職場づくりも役割の一つというものです。もちろんそれは大事ですが、それと同じか、もしかするとそれ以上に大切なのは、自分自身のセルフケアなのかもしれません。

　そうすることで、私たち支援者も本来もっている力やよさを発揮（エンパワメント）できるでしょう。

解説　この事例はサビ管・児発管が連携する相談支援専門員からの視点でみてみました。今、福祉の現場は人手不足や人の入れ替わりの激しさなど、人材育成が難しい実情があります。そんなときに事業所だけではなく、こうした外部の力を借りながらチームづくりをしていくことも重要です。サビ管・児発管はしばしば事業所内で相談相手がいなくて孤立することもあります。外部に人材育成のこと、利用者の支援の方向性について相談できる人をつくっておくことは大切です。地域にいない場合は5年に1度受講する更新研修で出会った受講者同士でつながり、その後も連絡を取り合ったり、相談できたりすると自分たちも楽になると同時に、そのネットワークにより個人で抱えていた課題が地域社会の共通の課題として発展していきます。抱え込まない工夫をしましょう。

3　検証　事例3——本人視点

1　当事者（Aさん、母親、姉）が困っていたこと

　Aさんは知的障がいが重度のため、コミュニケーションが難しく、利用中の表情や学校など他事業所の情報などからAさんの意思を推測して把握しました。母親と姉には、関係機関と連携して、改めて話を聞く機会を設け、ニーズを把握しました。

(1) 申し訳ない、私のせいでこんなことに（母親）

いろいろな人にお世話になっていることがありがたいけれど、自分が情けない。本当は私がしっかりしないといけないのに、お姉ちゃんにも迷惑ばかりかけている。Ａとお姉ちゃん、どちらの学校の先生からも進路のことを聞かれるけれど、この先のことはよくわからない。

(2) 誰に相談したらよいのかわからない（母親）

たくさんの人が助けてくれるけれど、誰に相談したらよいかわからない。話すときも「この人にこの話をして大丈夫なの？」と不安になることがある。話をしたら微妙な空気になるときもあるので、きっと場違いなことを言っているんだと思う。

(3) 家にずっといたほうがよいのかな（姉）

お母さんも大変だし、自分ができることを手伝うのは当たり前だと思っている。Ａのことも大好きだし、お母さんも支えたい。進学や就職もあるけど、このまま家にいたほうがよいと思っている。

(4) 学校も放デイも楽しい　お母さん、お姉ちゃんも好き（Ａさん）

（家族、支援者からの聞き取り内容）家では好きな動画を楽しんでいる。放デイでも好きな音楽を聴きながら、周囲のお友達の雰囲気を感じ取って、表情豊かに過ごしている。学校も表情は穏やか。時々、泣くことなどすぐれない表情をすることもある。家で家族と一緒にご飯を食べているときが一番穏やかな表情を見せている様子。

スーパービジョンの問いかけ例

「お母さんの後ろめたさや申し訳なさについて改めてどう思いますか？」
（②感情・価値に気づく）

「支援者が多いことは思いのほか、お母さんにとって負担や難しさにつながっているのかもしれないと思ったのですが、どうでしょう？　支援者としてお母さんの負担感を軽減するための工夫はありますか？」
（⑥視野を広げる）

第7章　人が育ち、サービスの質が向上できる職場をつくる　329

2 当事者（Aさん、母親、姉）への働きかけと検証

　母親と姉から聞きとった話の内容と関係機関から情報を収集して推測したAさんの困りごとに対して、児発管としてチームで検討して、以下の取組みを行い検証することとしました。

(1) 申し訳ない、私のせいでこんなことに（母親）

　想像以上に母親がパワーレス状態にあることがわかりました。ただ、児発管が母親自身のこれまでの話をじっくりと聞いたことが本当によい機会になりました。特にDVについては一般的な言葉としては知っていましたが、経験した人の話を聞く機会がなかったので、勉強になりました。元夫からの暴力や暴言のなかで、重度の障がいのあるAさんと姉の二人の子育てをしてきたことが本当にすごいことだと思いました。

　母親も最初は遠慮がちに話をしていたのですが、聞いているうちに、深いところまで話をしてくれて、こんなに話をすることに驚きました。これまで、Aさんについてばかり話をしてきたことに改めて気づきました。

(2) 誰に相談したらよいのかわからない（母親）

　相談支援専門員と児発管で話をして、役割分担を確認できたので、母親にも具体的にどのようなとき、どのような内容ならばどちらに相談したらよいか、伝える機会をもちました。説明しているうちに「結局、どちらでもよいのではないか？」と思えてきて、明確に分けられなくなり、どちらでもよいですよと伝えて笑われました。今回は相談支援専門員と児発管の役割でしたが、保護課のCWや母親の精神科のPSW、学校の先生や児童相

スーパービジョンの問いかけ例

「お母さん自身に興味をもって、話を聞いた様子が伝わってきました。普段から、何事にも興味をもつ姿勢が役に立ったのだろうと思います」
（③個性やスキルに気づく、⑥視野を広げる）

「わからないことをわからないと言える率直さがあると思っていましたが、それが力を発揮しましたね」
（③個性やスキルに気づく、⑥視野を広げる）

談所などが今後も引き続きかかわるので、日常的に意識をして母親にそれぞれの役割の説明をしていく必要があると感じています。

(3) 家にずっといたほうがよいのかな（姉）

姉が自分の意思で進んで介護の手伝いを担っていることはわかりましたが、真に受けてもよいのか悩みました。姉の立場を想像すると、姉が手伝わないとＡさんの在宅生活が成り立たないこともわかるので、本心なのか、そう思うしかないのか、本当のところは誰もわからないように感じました。そう考えると家族以外に支える人たちが増える必要はあるのではないかと感じます。ヤングケアラーが何かと話題になっているけれど、一人ひとり異なると思うので、わかった気にならないようにしようと思います。

「適応的選好形成という言葉を知っていますか？　人は苦しい状況であっても環境に慣れていき、与えられた環境に自分の望みを合わせていくことがあります。お姉さんへのまなざしはそれに気づいたように感じました」
（⑤理論を導く）

(4) 学校も放デイも楽しい　お母さん、お姉ちゃんも好き（Ａさん）

放デイの個別支援会議でＡさんの表情について話題にして、それぞれがどのような表情に注目しているのか、それはどのようなときに出る表情なのか、意見を出し合いました。それを整理して、母親と姉にも確認して、意見をもらいました。そのプロセスが、本人の意思表示や意思決定ができるという共通理解につながりました。具体的にどのように評価しているのかを出し合うことで、意外にそれぞれの見ているところや気づきが少しずつ違っていて、その違いをすり合わせることで、本人の意思を複数の視点で推測していく第一歩が踏み出せたように思います。

これまで、どうしても親の意向が強くなりがちで本人へのアプローチが丁寧にできてい

「言葉があってもなくても、見立ては難しいということですね。とても大事な視点だと感じました。もう少し考えてみましょう」
（⑤理論を導く）

第7章　人が育ち、サービスの質が向上できる職場をつくる　　331

なかったことを再認識しました。Aさんは言葉でのコミュニケーションができないので、丁寧な推測を意識しましたが、言葉があってもそれが本当のニーズかどうかわからないことも多いので、あらためて個々の状況や特性に応じてニーズを見極めていくことの重要性を学びました。

解説　重度の障がいや低年齢などで言葉によるコミュニケーションが難しい人の場合のニーズをとらえることは簡単ではありません。時々、個別支援計画に「意思を確認できませんでした」と書かれているものがありますが、意思決定支援の原則から、どんなに重度の障がいがある人であっても必ず意思はあり、それをとらえようとすることが重要であるため、「意思を確認できない」という判断は避けなければなりません。

実際に支援をしている人たちは感覚的に何を求めているのか、好みや気持ちなどを観察によってとらえています。ただ、それを言葉にしたり、客観的に検証したりすることまでには至らないことも多いようです。サービス（支援）提供においては、こうした本人の言葉にはならないニーズをとらえて応援チーム全体で共有していくことがとても重要です。したがって、本人のニーズを見えるように表現することは支援にとって必須となります。しかし、そもそも言語表現をしない人の意思を言語にしてしまうことによって、本人が生きている世界観や抱いている感性や感覚に、支援者の理解へとフィルターがかかってしまうということも理解しておく必要があります。あくまでも「推測」でしかなく、その「推測」がどれだけ本人に近いのかいつも問い直す必要があります。

3　まとめ

　家庭のなかに複数の課題があり、たくさんの関係機関がかかわり、様々な心配をしているところを、支援の中心となっている放デイの児発管が迷いながらも、相談支援事業所との連携を進めることで連携の意味を実感することができた事例でした。ポイントは母親の話を児発管が、姉の話を相談支援専門員がそれぞれじっくりと聞けたことでした。わからないことは一人で悩まずに聞いてみる、話してみることが大切だと再認識しました。

連携がうまくいったといっても、Ａさんの家庭生活は家族の努力で何とか維持できているギリギリの状況であることには変わりません。放デイとしては通ってきてくれれば何らかのサポートはできますが、通えなくなったときや、朝・夜間・土日などは家族（特に姉の存在が大きい）頼みであることも事実です。

　最近はヤングケアラーが問題になっていますが、そもそも障がいのある人たちの地域生活は家族に大きく依存していることを実感しており、一事業所としての限界も感じた事例でした。

　チームで支援することは、時には大変で、うまくいかないときには大きなストレスを抱えることもありますが、基本的には複数の視点を確認することができるチャンスです。Ａさんのように毎日利用するような場合、事業所がもっている見立てや支援の蓄積は本人を理解し、応援するための貴重な情報です。一方で、利用が長くなると事業所の見立てが固定化して、思い込みや決めつけも出てきます。そのリスクも意識しながら、できるだけ幅広い視点や気づきを参考にしながら、必要かつ有効な情報を選択、整理し、現場や関係機関、家族にわかるように伝えていく役割があることを再認識しました。

解説　まとめとして「一事業所としての限界」が書かれていますが、支援者が自分の限界を知ることはとても大切です。なぜなら、自分の限界を知ることが「誰かを頼る」「連携の必要性」の動機になるからです。自分たちはできている、何でもしていると思えば、他の人に何かを頼む必要性がないので、発信もせず、抱え込んだり、本人や家族のニーズがないものだと思ってしまったりします。

この事例では、相談支援専門員との連携が効果を発揮したことが特徴ですが、何よりも母親に対して、Ａさんの家族という立場から一歩踏み込んで、一人の生活者としてその人の思いや人生に思いをはせることができたことが大きかったように感じました。家庭の問題は世代を超えて影響を与えていきます。課題を抱えた家庭は表面的な子育ての実態だけで、養育力を問われる厳しい立場にあります。特に母親は責任を問われ、評価を受ける機会が増えていきます。その背後に虐待やDVなど家庭内での暴力の課題が根深くあることは実態としてあまり知られていないのかもしれません。厳しい評価を感じると困っていてもそれを相談しようと思わず、隠そうとするのも無理のないことだと思います。そうして、リスクが家庭内にとどまり、立場の弱いところにストレスが向けられることが虐待のメカニズムの一つといえます。家族を支援のパートナーとしてみるのではなく、家族も一人の生活者として権利が保障されているといえるのか、支援者の当たり前を押し付けていないか自問自答する姿勢が求められます。

子育てや介護環境が家族へ依存せざるを得ない現状において、在宅生活が本人の権利を擁護しきれない現実とそれを毎日休みなく支えている家族の負担やプレッシャーを理解、想像できるようになりたいものです。通所サービスに毎日通っているといっても、長くて6時間程度です。一日24時間のうちの残りの18時間は家族が支えています。しかも、土日も祝日も休みがありません。入所施設やグループホームが24時間支えたとしても、一日8時間程度の交代で勤務が終われば家に帰ることができる職員と、交代する人がいない、限られる、そしていつまで続くかわからない状況で家族が支え続けることへの想像をしましょう。また、今だけではなく、これまで何年もその状態が続いていることも想像してみてください。

だからといって、本人の権利侵害が放置されることは避けなければなりません。家族への労い、負担の想像をしたうえで、家族の現状を受け入れ、少しでも負担を分け合い、本人にとってよりよい環境を検討していく必要があります。そのなかで現状の制度では難しいこともたくさんあるでしょう。ケアマネジメントの担い手にはそうした現状の制度や地域の支援体制を変革していくという大きな役割があります。支援に行き詰ったときには誰かを責めることなく、困難な点を共有し、地域に対して提起する動きも必要となります。これは（自立支援）協議会の役割へとつながります。

7-3 スーパービジョン　まとめ

> **スーパーバイズのポイント**

スーパーバイズのポイントは以下の四つに整理できます。

1　相手からの発信を活用する

伝える側の資源を提供するのではなく、相手の経験や言葉を引用・活用して進めることが重要です。誰にでも物事を建設的に判断し、進めていく力があることを前提としなければ、スーパービジョンは成立しません。

2　一方的に評価、価値観を突きつけない

スーパーバイズをする側が自分の価値観や結論ありきで向き合ってしまうと潜在能力の発掘の効果は下がってしまいます。納得しないまま現実に表面的に対処することになり、成長に結びつきにくくなります。

3　伝え方を工夫する

わかりやすく、シンプルに、感情を交えず、客観的な伝え方をするスキルを身につけましょう。伝え方のスキルを身につけることが、つい前面に出てしまう感情や評価が出ないようにする効果をもたらしてくれることもあります。

4　相手や状況に応じた対応をする

スーパービジョンはいつも誰に対しても同じように行えばよいわけではありません。どのような人にはどの類型の問いならば効果があるのか、どのような局面ではどの問いが気づきを促すのか、という見極めが必要です。

5　相手と自分は違うことを自覚する

スーパービジョンは、自分とは異なる相手の力を引き出し、気づきを促すために行われます。「自分だったら」と自分の価値や経験を基準に進めるのではなく、相手の力を信じ、委ねる姿勢が求められます。

column 28

経験が積み重なることを教えくれたIさん

阿部敏之
社会福祉法人慧誠会 遊学館「つ・な・ぐ―」

Iさんとの出会い

　2012（平成24）年8月、当時、私は自立訓練（生活訓練）事業を担当しており、その時にIさんと出会いました。就業・生活支援センターからの相談でつながり、生活訓練の利用が開始しました。Iさんは当時19歳。知的障がい（中度）の診断を受け、まだ数年しか経過していないIさんは、表情が乏しく、言葉数も少ない印象の方でした。

Iさんとのエピソード

　事業所内の作業活動のほか、行事やイベント等の活動もありました。しかし、Iさんは、行事やイベントのとき、よく涙を流していました。夏に流しそうめんを行ったとき、険しい表情で事業所内に入り「参加したくありません！」と泣いていた姿は今でも覚えています。初めて参加する年末の忘年会でも、夕食の会食には参加せずに、宿の近くにあるコンビニで夕食を買っていました。また、旅行に行ったときには、利用者数名で観光する予定でしたが、自分の行きたい場所を探して一人で行ってしまったため、急遽、観光は中止となり、Iさんを探したこともありました。

Iさんの現在

　そんなIさんですが、生活訓練を終え、相談を重ねた結果「働きたい」という希望から就労移行支援事業を利用し、無事就職しました。清掃の仕事をしているIさんですが、職場の先輩や同僚からも高い評価を受けています。Iさんは、「汚れている所をきれいにする」ことがとても得意で、その部分が仕事と見事にマッチングしているからです。

Iさんから学んだこと

　Iさんとのエピソードは尽きませんが、そんなIさんから、私は多くのことを学びました。学校時代、Iさんは周囲との交流は少なく、単独で過ごす時間が多かったようです。そのため、「集団で行動する」という経験を積む機会が少なく、行事やイベントにも参加した経験が少なかったのです。また、障がい特性もあるため、未経験のことに対する見通しや予測のもちづらさも理由の一つとして考えられます。そのような背景や理由が、Iさんの行動につながっていました。しかし、今まで経験できなかったことを一つひとつ経験し、失敗しても振り返るなかで、Iさんは着実に変化を遂げました。今では、大好きな野球チームの試合観戦に行きグッズを購入する、好きなアーティストのライブにも行くなどして、自分の時間を楽しんでいます。

　Iさんとのかかわりから「表面化している行動の理由や背景を考える視点」を学び、何よりも「経験は積み重なる」ということを学びました。福祉の仕事は、なかなか結果に結びつかないことも多いかと思います。しかし、Iさんのように、時間がかかりながらも、着実に変化や成長を遂げる方もいます。後輩の支援者を元気づけるために、時々、Iさんのエピソードを伝えています。

巻末資料

各研修のカリキュラムのプログラム展開の一例とその内容、活用する様式を整理してまとめました。各様式は本文中で説明し、用いたものもありますが、紹介していないものも含みます。ホームページよりダウンロードすることができますので、実施する研修プログラムに応じてご活用ください。

> **基礎研修について**
>
> 北海道 CM ネットの研修は、受講者の学びを深めるために、【事前講義】→【講義の一部と演習】→【事後講義】の3部構成で行っています。最も重要な本人主体を重要視する観点から、共通事例では障がいのある当事者の参加のもとで研修を実施しています。また、児童から成人への移行支援の理解のため、事例は6歳と28歳の二つの時期を設定し、同時並行で検討していくスタイルで行っています。

1　サービス管理責任者・児童発達支援管理責任者　基礎研修

事前講義カリキュラム（170分）

時間	カリキュラム名（数字は本書該当）	プログラム展開例と内容	活用様式
20分	サービス〔支援〕提供の基本的な考え方　1-1	・障がい福祉の基本的な理念（本人中心／社会モデル／エンパワメント／ストレングスなど）（15分） 　→理解度テスト（5分）	
30分	サービス〔支援〕提供のプロセス　1-2	・サービス〔支援〕提供のプロセスの全体像（25分） 　→理解度テスト（5分）	
30分	サービス等利用計画〔障害児支援利用計画〕と個別支援計画の関係　1-3	・制度におけるサービス等利用計画〔障害児支援利用計画〕と個別支援計画の位置づけの理解（25分） 　→理解度テスト（5分）	
90分	サービス〔支援〕提供における利用者主体のアセスメント　1-4	・サービスの種類と概要（25分） ・主なサービスにおけるアセスメントのポイント（35分） ・サービスに共通するアセスメントのポイント（30分）	

演習カリキュラム（講義部分も含む）（演習450分+講義120分　合計570分）			
時間	カリキュラム名	プログラム展開例と内容	活用様式
80分	インテーク演習 個別支援計画の作成 2-1、1-1・1-2・1-3	・グループ内自己紹介（15分） ・サービス等利用計画/障害児支援利用計画の説明（25分） ・サービス担当者会議（40分）	
90分	アセスメント演習 個別支援計画の作成 2-1、1-1・1-5	・ストレングスシートの作成（30分） ・アセスメントのための事前準備（25分） ・本人へ質問形式でアセスメント演習（35分）	基礎①ストレングスシート
85分	プランニング演習① 個別支援計画の作成 2-1、1-5	・意思決定支援と土台シートの解説（15分） ・個別支援計画作成演習（70分）	基礎②意思決定支援チェックシート 基礎③土台シート
75分	プランニング演習② 個別支援計画の作成 2-1、1-2	・土台シートの共有（40分） ・個別支援計画作成演習（35分）	基礎④個別支援計画書式（者と児）
75分	モニタリング演習① 個別支援計画の実施状況の把握（モニタリング）及び記録方法 2-2、1-1・1-3	・本人に確認しながらモニタリング前半（30分） ・モニタリング検討（15分） ・本人に確認しながらモニタリング後半（30分）	
95分	モニタリング演習② 個別支援計画の実施状況の把握（モニタリング）及び記録方法 2-2、1-2・1-5	・中間評価書式作成（40分） ・モニタリング情報を活用した個別支援計画作成（55分）	基礎⑤中間評価書式 基礎⑥個別支援計画書式（基礎④と同じ）
70分	プランニング演習③ 個別支援計画の作成 モニタリング演習③ 個別支援計画の実施状況の把握（モニタリング）及び記録方法 2-1・2-2	・個別支援計画仕上げ（20分） ・計画共有（15分） ・サービス提供プロセスまとめ演習（35分）	
事後講義カリキュラム（160分）			
時間	カリキュラム名	プログラム展開例と内容	活用様式
100分	演習の振り返り① 1-1・1-2・1-3・1-4	・事例協力者の本人インタビュー（35分） ・個別支援計画作成のまとめ（講師によるモデル計画の解説）（65分）	
60分	演習の振り返り② 1-2・1-3・1-5	・計画作成に関する法的根拠と作成のポイント（30分） ・サービス提供のプロセスの全体像（30分）	

2　サービス管理責任者・児童発達支援管理責任者　実践研修

講義カリキュラム（160分）

時間	カリキュラム名	プログラム展開例と内容	活用様式
60分	障害者福祉〔児童福祉〕施策の最新の動向 序章		
50分	サービス担当者会議等におけるサービス管理責任者〔児童発達支援管理責任者〕の役割（多職種連携や地域連携の実践的事例からサービス担当者会議のポイントの整理） 5-1	・サービス担当者会議と地域連携の実践①（25分） ・サービス担当者会議と地域連携の実践②（25分）	
50分	（自立支援）協議会を活用した地域課題の解決に向けた取り組み 5-2	・（自立支援）協議会の実践報告①（25分） ・（自立支援）協議会の実践報告②（25分）	

【事前課題：事前課題1 事例提出シート、事例課題2 ワークシート】

演習カリキュラム（講義部分も含む）（講義・演習600分+演習110分　合計710分）

時間	カリキュラム名	プログラム展開例と内容	活用様式
90分	見立てる力をつける 講義・演習① モニタリングの方法 3-1	・グループ内自己紹介（20分） ・モニタリング概論の講義（20分） ・シートを用いて個人ワーク、グループワーク（40分） ・全体共有（10分）	実践①モニタリング演習シート
90分	見立てを共有し、高める 講義・演習① モニタリングの方法 講義・演習② 個別支援会議の運営方法 3-1・3-2	・モニタリング情報の整理（30分） ・個別支援会議に関する講義と関連シートの作成（60分）	実践②個別支援会議の準備シート
90分	現場の会議を効果的に行う 講義・演習② 個別支援会議の運営方法 3-2	・個別支援会議準備演習①（30分） ・個別支援会議演習①（45分） ・個別支援会議に関する中間講義（15分）	実践②個別支援会議の準備シート
90分	連携機関との会議を効果的に行う 講義・演習② 個別支援会議の運営方法 3-2	・個別支援会議準備演習②（45分） ・個別支援会議演習②（45分）	実践②個別支援会議の準備シート

時間	カリキュラム名	プログラム展開例と内容	活用様式
120分	人が育ちあう現場づくり 講義・演習② 個別支援会議の運営方法 講義・演習③ サービス〔支援〕提供職員への助言・指導について 3-2・4-1	・個別支援会議の振り返り・まとめの演習（30分） ・人材育成基礎概論講義（30分） ・人材育成のセルフチェックとグループ内の共有（60分）	実践②個別支援会議の準備シート 実践③人材育成のチェックシート
60分	当事者から学ぶ（理論） 講義・演習④ 実地教育としての事例検討会の進め方 4-2	・事例検討の基礎講義（20分） ・事例検討のためのセルフチェック（15分） ・事例検討のための準備（25分）	実践④事例検討の演習シート ④-1セルフチェック ④-2実践シート
60分	当事者から学ぶ（実践） 講義・演習④ 実地教育としての事例検討会の進め方 4-2	・事例検討の実施（45分） ・事例検討のまとめ理論（15分）	実践④事例検討の演習シート ④-2実践シート ④-3結果・成果
110分	現場からの地域づくり 演習① サービス担当者会議と（自立支援）協議会の活用についてのまとめ 5-2	・事前課題［サービス担当者会議、協議会のワークシート］の共有（45分） ・個別ニーズから地域づくりを考えるワークショップ（45分） ・まとめ（20分）	実践事前課題ワークシート1、2 実践⑤地域づくりの演習シート

3　サービス管理責任者・児童発達支援管理責任者　更新研修

講義カリキュラム（120分）

時間	カリキュラム名	プログラム展開例と内容	活用様式
60分	障害者福祉〔児童福祉〕施策の最新の動向 序章		
60分	サービス管理責任者・児童発達支援管理責任者としてのスーパービジョン 7-1・7-2・7-3	・スーパービジョン概論（30分） ・スーパービジョン実践基礎（30分）	

【事前課題：事前課題1・2・3】

演習カリキュラム（講義部分も含む）（演習540分+講義120分　合計660分）

時間	カリキュラム名	プログラム展開例と内容	活用様式
90分	事業所としての自己検証 6-1	・グループ内自己紹介、事前課題のグループ討議・共有（75分） ・グループワークの全体共有（15分）	更新事前課題フェイスシート・事前課題1 更新①事前課題1のシート

120分	サービス管理責任者・児童発達支援管理責任者としての自己検証 6-2	・事前課題のグループ討議・共有（100分） ・グループワークの全体共有（20分）	更新事前課題2 更新②事前課題2の自己評価
90分	関係機関との連携 6-3	・事前課題のグループ討議・共有（70分） ・グループワークの全体共有（20分）	更新事前課題3 更新③事前課題3の自己評価
90分	サービス管理責任者としてのスーパービジョン 7-1・7-2・7-3	・スーパービジョン実践理論①（15分） ・モデル事例検討へのスーパービジョン演習（60分） ・スーパービジョン実践理論②（15分）	
90分	サービス提供職員等へのスーパービジョン① 7-1・7-2・7-3	・スーパービジョン実践理論③（15分） ・事例を用いたロールプレイ（60分） ・スーパービジョン実践理論④（15分）	
90分	サービス提供職員等へのスーパービジョン② 7-1・7-2・7-3	・スーパービジョン実践理論⑤（15分） ・事例を用いたロールプレイ（60分） ・スーパービジョン実践理論⑥（15分）	
90分	研修のまとめ 6-1・6-2・6-3 7-1・7-2・7-3	・スーパービジョンまとめ講義（30分） ・研修全体のまとめ（60分）	

研修で活用する様式はダウンロードが可能です。

おわりに

　私が北海道の法定研修の企画、実施に携わるようになったのは15年ほど前のことです。相談支援従事者研修から始まり、その後、サビ管・児発管の研修も加わり、ここ数年はカリキュラムの改訂もあり、サビ管研修に追われる日々になりました。正直なところ、大変で辞めたくなることもあります。

　でも、私は研修づくりを辞めることはできません。なぜなら、重症心身障がいの長女が福祉サービスを利用し、私も家族としてかかわっているからです。私たちにとって、障害福祉サービスは人生や生活に大きな影響を与える存在です。どんな支援者と出会い、かかわるかによって、日々の暮らしも人生も違うものになると身をもって実感してきました。

　制度が変わり、個別支援計画には、「本人や家族の意向」という項目が設けられました。「どんな生活を望みますか？」と聞かれる機会ができたのです。それまで誰もそれを聞いてくれませんでした。望んでも仕方ないことや、望む前にそもそも無理だと思うことがたくさんありました。希望があったとしても、家族が道を切り開いていくしかないことばかりでした。でも、制度ができて「どうしたいですか？」と聞いてくれる人がいる。そして、一緒に考えて、動いてくれる人がいる。それはとても画期的で心強いものでした。ところが、その期待の一方で「聞いてくれるだけで何も変わらない」現実に直面することもたくさんあります。希望を聞くというプロセスは実現への歩みとセットでなければ、残酷になることも私は知っています。

　だからこそ、北海道の研修では「本人主体」にこだわってプログラムづくりをしてきました。基礎研修には本人が参加します。本人の存在が私たちに学びをもたらしてくれるのです。

　このテキストはその学びの集大成といえます。道内各地の40人以上の仲間たちが快く執筆を引き受け、惜しみなく実践知を提供してくれたおかげで、価値・知識・技術がバランスよく凝縮された素敵なテキストになりました。とてもうれしく、心から感謝すると同時に、この人材とネットワークを誇らしく思います。また、資料提供してくださった特定非営利活動法人 北海道地域ケアマネジメントネットワークおよび一般社団法人 北海道セーフティネット協議会の事務局にもこの場を借りてお礼申し上げます。

　これからもテキストを使うすべての人たちとともに「本人主体」を問い続けたいと思っています。

2024年8月

日置　真世

編著者一覧 (五十音順)　　◎は編者

執筆者		本文執筆
明河　さち (あけがわ・さち)	合同会社 AID ONE　グループホームまちかど	第2章2-1②・2-2②、 第3章3-1③
阿部　敏之 (あべ・としゆき)	社会福祉法人慧誠会　遊学館「つ・な・ぐー」	第4章4-2②、コラム28
荒川　真司 (あらかわ・しんじ)	特定非営利活動法人しりべし地域サポートセンター サポートセンターたね	第2章2-1⑤・2-2⑤、 第3章3-1⑥、コラム18
安藤　敏浩 (あんどう・としひろ)	特定非営利活動法人しりべし地域サポートセンター サポートセンターたね	第6章6-1①、コラム21
市野　孝雄 (いちの・たかお)	特定非営利活動法人地域生活支援ネットワークサロン	コラム24
大久保　薫 (おおくぼ・かおる)	札幌学院大学、特定非営利活動法人北海道地域ケアマネジメントネットワーク、特定非営利活動法人野中ケアマネジメント研究会	第1章1-3
大友　愛美 (おおとも・よしみ)	特定非営利活動法人ノーマライゼーションサポートセンター こころりんく東川	コラム20
小貫　晃一 (おぬき・こういち)	社会福祉法人緑伸会　総合施設長	第5章5-1②、第6章6-1②、 コラム1
小野　尚志 (おの・たかし)	特定非営利活動法人ウェルアナザーデザイン 留萌圏域障がい者総合相談支援センターうぇるデザイン 留萌圏域地域づくりコーディネーター	第5章5-2④、コラム22
小野寺　拓 (おのでら・たく)	社会福祉法人あむ　地域ぬくもりサポートセンター	第5章5-2②
金子　志 (かねこ・ゆき)	社会福祉法人楡の会 児童発達支援センターきらめきの里	第4章4-2④、コラム14
鎌田　純子 (かまだ・じゅんこ)	合同会社おうる　代表	第6章6-2③
木田　祥平 (きだ・ようへい)	社会福祉法人函館一条　相談支援事業所一条	第6章6-2②、コラム2・3・ 4・5・6・7
窪田　健介 (くぼた・けんすけ)	社会福祉法人あむ　生活介護事業所びーと	第2章2-1①・2-2①、 第3章3-1②、コラム10
佐々木　浩治 (ささき・こうじ)	特定非営利活動法人障がい児・者地域サポートふれあい	第1章1-4④
佐々木　尚子 (ささき・なおこ)	社会福祉法人あむ 多機能型児童通所支援事業所に・こ・ぱ／に・こ・ぱ2	第2章2-1④・2-2④、 第3章3-1⑤、コラム9
佐藤ゴリ忠峰 (さとう・ごり・ただみね)	有限会社 Colors　代表	コラム8
佐藤　直樹 (さとう・なおき)	社会福祉法人栗山ゆりの会 指定障がい福祉サービス事業所　ハロー ENJOY つぎたて5	第6章6-2①、コラム12

氏名	所属	担当
佐藤 直美 (さとう・なおみ)	一般社団法人くらしネット Link 広域相談サロンくらしネットオホーツク オホーツク圏域地域づくりコーディネーター	第4章4-1、第7章7-1②・ 7-2②、コラム19
武田 康治 (たけだ・こうじ)	社会福祉法人あむ　相談室ぽぽ	第5章5-1③、第6章6-3①
田中 康雄 (たなか・やすお)	こころとそだちのクリニック　むすびめ　院長	コラム23
津田 俊彦 (つだ・としひこ)	社会福祉法人慧誠会　帯広ケア・センター 多機能型事業所　稲田館	第5章5-2①、コラム16
戸田 健一 (とだ・けんいち)	特定非営利活動法人たねっと 障がい者相談支援センター夢民 札幌圏域地域づくりコーディネーター	コラム27
中野 喜恵 (なかの・きえ)	社会福祉法人にしおこっぺ福祉会 障がい者支援施設　清流の里	第4章4-2③、コラム17
浜尾 勇貴 (はまお・ゆうき)	社会福祉法人北海道社会福祉事業団 根室圏域障がい者総合相談支援センターあくせす根室 根室圏域地域づくりコーディネーター	第5章5-1①
濱谷 徳彦 (はまや・のりひこ)	社会福祉法人美深福祉会　地域生活支援センターのぞみ	第6章6-3②、コラム15
林 健一 (はやし・けんいち)	社会福祉法人あむ さっぽろ地域づくりネットワーク　ワン・オール	第5章5-2②
林 範行 (はやし・ひろゆき)	株式会社エールアライブ	第2章2-1③・2-2③、 第3章3-1④、コラム25
日置 真世◎ (ひおき・まさよ)	社会づくりマネージャー、一般社団法人市民社会づくりコンサルタント、特定非営利活動法人北海道地域ケアマネジメントネットワーク、特定非営利活動法人地域生活支援ネットワークサロン　ほか	はじめに、本書の活用のしかた、NAVIGATION、第1章1-1・1-2・1-4①～③・1-5、第2章2-2はじめに、第3章3-1①・3-2、第4章4-1・4-2①、第5章5-3、第6章6-1はじめに・6-2はじめに・6-3はじめに、第7章7-1③・7-2③・7-3、おわりに
又村 あおい (またむら・あおい)	一般社団法人全国手をつなぐ育成会連合会 常務理事／事務局長	序章
安井 博子 (やすい・ひろこ)	医療法人社団圭泉会　かみかわ相談支援センターねっと 上川圏域地域づくりコーディネーター	第5章5-2③
吉川 展光 (よしかわ・ひろみつ)	社会福祉法人名寄みどりの郷地域生活支援センター 就労継続支援事業所ハートフル・みらい	第7章7-1①・7-2①、 コラム26
吉田 志信 (よしだ・しのぶ)	社会福祉法人はるにれの里 就労移行支援事業所あるば 石狩障がい者就業・生活支援センターのいける	第1章1-4④、コラム13
米谷 雅子 (よねや・まさこ)	社会福祉法人北海道社会福祉事業団 だて地域生活支援センター	コラム11

監修元紹介
特定非営利活動法人 北海道地域ケアマネジメントネットワーク
（略称：北海道CMネット）

一人ひとりを主人公として大切にし、多くの人たちで夢の実現を応援するケアマネジメントの発想を基礎とした相談支援によって、多岐にわたる生活課題を地域ぐるみで解決していくための社会基盤を再構築したいという想いを実現するべく、2009（平成21）年4月に特定非営利活動法人として設立しました。人を育て、情報や知恵を発信し、人とつなぎ、みんなの力で地域を耕すことができるような活動を責任もって継続的に行っていくために、福祉にかかわる情報の収集およびその公開と発信、人材育成、事業所運営支援、研修会企画運営などを行っています。

設　立：2009（平成21）年4月
ウェブサイト：http://www3.rainbow.ne.jp/~hcm-net/index.html

サービス管理責任者・児童発達支援管理責任者
基礎研修・実践研修・更新研修カリキュラム対応

障がいのある人への本人主体支援 実践テキスト　第2版

2024年9月25日　発行

監　修	特定非営利活動法人 北海道地域ケアマネジメントネットワーク
編　著	日置真世
発行者	荘村明彦
発行所	中央法規出版株式会社 〒110-0016　東京都台東区台東3-29-1 中央法規ビル TEL 03-6387-3196 https://www.chuohoki.co.jp/
印刷・製本	株式会社アルキャスト
ブックデザイン	加藤愛子（オフィスキントン）
装　画	中原楓太
本文イラスト	藤田侑巳（株式会社 ブルーフイールド）

定価はカバーに表示してあります。
ISBN978-4-8243-0121-5

本書のコピー、スキャン、デジタル化等の無断複製は、著作権法上での例外を除き禁じられています。
また、本書を代行業者等の第三者に依頼してコピー、スキャン、デジタル化することは、たとえ個人や家庭内での利用であっても著作権法違反です。
落丁本・乱丁本はお取り替えいたします。
本書の内容に関するご質問については、下記URLから「お問い合わせフォーム」にご入力いただきますようお願いいたします。
https://www.chuohoki.co.jp/contact/
A121